高校小学教育专业卓越教师培养系列教材

部分书目

小学教师专业发展概论

生命教育导论

教育法学与小学校园安全概论

小学语文课程与教学论

小学数学课程与教学论

小学科学实验教学论

小学综合实践活动课程与教学论

汉字学与小学识字教学

古诗理论与小学古诗教学

儿童文学与小学语文教学

小学数学课程文化性导论

本套教材为

教育部卓越教师培养计划改革项目成果

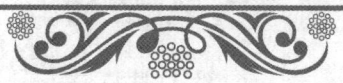

高校小学教育专业卓越教师培养系列教材

小学教师专业发展概论

李玉华　主编

人民教育出版社

·北京·

图书在版编目(CIP)数据

小学教师专业发展概论/李玉华主编. —北京：人民教育出版社，2015.7
（2023.1 重印）
高校小学教育专业卓越教师培养系列教材
ISBN 978-7-107-23794-2

Ⅰ.①小⋯ Ⅱ.①李⋯ Ⅲ.①小学教师-师资培养-高等学校-教材
Ⅳ.①G625.1

中国版本图书馆 CIP 数据核字（2015）第 163247 号

高校小学教育专业卓越教师培养系列教材　小学教师专业发展概论

出版发行　人民教育出版社
（北京市海淀区中关村南大街 17 号院 1 号楼　邮编：100081）

网　　址	http://www.pep.com.cn	
经　　销	全国新华书店	
印　　刷	大厂益利印刷有限公司	
版　　次	2015 年 7 月第 1 版	
印　　次	2023 年 1 月 4 次印刷	
开　　本	787 毫米×1 092 毫米　1/16	
印　　张	21.5	
字　　数	320 千字	
印　　数	7 001～9 000 册	
定　　价	39.70 元	

版权所有·未经许可不得采用任何方式擅自复制或使用本产品任何部分·违者必究
如发现内容质量问题、印装质量问题，请与本社联系。电话：400-810-5788

《高校小学教育专业卓越教师培养系列教材》
总　序

2014年教师节前夕，习近平总书记在北京师范大学师生座谈会上提出了好老师的四项标准。这四项标准是有理想信念、有道德情操、有扎实学识、有仁爱之心。我理解，作为好老师的理想信念应该有两个方面：一是坚持中国特色社会主义道路，担负中华民族伟大复兴的历史使命；二是热爱教育事业、热爱学生，把学生培养成国家的栋梁。在道德情操方面，老师要传道授业，自己就应该有高尚的道德情操，做道德的楷模。老师要践行社会主义核心价值观，以身作则，做学生的榜样。同时要掌握教育规律，具有高尚的师德。关于扎实学识，我认为就是强调学问和见识。教师的责任是传授知识，培养能力。教师不仅要具备敦厚的知识底蕴，而且还要有真知灼见、开阔的视野和深睿的智慧。谈到仁爱之心，习近平总书记说："教育是一门'仁而爱人'的事业。"老师要用爱心激发学生学习进步的火花，开启通向知识智慧之门。为了贯彻落实习近平总书记教师节重要讲话精神，推动教师教育综合改革，培养让党和人民满意的好教师，2014年12月，教育部根据《关于实施卓越教师培养计划的意见》，发出了《关于公布卓越教师培养计划改革项目的通知》。其中，卓越小学教师培养改革项目备受关注。现就学习贯彻习近平总书记教师节讲话精神、推进卓越小学教师培养谈几点认识。

一是要正确处理小学教师的特点与大学专业教育的关系。小学生活泼好动、好奇性强，小学老师应是一个多面手，既能教学科知识，又能带领孩子开展各种文体活动。小学老师要有童心童趣，最好能歌善舞，才能和孩子们打成一片，培养孩子们的良好习惯和活泼开朗的性格。因此，小学教育专业应该拓宽通识教育，特别要重视文艺、体育类选修课，鼓励师范生选修。我曾经提议开设儿童文学、自然科学概论、社会科学概论等课程，以此提高小学教师的科学文化修养。

二是要正确处理专业性和综合性的关系。小学教育专业培养单科教师好，还是培养全科教师好，历来有争议。但小学教育具有综合性，特别是农村规模小的学校，以全科教师最为适宜。城市里学校规模较大，适合单科教学。但考虑到小学教育综合性的特点，小学教育专业培养目标不宜过窄，最好是以一个学科专业为主，另修一个辅科专业。国外一般都要求小学教师能胜任两门以上学科的教学，这种要求值得借鉴。

三是要正确处理小学教师的职业性和大学学科专业性的关系。大学是以学科为基础发展起来的，因而重视学科建设。但小学教师是一种职业。一般职业除了要有职业理想和职业道德外，主要是要求掌握职业的技能。专业与职业两者是有区别的，有时是矛盾的。因此，高校小学教育专业要解决好这个矛盾，既要让师范生掌握教育学科的理论，培养学生的理性思维，达到高等教育对学术水平的要求，又要培养师范生教书育人的技能，如设计教学、整合教育资源、编写教案、实施教学、组织活动、写好三笔字等技能。小学教育专业既然是大学本科的层次，就要有一定的学科理论的支撑，毕业生要有一定的理论水平和科学研究的初步能力。

我认为，高师小学教育专业区别于中师教育，应主要在理论层面上和人文学识上。要让师范生掌握教育教学规律和小学阶段儿童成长的规律，同时提高科学文化知识水平和人文修养。总之，小学教育专业卓越教师培养是一个新事物，它的课程教材建设必须建立在科学研究的基础上。

总　序

　　首都师范大学初等教育学院是全国小学教师教育改革的一面旗帜，是我国开展本科学历小学教师培养的先行者。其小学教育专业首批入选"国家级特色专业"，并首批入选"教育部卓越教师培养计划改革项目"。在总结长期以来小学教师教育改革发展经验的基础上，首都师范大学初等教育学院联合有关院校，对小学教育专业如何培养卓越小学教师进行了深入的探讨，组织编写了一套《高校小学教育专业卓越教师培养系列教材》，将陆续由人民教育出版社出版发行。该系列教材既继承了百年中师的优良传统，又赋予了高等教育的深刻内涵，并把科学性、理论性、实践性、前沿性作为编写原则和追求目标。我相信这套教材的编写出版一定能为高师小学教育专业建设和卓越小学教师培养做出重要贡献。

　　是为序。

2015 年 4 月 19 日

（本总序作者顾明远先生系首届教育部小学教师培养教学指导委员会主任、中国教育学会名誉会长、北京师范大学资深教授）

《高校小学教育专业卓越教师培养系列教材》前言

近年来，教育部先后组织研制和颁布了《教师教育课程标准》《小学教师专业标准》等一系列标准，对我国教师教育改革发展进程产生了重要影响。在此基础上，教育部又于2014年出台了《关于实施卓越教师培养计划的意见》，要求各高校以实施卓越教师培养计划为抓手，整体推进教师教育改革创新，全面提高教师培养质量。

《高校小学教育专业卓越教师培养系列教材》编写出版工作正是在这样的大背景下启动的。本套教材是由首都师范大学初等教育学院牵头并联合有关院校，在人民教育出版社教师教育课程教材研究开发中心的支持下，根据教育部《关于实施卓越教师培养计划的意见》的精神，并参照《小学教师专业标准》《教师教育课程标准》而编写的。

首都师范大学初等教育学院小学教育专业设置于1999年，2007年首批入选"国家级特色专业"，2014年首批入选"教育部卓越教师培养计划改革项目"。这套教材的编写是在全面总结首都师范大学小学教育专业十几年来小学教师培养模式改革与教材建设经验基础上进行的，集中体现了小学教师教育传承百年师范经验与教师教育改革创新的统一；国际视野与本土实践的统一；学科建设与专业建设的统一。本套教材的具体特点如下。

1. 注重学科建设对专业建设的支撑。教材建设历来是专业建设的重要内容，而重视教材建设又不能只就教材建设论教材建设。教材建设一定是以学科建设为基础，在深入研究的基础上形成教材。首都师范大学小学教育专业的教学团队先后围绕"小学儿童研究""初等教育基本理论研究""小学教师教育研究""大学课程与小学课程对接的研究""小学各学科课程与教学的研究"等专题展开学科建设，形成了一批具有小学教育特色的研究成果。本套教材正是这些成果的结晶。它力图贯彻教育部卓越教师培养计划中关于"吸收儿童研究、学习科学、心理科学、信息技术的新成果"的要求。

2. 坚持理论与实践的对接。即关注源自小学教育实践中生成的问题研究，反哺小学教师教育，使大学教材具有鲜活的实践特征。本套教材充分运用案例，在分析研究的基础上，试图提升到理论的高度加以诠释，反过来指导实践，形成"真情境、小问题、高观点"循环往复螺旋式上升的思维模式。

3. 落实教育心理类课程与专业学科类课程的整合。为了避免小学教师教育教材建设可能存在的教育学类、心理学类及高师各专业学科课程简缩拼盘、小学教育专业特色不突出的现象，本套教材致力于突破传统的学科体系，强调按需取材，即根据小学教师人才培养需要来决定内容的取舍，尽量消除重复内容。

4. 强调大学课程与小学课程的对接。以往学生在大学期间学习许多诸如"高等数学""大学语文"等大学的课程，但到了小学一线教学所接触的是小学数学、小学语文等课程。这两类课程往往是"两张皮"，甚至不少学生认为大学里这些课程的设置是没有用的。对此问题，首都师范大学初等教育学院的老师们在语文、数学等相关学科领域进行了十几年的研究与探索。本套教材中的《古诗理论与小学古诗教学》《儿童文学与小学语文教学》《汉字学与小学识字教学》《文本解读理论与小学语文教材分析》等，对上述问题给予了很好的回应，使师范生学会用居高临下的观点来看小学的教学内容。

另外，本套教材还特别关注小学教育专业实验课程教材的开发，力图通过实验课程教材改革，更好地为培养未来小学教师的科学素养、探究精神、创新意识和实践能力提供支撑。

  人民教育出版社一贯以教育事业为重，以教材建设为重，对本套教材的研究开发给予了大力指导和帮助。特别是郭戈研究员和本套教材的丛书责编刘立德编审、韩华球副编审等有关领导及编审人员，为本套教材的总体设计、编写立项和编辑出版付出了巨大的努力，谨在此一并表示衷心感谢！

  由于我们的水平有限，需要探索的问题还有很多，本套教材或有疏漏甚至错误之处，敬请读者批评指正为盼。

王智秋

2015年5月10日

  （本前言作者系教育部小学教师培养教学指导委员会秘书长、全国教师教育学会小学教师教育委员会理事长、首都师范大学初等教育学院院长、本套教材总主编）

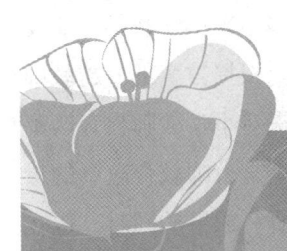

本书前言

小学教育是基础教育的基础,也是一个人人生发展的重要阶段。小学教师的质量关系到学生一生的成长,关系到亿万家庭的希望,更关系到国家的未来。小学生的发展特点和小学教育的特殊性决定了小学教师具有与中学教师、大学教师不同的专业发展定位。2012年2月,教育部正式颁布了《小学教师专业标准(试行)》,对小学教师的专业发展提出了明确要求。这既是对小学教师专业性的充分认定,更是我国小学教师专业化进程中的一个重要里程碑,也必将成为推进我国小学教师专业化进程,提高小学教师质量的重大举措。

正是源于对优质小学教师资源的迫切需求,我国从20世纪末开始将小学教师培养提升到本专科培养层次的探索,近年来更是加大力量积极发展本科后小学教师教育。首都师范大学初等教育学院作为全国小学教师教育改革的引领者,早在2003年修订本科层次小学教师培养方案时,已经面向全院本科生开设"小学教师专业发展"这一专业核心课程,并且在2007级首届教育学原理专业小学教师专业发展方向硕士研究生培养中开设"小学教师专业发展专题研究""小学优秀教师案例研究""小学教师评价研究""小学教师胜任力评估与应用"等一系列专业课程。2014年,"小学教师专业发展"课程建设纳入教育部卓越教师培养计划改革项目。本教材就是我们在总结多年来小学教师专业发展系列课程建设和教学实践的初步成果和经验的基础上,根据教育部卓越教师培养计划的有关精神编写的,希望既能体现出我们多年来对小学教师教育改革和小学教师专业发展研究及实践成果的积累,又能反映小学教师教育改革的最新趋势。另外,在教材编写中,我们在尽量采用共识性研究成果的同时,也在小学教育特质、小学教师专业特性、小学教师专业发展分期及定向、小学教师职业生涯成功等方面提出自己的认识和思考。

追随国际教师教育变革的步伐,自20世纪80年代至今,我国教师专业化研究的重心从追求教师职业的专业地位和权利转向对教师专业发展的诉求,即如何推动教师个体的专业化,也就是教师作为提供教学服务的专业工作者,如何不断发展个人知识与能力、获得教学专长。在这个过程中,教师个体专业化还经历了"被动专业化"到"主动专业化"的转变,也就是从"关注个人职业提升或外在荣誉"到"自觉追求建构专业自我、提升内在专业品质"。教师个体专业发展是教师职业专业化的基础和源泉,是教师专业化的根本,这一点已经成为各界共识。在此背景下,本教材立足教师个体专业发展视角,在编写整体框架上兼容、整合了教师专业发展理论和教师职业生涯规划指导的要求,这种体例在国内同类教材中有一定创新。

具体来说,本教材主要特色体现在以下几个方面。

第一,本教材从职业生涯视角将教师专业发展过程分为择业规划、职前定位、入职适应和在职发展四个阶段,并分别给予小学教师从业者相应的专业发展目标定位和行为指导。这和国内同类教师专业发展教材大多按照理论学习专题组织教材相比,更适合教师择业者和不同发展阶段的教师结合自身发展需要进行针对性阅读和学习。

第二,本教材力图凸显小学教师专业发展的独特性,在每一章教材内容确定和资料选择上都着力体现小学教师教育改革和小学教师专业发展研究及实践的最新研究成果。

第三,本教材非常注重理论和实践的结合,力求做到专业引领和实践导行并重。每一章都设有名言导引、内容概要和关键词，每一节都设有案例导入和拓展阅读，既有利于学生结合理论学习反思教育实践问题，也有利于学生了解更多相关知识。此外，每一章最后都设有问题反思和文献链接，具有通俗易懂、深入浅出、好教易学的特点。

本书既可以作为高等院校小学教育专业本科生、研究生教材，也适合教育科研工作者和广大一线小学教育工作者阅读。特别建议在职小学教师结合自身发展阶段选择相应章节重点阅读和学习，为自身发展提供参考。

全书分为四篇，共十一章，撰写人员及分工如下。

李玉华：前言、第一章、第二章、第三章、第四章第1、2节。

俞劼：第六章、第十章。

邓艳红、曾锦、平韶霞：第八章、第九章。

王智秋、杜新新、王雪莲：第四章第三节、第五章。

张志坤：第七章。

刘立德、时运、王丹：第十一章。

全书由李玉华统稿和审阅。

在教材编写过程中，我们参考或引用了很多专家学者的大量研究成果，已尽力做到在注释和参考文献中加以说明，在此一并表示真诚谢意！此外，由于编者水平所限，疏漏错误之处还请广大读者不吝赐教！感谢人民教育出版社有关领导和编辑人员在本书编写出版上给予的大量支持、帮助和悉心指导！

李玉华

2015年7月1日

于首都师范大学

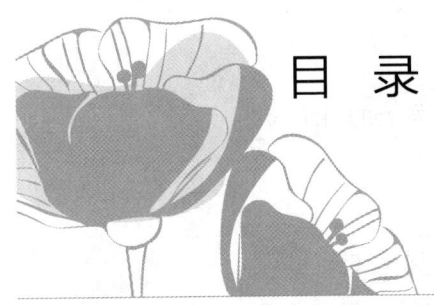

目 录

第一篇 择业篇——你适合做小学教师吗? 1

第一章 职业选择的基础:认识自我 /2
第一节 我的过去、现在和未来 /3
一、为什么要从"我的经验和成长经历"进入职业选择? /4
二、自我分析活动程序 /5

第二节 我的职业价值观、职业兴趣和职业人格 /8
一、职业价值观澄清 /9
二、职业兴趣测试 /10
三、迈尔斯—布里格斯(MBTI)职业人格测试 /15

第二章 职业选择的基础:认识小学教师职业 /20
第一节 教师职业:是一个专业吗? /21
一、职业与教师职业的产生 /21
二、专业和教师职业专业化的发端 /25
三、教师职业:是不是一个专业? /29

第二节 小学教师职业:走向专业化 /35
一、小学教师培养层次逐步提高 /35
二、实行小学教师入职资格认证制度 /40
三、小学教师专业标准的建立 /45

第三章　小学教师职业生涯规划 /50

第一节　教师职业生涯 /51
一、职业生涯 /53
二、教师职业生涯 /54
三、职业生涯阶段对教师专业发展的启示 /62

第二节　教师职业生涯规划 /64
一、职业生涯规划 /65
二、为什么教师要做职业生涯规划 /65

第三节　小学教师专业发展三阶段 /68
一、职前定位：走向专业认同 /69
二、入职适应：走向合格教师 /71
三、在职发展：走向专家教师 /73

第二篇　职前篇——走向专业认同　75

第四章　小学教师的专业角色 /76

第一节　教师角色 /77
一、角色与角色期待 /77
二、教师角色研究的多维视角 /78

第二节　小学教师的角色定位 /84
一、全面认识小学儿童的发展 /85
二、重新定位小学教育的基础性 /90
三、小学教师的角色定位 /91

第三节　小学教师的专业特性 /94
一、具备关爱儿童和促进儿童发展的专业情意 /98
二、具有综合性的知识结构 /99
三、形成自我反思性的行动研究能力 /100

第五章　小学教师专业标准/104

第一节　小学教师专业标准开发背景与意义/105
一、我国小学教师专业标准开发的背景/106
二、《小学教师专业标准（试行）》研制价值和意义/107

第二节　《小学教师专业标准（试行）》的制定依据/110
一、法律依据/110
二、政策依据/111
三、国际教师专业标准的借鉴/112
四、小学教育和小学教师教育研究提供理论基础/112

第三节　《小学教师专业标准（试行）》简介/115
一、小学教师专业标准的定位/115
二、小学教师专业标准的基本理念/117
三、小学教师专业标准的基本框架/121

第六章　做积极健康的小学教师/125

第一节　小学教师心理健康的意义/126
一、教师的心理健康状况直接影响小学生心理的健康发展/126
二、心理健康的教师是儿童心理成长的示范者/128
三、心理成长是教师追求自身专业发展的内在要求/129

第二节　小学教师心理健康现状及成因分析/130
一、教师心理健康及其标准/131
二、小学教师心理健康的常见问题/133
三、影响小学教师心理健康的因素/138

第三节　做积极健康的小学教师/151
一、积极心理学带来的重大转向/152
二、做一个积极、乐观的"阳光教师"/154
三、做一个不断超越自我，善于自我管理的教师/156
四、做一个有"人缘儿"，有良好社会支持系统的教师/158

第七章　小学教师的形象与礼仪 /161

第一节　小学教师形象构建与礼仪修养的重要意涵 /162
一、关注形象与礼仪：彰显优质专业自我 /163
二、为人师表：教师是儿童观察学习的榜样 /165

第二节　小学教师的形象构建 /168
一、教师的仪容 /169
二、教师的服饰 /171

第三节　小学教师的礼仪需要与习得 /178
一、礼仪与教师礼仪 /179
二、教师礼仪的育人功能 /181
三、教育教学活动中的礼仪 /182
四、教师与学生间的关系礼仪 /185
五、教师与家长之间的沟通礼仪 /187
六、教师的社交、涉外礼仪 /191

第三篇　入职适应篇——走向合格教师　194

第八章　艰难跨越——新教师入职适应的主要问题 /195

第一节　新教师的入职适应及过程 /196
一、新教师与入职适应 /198
二、新教师入职适应的过程 /200

第二节　新教师入职适应的主要问题 /203
一、教学方面的适应性问题 /204
二、职业态度方面的适应性问题 /204
三、人际关系方面的适应性问题 /205
四、职业生涯发展方面的适应性问题 /206
五、个体性的适应问题 /206

第九章 促进新教师持续发展的建议 /209

第一节 影响新教师发展的个体因素 /211
一、新教师对自身的期待 /212
二、新教师的从业知识和技能 /212
三、新教师的择业动机和态度 /213
四、职业规划 /214
五、个性特点 /214

第二节 影响新教师发展的外部因素 /216
一、家庭环境 /217
二、任教学校环境 /218
三、职前的培养 /220

第三节 促进新教师持续发展的建议 /222
一、对新教师的建议 /223
二、对任教学校的建议 /226
三、对社会给予支持方面的建议 /228

第四篇 在职成长篇——走向专家教师 233

第十章 发展教学专长 /235

第一节 教学专长 /237
一、专长研究范式下的教学专长研究 /237
二、教学专长的构成 /238
三、教学专长发展的轨迹 /240

第二节 小学教师的教学专长发展 /244
一、小学教师教学专长的核心要素 /244
二、小学教师教学专长的获得 /246
三、小学教师教学专长获得的影响因素 /247

第十一章 走向职业成功 /252

第一节 教师职业成功 /253

一、职业生涯成功 /254

二、小学教师职业成功评价中的现实困境 /255

三、教师外职业生涯成功 /256

四、教师内职业生涯成功 /258

第二节 国内外小学教师评价 /260

一、小学教师职称晋升 /261

二、国内优秀教师评定 /263

三、国外优秀教师评定 /268

第三节 小学专家教师自我成长分析 /270

一、教师专业自主意识 /272

二、教师专业认同 /274

三、教学效能感 /276

四、职业幸福感 /279

附录1：霍兰德职业倾向测验量表 /284

附录2：霍兰德职业代码表 /294

附录3：MBTI 测试 /300

附录4：小学教师专业标准（试行） /308

主要参考文献 /313

第一篇

择业篇——
你适合做小学教师吗？

【本篇概述】

人生面临许多重要选择，择业便是其中之一。职业生涯在人的生命周期中所占的时间最长，职业对人意义重大。职业与事业紧密相连，职业是生存的保证，而事业则意味着生存的意义。任何已具备劳动能力的人，都要进入社会职业领域选择特定的职业。职业生涯之路很漫长，要靠自己一步一步地去走。

从了解自己开始职业生涯，是恰当择业的基础和前提。任何职业都有利有弊，"最好的职业"不一定是适合你的职业！择业过程中盲从和趋众除了增加竞争激烈程度外，更大的问题在于可能使你忽略了自己的能力、特长和兴趣并丧失了其他好机会。同时，对自己选择的职业应有了解和认识，这是你"入对行"的关键。

第一章

职业选择的基础：认识自我

> 人啊，认识你自己！
> ——苏格拉底

【内容概要】

自我知识是你职业生涯规划的基础。我们在这一章将会考察一些能够改善你的自我知识，以便于你更恰当地进行职业选择。同时提供一些你可以在这个过程中使用的方法，主要包括职业价值观澄清、职业兴趣测试以及职业人格测试，希望通过这一系列自我分析活动，帮助你提炼自身与职业选择有关联的重要信息，这些将成为你形成个人职业理论的基本要素。

【关键词】

自我分析　职业价值观　职业兴趣　人格

第一节
我的过去、现在和未来

 你愿意做一名小学教师吗？

◎好像还真没有认真想过这个问题，当初上这个专业就是因为分数就那么多，刚达到二本线能上首师大，我父母都觉得很理想了，而且教师职业也不错，有寒暑假，也稳定，我自己没什么感觉。

◎我自己一直不喜欢教师职业的，觉得从小到大的老师都挺凶的，记得的就是：老师上课无趣，每天不停地检查作业，考完试气急败坏地骂我们，我们都一个个敢怒不敢言，不知道自己将来干了这行，是不是也会是那副样子，想想都恐怖啊！

◎我的很多同学都说我有"老师范儿"，我妈妈也说我脾气好，小孩喜欢我，最适合当老师了。可是我自己还真的觉得自己不适合，因为我不够细心，做事总是丢三落四的，我觉得这对小孩子是不好的影响吧？适合不适合其实也没有意义，谁让自己高考不争气！

◎从小我就对教师有着一种很好的印象。少年时代的生活圈子是很小的，除了家庭，就是学校，再就是周围的一些小朋友。每当上课时，看着教师那诲人不倦而又亲切的神态，自己就会想，将来做一名教师该多好呀！

（选自学生反思作业）

从这里开始进入本书，只是出于一个原因，那就是在十几年的教书生涯中，我发现我的学生在面对"你为什么会选择学小学教育这个专业？你想当一名小学教师吗？"这类问题时，出现频率最高的两种回答就是："其实也无所谓选择,我自己高考分数只够这个专业"和"也不是我自己选择的,我父母觉得女孩当小学老师不错,稳定,还有寒暑假"。我们可以对这两种心态略作分析,前者是迫于考试成绩的被动选择,后者则是出于对长辈意志的盲从。二者都不是出于个人兴趣、意愿的主动选择。说起这个现象,相信大多数进入小学教师职业队伍的人都可能发出会心一笑。

一、为什么要从"我的经验和成长经历"进入职业选择?

然而,在进行职业选择时,对自我的认识和评价是至关重要的。在美国著名生涯理论研究者里尔登(Reardon)、伦兹(Lenz)等的职业生涯信息加工模型里,金字塔的最底层包含两个部分:对自我的认识和对所选择职业的了解。对于恰当的职业选择,这两方面内容都不可缺少。

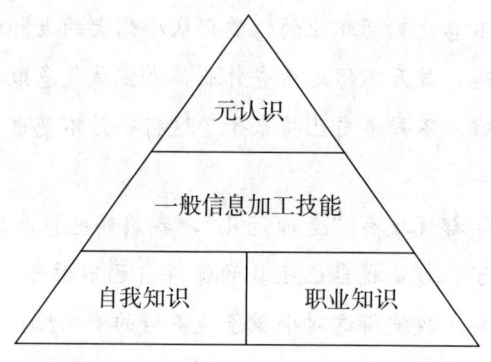

图 1-1 职业生涯信息加工金字塔模型①

我们认为,从"了解自我"开始职业选择的过程,会更有意义。这是因为,任何职业选择其实都是一个过程,"我"则是这个过程的体验者和责任承担者。而且从"我"的经验和成长经历开始,也更容易着手、更加可感,当然也更容易唤起选择者的"参与意识"。

正是基于这种认识,笔者在每一年新学期的开学,要做的第一件事就是想办法让学生明白,他们其实没有选择或者父母在帮他们选择;让他们明白,他

---

① [美]里尔登等著,侯志瑾等译:《职业生涯发展与规划》,中国人民大学出版社 2010 年版,第 14 页。

们不能这样开始自己的职业生涯。

每一个可能进入教师职业的人都首先应该明白：进入教师职业是一个关乎你自己人生的重要选择，你以往的生活经验和迄今为止塑造你生活的各种事件，都是决定你做出职业选择的有效资源。

二、自我分析活动程序

你首先需要做的第一件事就是，静心坐下来，回顾自己的过去，审视现在和瞻望未来，按照下面的程序做一个简单的自我分析，认识自我的过去、现在、将来，分析并且试图澄清自我的价值观。

1. 我是谁？

（1）请写出关于自我的 15 个描述，各个方面都可以。如"我是一个快乐的人""我是一个苦命的人"等。

（2）把积极的描述用"＋"表示，消极的描述用"－"表示。统计一下，看看自己是积极的描述多，还是消极的描述多。

2. 我的生命线

（1）每个人在一张白纸上画上一条线段，这条线段就代表了每个人的生命线。

（2）在其中的一个端点写下"0"，在另一个端点写下你预期的生命终止年龄，这个年龄不能信手胡写，应根据自己居住地区人们的平均寿命、自己家族亲人的寿命及自己的健康状况推测而得。

（3）找到目前自己在生命线上的位置。

（4）写出过去对你影响最大（给你留下印象最深）的三件事。它们怎样影响了你？

（5）写出今后你最想做的三件事。你准备怎样做？

讨论：看到自己的生命线，你有何感想？

3. 我的现状如何？——工作中的我、生活中的我

看图1-2回答问题：

（1）你觉得目前自己的状况，最像图中的哪个小孩？为什么？

（2）你欣赏他什么？

（3）你担心他什么？

（4）如果可以的话，你希望他有哪些改变？

（5）他要做些什么，改变才会发生？

（6）你感觉影响他改变的最大障碍会是什么？

（7）你觉得有人能帮助他吗？能帮助他的人会是谁呢？

图1-2 我的现状如何？

4. 我的五样①

一个选择，决定一条道路。一条道路，到达一方土地。一方土地，开始一种生活。一种生活，形成一个命运。

正确决定的前提是什么呢？那就是——你到底要什么？

这个游戏的结果，可以不跟任何人说，也可以跟任何人说。我期待的是，你能记住这个游戏的结果。

请你在白纸顶端，一笔一画，写下"×××的五样"。

请你用黑色的笔在雪白的纸上，飞快地写下你生命中最重要的五样东西。

糟糕！你的生活中出了一点意外。

你要舍去一样。请你拿起笔，把五样之中的某一样抹去。

你要用黑墨水，将这样东西缓缓地，但是毫不留情地涂掉，或者用刀子将它剜掉，直到它在洁白的纸上成为一个墨斑或黑洞，再也无法辨识。

此刻，生活又发生了重大变故，来得更凶猛急迫，你保不住你的四样了，必须再放弃一样。

---

① 摘自毕淑敏著：《心灵七游戏》，北京十月文艺出版社2004年版，第6—13页。

不管你有多少怨言和不情愿，请你遵照游戏规则，用你的笔，把四样当中的某一样涂黑。

生命进程中，你又遇到了险恶挑战。这一次，你又要放弃一样宝贵的东西了。

你的生活滑到了前所未有的低谷，你必须做出你一生中最艰难也是最果决的选择。你只能留下一样，其余全部放弃。

讨论：

(1) 你所留下的真的是对于你最重要的吗？为什么？

(2) 你珍惜他（她、它）了吗？你为他（她、它）做过什么？

(3) 今后你准备怎样做？

拓展阅读：
认识你自己

"认识你自己"相传是刻在德尔斐的阿波罗神庙的三句箴言之一，也是其中最有名的一句。另外两句是"你是"和"毋过"。或说这句话出自古希腊七贤之一、斯巴达的喀隆，或说出自泰勒斯，或说出自苏格拉底。传统上对这句话的阐释，是劝人要有自知，明白人只是人，并非诸神。

根据第欧根尼·拉尔修的记载，有人问泰勒斯"何事最难为？"他应道："认识你自己。"（见《哲人言行录》卷一）尼采在《道德的系谱》的前言中，也针对"认识你自己"来大做文章。他说："我们无可避免跟自己保持陌生，我们不明白自己，我们搞不清楚自己，我们的永恒判词是：'离每个人最远的，就是他自己。'——对于我们自己，我们不是'知者'……"

〔资料来源〕http://baike.baidu.com/view/43294.htm，2012年10月9日。

第二节　我的职业价值观、职业兴趣和职业人格

 罗伊的字母公式

20世纪40年代,一个名叫安妮·罗伊(Anne Roe)的心理学家开始研究科学家和艺术家的生涯行为。她提出的理论认为,可以用12个因素解释一个人的职业选择过程,这12个因素可以归纳为4个不同的类别(Roe & Lunneberg,1990)。她对这些因素进行排序,形成了一个字母公式(见表1-1)。它看起来有点复杂难懂,不过实际上能帮助我们更充分地理解自己的一些生涯行为。

表 1-1　罗伊的公式

职业选择＝S[(eE＋bB＋cC)＋(fF,mM)＋(lL＋aA)＋(pP×gG×tT×iI)]	
S＝性别	L＝一般的学习和教育
E＝一般经济状态	A＝后天习得的特殊技能
B＝家庭背景、种族	P＝生理特征
C＝机遇	G＝认知或特殊天赋能力
F＝朋友、同伴群体	T＝气质和个性
M＝婚姻状况	I＝兴趣和价值观

从上述公式中可以看出,作为最一般因素的性别我们无法控制,第1组中的3个因素(一般经济状态、家庭背景和机遇)我们自己几乎无法控制。而后面3组中的8个因素主要由遗传和后天学习经历共同决定。

〔资料来源〕[美]里尔登等著,侯志瑾等译:《职业生涯发展与规划》,高等教育出版社2010年版,第10页。

教师择业者在入职选择这个阶段，首先需要考虑的问题包括：你如何认识教师职业的价值？你的气质与个性是否适合从事教师职业？教师职业和你的职业兴趣是否匹配？对这几个要素的甄别需要你做一次足够耐心的反思，并且通过科学的心理测试过程，客观地完成对自己的评估。

一、职业价值观澄清

价值观本身实在是个很难确切定义的概念，一种可以使用的通俗表达是："你认为某件事情对你的重要性"。在对职业价值观的理解上，我们借用这个表达，职业价值观大约就是指："你认为某一职业的哪些特征对你来说最重要或者更重要"。这个表述不难理解，然而，事实上我们对自己的职业价值观并不可能有足够清晰的认识。这里，我们借用心理学家马丁·凯茨（Martin Katz, 1993）的一套价值观澄清观点和思路，来试着引导你完成一个澄清自己职业价值观的过程。

从20世纪60年代末开始，心理学家马丁·凯茨详尽地研究了大约250种职业，找出了10种和职业有关的价值观。这10种价值观包括：

（1）高收入：除生活所需外，还有很多可以自由支配的收入，可以消费奢侈品或者进行投资。

（2）社会声望：在社会上有更高的威望，得到人们的尊重。

（3）独立性：在工作中有做决定的自由，有较大的自由发挥的空间。

（4）助人：以促进他人的身心健康、教育和福利为职业的主要内容。

（5）稳定：工作受经济形势、技术或者政策的影响较小，收入稳定，不会轻易失业。

（6）多样性：工作中需要经常面对新问题、新环境和新的人际关系。

（7）领导性：在工作中能够管理和激励他人，承担责任，影响事情的发展。

（8）兴趣：所从事的职业符合个人的兴趣特点。

（9）休闲：所从事的职业能够不影响甚至有利于个人的休闲爱好。

（10）尽早工作：早日参加工作，积累工作经验和获得收入要比继续学习更有价值。

马丁·凯茨还发展了一套基于计算机交互指导信息系统（System for Interactive Guidance Information，SIGI）所使用的价值澄清练习。价值澄清练习的基本思路就是区分上述价值观的优先次序，因为任何一种职业选择都不可能满足你认为重要的所有的价值观。借用这种价值观澄清思路，请教师择业者尝试通过三个步骤来完成自己的职业价值观澄清过程。

1. 请认真思考上述 10 种与工作有关的价值观，不考虑现实情况，不考虑他人看法，独立做出判断：按照你自己认为的重要性程度做出排序（或者排出前三位）。

2. 请思考：教师职业的特性能更多满足上述 10 种职业价值观中的哪些？（对本题目回答，可参照阅读下一章：对教师职业的认识）

3. 请对比：你个人认为重要的价值观选项是否和教师职业特性能够满足的价值观匹配？

二、职业兴趣测试

无论选择何种职业，择业者自然会最期待自己所喜欢的，换句话说，就是择业者自己感兴趣的。然而在现实择业过程中，问题的关键其实在于，择业者如何能确定自己感兴趣的究竟是什么？他所感兴趣的是否适合他的个性？

美国约翰·霍普金斯大学心理学教授、著名职业指导专家约翰·霍兰德（John Holland）以自己从事的职业咨询为基础，通过对自己职业生涯和他人职业发展道路的深入研究，引入人格心理学的有关理论，经过多次补充和修订，于 1959 年提出了一套系统的职业兴趣理论（也被称为人—业互择理论或者职业规划——霍兰德六边形模型）。他将职业选择看作一个人人格的延伸。他

图 1-3　约翰·霍兰德

认为，职业选择也是人格的表现。同一职业团体内的人有相似的人格，因此对很多问题会有相似的反应，从而产生类似的人际环境。

霍兰德理论包含四个基本假设：其一，人的个性大致可分为六种类型：现

实型、研究型、艺术型、社会型、企业型和常规型；其二，所有职业均可划分为相应的六大基本类型，任何一种职业大体都可以归属于六种类型中的一种或几种类型的组合；其三，人们一般都倾向于寻找与其个性类型相一致的职业类型，追求充分施展其能力与价值观，承担令人愉快的工作和角色，职业也充分寻求与其类型相一致的人；其四，个人的行为取决于其个性与所处的职业类型，可以根据有关知识对人的行为进行预测，包括职业选择、工作转换、工作绩效以及教育和社会行为等。在这四个前提的基础上，霍兰德提出了六边形模型。他强调：个人的人格与工作环境之间的适配和对应是职业满意度、职业稳定性与职业成就的基础。

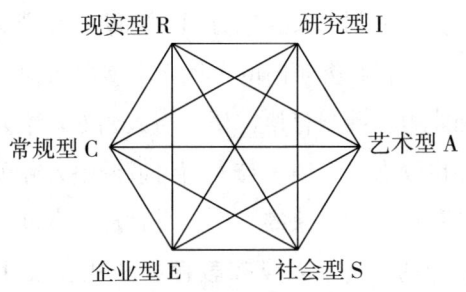

图 1-4　职业性向六边形模型

在图 1-4 中，六边形的六个角分别代表霍兰德所提出的六种类型：现实型（R）、研究型（I）、艺术型（A）、社会型（S）、企业型（E）和常规型（C），六种类型的人具有不同的典型特征，对六种职业兴趣的类型描述和适合的职业如下。

现实型（**Realistic**），又译为技能型：具有这类倾向的个体，属于技术与运动取向。往往身体技能及机械协调能力较强，对机械与物体的关心比较强烈。稳健、务实，喜欢从事规则明确的活动及技术性工作，甚至热衷于亲自动手创造新事物。不善言谈，对于人际交往及人员管理、监督等活动不太感兴趣。适合这一类型的职业有：需熟练技能方面的职业、动植物管理方面的职业、机械管理方面的职业、生产技术方面的职业、手工艺技能方面的职业、机械装置与运转方面的职业等。

研究型（**Investigative**），又译为调查型：具有这类倾向的个体，喜欢理论思维或偏爱数理统计工作，对于解决抽象性问题具有极大的热情。他们通常倾向于通过思考、分析解决难题，而不一定落实到具体操作。喜欢具有创造性、挑战性的工作，不太喜欢固定程式的任务。对于人员的领导及人际交往也非情所愿，独立倾向明显。适合这一类型的职业有：分析员、设计师、生物学家等。

艺术型（Artistic）：具有此类倾向的个体，对具有创造、想象及自我表现空间的工作显示出明显偏好。他们和研究型倾向的个体相同之处在于创造倾向明显，对于结构化程度较高的任务及环境都不太喜欢，对于机械性及程式化的工作了无兴趣。也比较喜欢独立行事，不太合群。但两者所不同的是艺术倾向明显的个体好自我表现，重视自己的感性，直觉力较好，情绪变化较大。适合这一类型的职业有：美术雕刻以及工艺方面、舞蹈、戏剧等。

社会型（Social）：具有此类倾向的个体，喜欢以人为对象的工作。他们通常言语能力优于数理能力，善于言谈，乐于与人相处，给人提供帮助，具有人道主义倾向，责任心也较强。习惯于与人商讨或调整人际关系来解决面临的问题。不太喜欢以机械和物品为对象的工作。适合从事咨询、培训、辅导、说劝类工作。适合这一类型的职业有：学校教育以及社会教育方面、社会福利事业、医疗与保健方面、各种直接为人服务的和商品营销方面的职业等。

企业型（Enterprising），又译为经营型：具有这种兴趣倾向的个体，喜欢制订新的工作计划、事业规划以及设立新的组织，并积极地发挥组织的作用进行活动；喜欢影响、管理、领导他人；自信、支配欲、冒险性强。他们不喜欢具体精细或需要长时间集中心智的工作。适合这一类型的职业有：管理，市场和销售类的职业。

常规型（Conventional），又译为事务型：具有这类倾向的个体，喜欢高度有序、要求明晰的工作，对于规则模糊、自由度大的工作不太适应。不喜欢主动决策，习惯于服从，一般较为忠诚、可靠，偏保守。与人工作中的交往会保持一定的距离。工作仔细、有毅力。对社会地位、社会评价比较在意，通常愿意在大型机构做一般性工作。适合这一类型的职业有：银行职员、图书管理员、会计、出纳、统计人员、计算机操作人员、办公室职员等。

根据六边形模型来理解，最为理想的职业选择就是个体能找到与其个性类型重合的职业类型，即人职协调。这时，个人最可能充分发挥自己的才能并具有较高的工作满意感。如果个人不能获得与其个性相重合的职业，则寻找与其个性类型相近的职业。由于两种类型之间有较高的相关系数，个人经过努力和调整也能适应职业环境，达到人职次协调。最差的职业选择是个人在与其个性类型相斥的职业环境中工作。在这种情况下，个人很难适应工作，也不太能感到工作的乐趣，甚至无法胜任工作，是人职不协调的匹配方式。总之，个性类型与职业类型的相关程度越高，个人的职业适应性越好；相关程度越低，个体的职业适应性越差。因此，六边形模型有助于人们更好地理解和进行职业选择。

霍兰德职业兴趣测试是目前比较公认的职业兴趣测试量表（详见本书附录1）。测试者做完测试后，可以根据自己所属的类型得出自己个人职业兴趣倾向的三个字母组合。每个人通过测试，都可以找到个人的职业代码，查找霍兰德职业代码表（详见附录2）找出相应的职业。比如一个代码为 ASI 的人，在艺术型、社会型、研究型三方面得分较高，他最适合做的是艺术家、画家、记者等。

当然，大多数人都并非只有一种性向（比如，一个人的性向中很可能是同时包含着社会型、现实型和研究型性向，那么包含这三种性向的职业都比较适合你）。例如，你的职业兴趣代码是 RIA，那么牙科技术人员、陶工等是最适合你兴趣的职业。而其他由这三个字母组合成的编号（如 IRA、IAR、ARI 等）对应的职业，也较适合你的兴趣。下面是一个霍兰德职业测试实例。

如图 1-5，假设经过测试，您的霍兰德代码是：RSE（现实 81.8% + 社会 81.8% + 企业 81.8%）。

您适合的职业（为您的适合职业类型举例，适合但不仅限于）：消防员、交通巡警、警察、

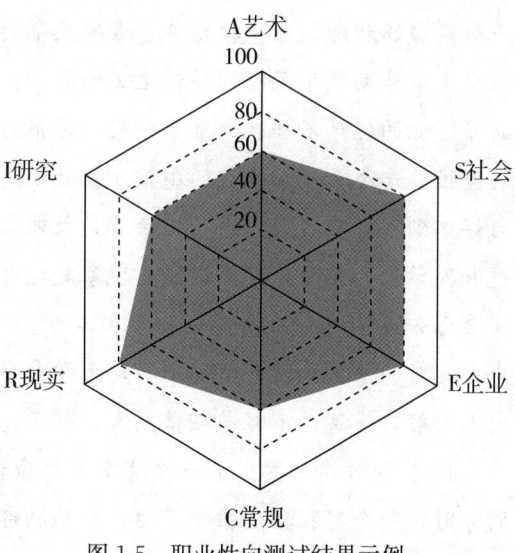

图 1-5 职业性向测试结果示例

门卫、理发师、锻工、开凿工人、管道安装工、出租汽车驾驶员、货物搬运工、送报员、勘探员、娱乐场所的服务员、起卸机操作工、电梯操作工、厨房助手。

说明：

1. 您适合的兴趣范畴在蓝色六边形相对集中的区域。
2. 若蓝色区域呈正六边形或接近正六边形，则报告可能无效。

拓展阅读：

荣格的一号人格和二号人格

荣格（Carl G. Jung，1875—1961），瑞士心理学家和精神分析医师，分析心理学的创立者。早年曾与弗洛伊德合作，曾被弗洛伊德任命为第一届国际精神分析学会的主席，后来由于两人观点不同而最终走向分裂。与弗洛伊德相比，荣格本人内心更强调人的精神有崇高的抱负，反对弗洛伊德的自然主义倾向。

图1-6 荣格

荣格出生于瑞士的康斯维尔一个对宗教相当热衷的家族。他的八个叔叔及外祖母都是神职人员，父亲则是一位虔诚的牧师，几乎把信仰当成他生命的全部。家庭中浓厚的宗教气氛很大程度上培养助长了荣格的神秘主义倾向。他有两个哥哥，但都在他出生之前夭折了；他的父母不和睦，经常吵架，母亲的性情反复无常。自小他便具有特别的个性，是个奇怪而忧郁的小孩，他大都是和自己做伴，常常以一些幻想游戏自娱。到了6岁之后，除了父亲开始教他拉丁语外，也开始他上学的生涯，通过和同学们的相处，荣格慢慢发现家庭之外的另一面。多年之后回想起来，他将自己分成了两个人格——一号和二号。一号人格是表现在每天的日常生活中，此时的他就如同一般的小孩，上学念书、专心、认真学习；另一人格犹如大人一般，多疑、不轻易相信别人，并远离人群，靠近大自然。

12岁的时候，发生了一件改变荣格命运的事情。一个初夏的中午他等待同学时，一个男孩猛然推倒了他，他的脑部受到重击。接下来的几个月内，似乎有种神秘的咒语萦绕在荣格的脑中，每当必须回到学校或者面对功课时，他便陷入了昏厥的状态。这种状况的持续使其父母忧心不已，从各处请来的医生亦无法提出有效的治疗方法，甚而有人认为这是一种癫痫的状态。但慢慢地，他用意志力来面对这个问题：一开始，在认真学习十分钟后，眩晕的感觉袭上心头，但荣格未放弃，持续地强迫自己继续看着父亲的拉丁文书，经过了几个星期的努力后，一切又恢复了原状，仿佛什么都没有发生过。日后回忆起这件事，他视其为经历一次"精神官能症"。这个精神官能症对他而言是个秘密，一个可耻的秘密。但它却诱发了荣格一种非同寻常的勤奋，每天五点准时起床，而这一切都是为了自己，并非做做样子罢了。

同一时期内，荣格还有一段重要的经历。这段经历就如同刚从浓密的云层探出头来一般，他找到了他自己，开始摆脱了按别人的意志来生活，对自己有绝对的权威，过着自己想过的生活，学校和都市生活占去了他的大部分时间。渐渐地，他越来越认同一号人格以及所发现的新自我，二号人格的世界则慢慢地消逝，二号人格容易让他感到沮丧，他从二号人格的先入之见中解脱出来。他亦开始接触西方哲学史，系统性地探讨自己所拟定的问题，深深为柏拉图、毕达哥拉斯、恩培多克勒所吸引。对荣格而言，他们的思想很美，富有学术气息，不像亚里士多德式的唯智论令人生厌。在其中，荣格最感兴趣的莫过于叔本华（Schopenhauer）的著作，他对世界阴暗面的描述相当符合荣格的看法：对于上帝，他们皆认为上帝乐于唤起人们的阴暗面更胜于光明且积极的一面，这对自幼便开始怀疑上帝是否为完美的荣格而言，无疑是找到了志同道合的伙伴。

〔资料来源〕http://www.hudong.com/wiki/%E8%8D%A3%E6%A0%BC#hdtop_1，2012年10月9日。

三、迈尔斯—布里格斯（MBTI）职业人格测试

应该说教师职业对从业者具有独特的人格特征要求，比如，大家会不自觉地认为教师应该更加外向一些，善于表达或者擅长与人交流等。因此，教师择业者对自己的人格特征进行评估也是非常有必要的。

这里介绍目前国际公认的职业人格测试 MBTI（Myers-Briggs Type Indicator)。

卡尔·荣格

凯瑟琳·布里格斯　伊莎贝尔·布里格斯·迈尔斯

图1-7　MBTI谱系

　　MBTI是一种迫选型、自我报告式的性格评估测试，用以衡量和描述人们在获取信息、做出决策、对待生活等方面的心理活动规律和性格类型。目前MBTI已经成为当今全球最为著名和权威的性格测试。它主要应用于职业发展、职业咨询、团队建议、婚姻教育等方面，是国际上应用较广的人才甄别工具。

　　MBTI人格理论的基础是著名心理学家卡尔·荣格关于心理类型的划分。早在1913年，荣格就在慕尼黑国际精神分析会议上提出了内向型性格与外向型性格，这也是目前为止最为普通大众所熟知的一种人格描述语词系统。1921年荣格的《心理类型》发表。他在书中设计了一套性格差异理论，认为性格差异同时会决定并限制一个人的判断。他根据力比多（Libido）的流向把人划分为外向型与内向型两类：外向型的人重视外在世界，活跃，自信，勇于进取，容易适应环境的变化；内向型的人重视主观世界，经常内省，沉默寡言，容易害羞，较难适应环境的变化。他把人的四种心理活动——感觉、思维、情感和直觉与上述的两大态度类型两两配对，便得出了人格的八大机能类型，即外倾思维型、内倾思维型、外倾情感型、内倾情感型、外倾感觉型、内倾感觉型、外倾直觉型、内倾直觉型。同时，他认为这些差异是与生俱来的，并且在一个人的一生中相对固定。正是在这个意义上，性格被视为是人的一种与生俱来的天性。

　　20世纪40年代，美国一对母女伊莎贝尔·布里格斯-迈尔斯（Isabel Briggs-Myers）和凯瑟琳·布里格斯（Katharine Briggs）在荣格心理类型理论基础上提出了一套个性测验模型，并把这套理论模型以她们的名字命名，叫作迈尔斯—布里格斯类型指标（Myers-Briggs Type Indicator，MBTI）。这就是1942年开发的MBTI的第一张量表——量表A。当时正值第二次世界大战，布里格斯母女希望通过MBTI增进人与人之间的相互理解和欣赏，从而避免战争。截至1998年，MBTI量表已经升级到了量表M，这也是目前使用中的MBTI最新版本（见附录3，1998版MBTI测试）。

MBTI的基本观点认为，人的性格倾向，就像分别使用自己的两只手写字一样，都可以写出来，但惯用的那只手写出的字要会比用另一手写出的字好。每个人都会沿着自己所属的类型发展个人行为、技巧和态度，而每一种性格倾向的人也都存在着自己的潜能和潜在的盲点。因此，MBTI以荣格划分的八种类型为基础，加以扩展，从能量的来源方向、信息收集的方式、做决定时候的偏好以及生活态度四个方面对人格进行考量，每个维度上包含相互对立的两种偏好。

1. 能量来源：注意力集中在何处，从哪里获得动力？即内向(I)、外向(E)。

2. 信息收集：获取信息的方式？即感觉（S）、直觉（N）。

3. 决定偏好：做决定的方法？即思考（T）、情感（F）。

4. 生活态度：他们对外在世界如何取向；通过认知的过程或判断的过程？即感知（P）、判断（J）。

这四个维度就是四把标尺，每个人的性格都会落在标尺的某个点上，这个点靠近哪个端点，意味着这个人就有哪方面的偏好。例如，如果你落在外向的那边，称为"你具有外向的偏好"；如果你落在内向的那边，称为"你具有内向的偏好"。在现实生活中，每个维度的两个方面我们都会用到，只是其中的一个方面可能你用得更频繁、更舒适，就好像每个人都会用到左手和右手，习惯用左手的人是左撇子，习惯用右手的人是右撇子。同样，你的人格类型就是你用得最频繁、最熟练的那种偏好。

四个维度上特定偏好的组合就构成一种特定的性格类型，譬如 ISTJ 代表"内向—感觉—思考—判断"型性格，ENFP 则代表"外向—直觉—情感—感知"型性格。由此可知，性格一共有 16 种不同的大的性格类型，每一种性格类型都具有独特的行为表现和价值取向。了解性格类型是寻求个人发展、探索人际关系的重要开端。

拓展阅读：
一条"残忍"的原则

　　心理学认为，性格是心理活动的体现，而心理活动是大脑活动的产物。我们的意识、情绪都是由大脑中的神经元、灰质、树突、轴突、神经递质等共同作用的结果。在我们人生的最初几年（包括胚胎时期），脑部的主要任务是把所有脑细胞正确地联结起来。不只是建立细胞间的联结，还要把某些联结切断——3岁小孩脑细胞之间的联结是成年人的两倍——这些联结是乱七八糟的——为了妥善运作，脑部必须决定哪些联结要保留，哪些要断裂。在大脑的发育关键时期，脑部必须检查成千上万兆的联结，因此不得不采取"残忍"而有效的原则：用不着的就自动断裂。

　　那么脑部如何判断哪些联结用得着，哪些用不着呢？通过观察，科学家总结出了大脑的判断规律：不断探测哪些区域经常受到刺激，而哪些区域极少受到刺激来决定是否断裂这些区域的联结。也就是说很少受到刺激的部分将自动断裂。1970年发生在洛杉矶郊区女孩吉妮身上的悲剧（被其精神状态极不稳定的父亲绑在小房间的一张椅子上长达十二年半，因为父母几乎没有跟她说过话，她的脑部负责语言的部分几乎没有受到刺激，导致终身受损。吉妮被解救出来后通过多年语言训练，至今仍无法学会说话，只能"像动物一样呜咽"），证实了大脑神经科学家对人类大脑初期发育的理解：过了脑部发育的关键时期，人的大脑结构基本定型，之后的环境变化以及训练很难改变大脑的构造，也很难改变基于大脑结构功能区特征。

　　同样，正常人在大脑发育关键时期接受的刺激是有所不同的（当然刺激范围和种类是基本接近的），刺激的程度和强度也有一定差异。这些微小的差异对大脑发育的联结断裂以及结合时期的影响在于改变了功能神经元联结的强度。这些功能神经元联结强度对我们将来获取信息、思维、决策方式都将产生一生的影响。

〔资料来源〕http://www.apesk.com/mbti/dati.asp, 2012年10月4日。

【思考题】

1. 为什么职业兴趣应该作为择业需要考虑的重要因素?
2. 性别对职业选择有什么影响?
3. 适合教师职业的人格特征有哪些?

【文献链接】

1. [美]史蒂文·密勒著,丁亚平、龚隽译:《认识你自己》,江西人民出版社2001年版。

2. [美]里尔登等著,侯志瑾等译:《职业生涯发展与规划》,中国人民大学出版社2010年版。

3. [美]理查德·尼尔森·鲍利斯等著,柏静静译:《你的降落伞是什么颜色》,中信出版社2010年版。

4. [美]堂娜·邓宁著,杨良得译:《你的职业性格是什么——MBTI16型人格与职业规划》,电子工业出版社2012年版。

5. [美]贝蒂·E. 斯黛菲等主编,杨秀玉等译:《教师的职业生涯周期》,人民教育出版社2012年版。

第二章

职业选择的基础：认识小学教师职业

> 国将兴，必贵师而重傅。
> ——《荀子·大略》

【内容概要】

对所选择职业有所了解，是进行恰当的职业选择的前提。作为社会分工的产物，教师成为真正意义上的一种职业是在专门的教育机构——学校产生以后。在漫长的中西教育发展史上，教师职业有着不同的源头和发展脉络。

20世纪60年代中期以后，教师职业的专业化问题逐渐引起人们关注，并日益成为当代教育改革的一个中心议题、教师教育改革的一种趋势、世界各国改进教育实践的一种重要策略。在这种历史背景下，我国开始实行小学教师入职资格证书制度，颁布了全国小学教师专业标准，小学教师职业走上了专业化的道路。

【关键词】

职业　专业　专业化　专业发展

第一节
教师职业：是一个专业吗？

 教师资格证升级为国考

根据教育部2011年6号文件精神，我国对教师资格考试进行重大改革，全面推行全国统考。2011年在浙江省、湖北省开展试点，随后推广到全国，实现常态化。和以前的考试相比较，国考对申请人员进行分层考察、更有针对性。例如，2012年开始试点的上海，对申请幼儿园教师资格的人员，国考的笔试设置了综合素质、保教知识与能力的测试。在面试的"教育教学实践能力"环节，还重视考察申请人员的才艺：弹钢琴、讲故事、绘画等基本教学技能。对于申请小学教师资格的人员，国考的笔试设置了综合素质、教育教学知识与能力。在面试环节，还考察申请人员的知识面，包括语文、英语、社会、数学、科学、音乐、体育、美术等学科的知识。

教师职业是一个专业吗？这是探讨教师专业化首先要面对的一个问题。想要回答这个问题，首先必须弄清楚"职业"和"专业"这两个概念，然后进一步去讨论教师这个职业是从何时产生的，又是在什么背景下，"教师职业是不是一个专业"进入了人们的讨论视野。

一、职业与教师职业的产生

根据《中国大百科全书·社会学》的解释，"职业是随着社会分工而出现的，并随着社会分工的稳定发展而构成的人们赖以生存的不同的工作方式。"① 据此理解，教师成为一个职业需要满足两个条件：第一，作为一种社会分工的结果，得有一个专门从事教师职业活动的人群；第二，这些人需要以教书为个人谋生的基本手段，赖之以生存。

下面让我们翻开中外教育发展史的厚厚卷帙，看看中外教师职业出现及发展的大致轨迹。

（一）中国教师职业出现的实然状态

在中国历史上，教师成为真正意义上的一种职业是在专门的教育机构——学校产生以后。最早的学校出现于原始社会末期或奴隶社会初期。古籍记载在尧、舜、禹的时候已有大学，名叫"成均"。这时的学校兼做养老、库藏之所。将富有生产经验和社会生活常识的老人集中起来，由集体敬养，这些老人自然担负起了教育下一代的责任。养老的场所逐渐变成了传授知识的学校，这时的教师就是这些老人，而且他们已经有了最初的级别，即"国老"与"庶老"。养老敬老是氏族社会的传统，也是中华民族的优良传统。可见，从中国最早出现专门教师职业人群的构成来看，中华民族的尊师传统源自于我们"长者为师"的发展起点。

而到了奴隶社会鼎盛时期的西周，统治者对教育极端重视和高度垄断，形成"学在官府"和"官师合一"的局面。这时的学校分国学和乡学两种。国学是专门为京城的奴隶主贵族子弟设立的，乡学是建在地方上为一般奴隶主和庶民子弟设立的。学校教师，国学由京城大官担任，乡学由地方官吏担任。天子和诸侯每年都要视学，同时举行隆重典礼，以表示统治者"尊教重道"之意。所以《尚书》说："天降下民，作之君，作之师"。

春秋战国时期，奴隶制度瓦解，封建制度开始建立，文化教育也随之发生变化，其主要标志就是官学衰落，私学兴起。

私学，就是民办学校。最早出现于春秋末期。由于王室、诸侯忙于战争，社会动乱打破了奴隶主贵族垄断教育的局面。一方面，秘藏于官府的典籍文物散失民间；另一方面，一些没落的奴隶主贵族及掌握了一定文化知识的人员流

---

① 《中国大百科全书·社会学》，中国大百科全书出版社 1991 年版，第 475 页。

落到社会下层，成为私学的教师。相对于"学在官府，官吏为师"的历史阶段，这些人不再拥有官吏的社会身份，可以随处讲学。其所从事的教育过程与政治活动有所分离。所以，当时百家争鸣的学术风气十分浓厚，各派学者纷纷创办私学，招收弟子，传播文化。但是，需要说明的是，对于这些人，教书不仅是谋生的手段，也是"成一家之言"的方式，因此我们说这些人虽是"第一代职业教师群"，但实质上他们是以教师为主要职业的兼职教师。

著名的私学大师有孔子、孟子、荀子、墨子、庄子等，其中，孔子办的儒家私学规模最大，号称"弟子三千"。从教师职业起源和发展来看，孔子的历史功勋在于首创私学之风，使中国教育由学在官府转向"百家之学"。

在中国的私学体制下，塾师们的职业活动按程度分为两种：蒙养教学与经师讲学。前者相当于中小学，以文字启蒙教育为主；后者相当于大学，传授典籍。私学体制下的"塾师"可以视为相对独立的社会职业人群。

（二）西方教师职业出现的实然状态

在西方教育史上，古希腊以前，没有独立的专门从事教师职业活动的人群，只是由一些掌握读写技能的祭司和抄写师，兼任传授知识和技能。显然，他们的传授知识活动依附于祭祀和抄写职业，没有独立出来，教师还不能称之为社会职业。

古希腊智者派教师的出现，标志着作为一种社会分工产物的教师职业在西方教育历史舞台上诞生。智者派教师成为西方教育史上第一批职业教师，一个重要的标准就是：这些知识渊博的智者带着知识在各个城邦中穿梭，把知识"卖"给那些需要的人，收取一定的学费，并以此为生。智者派收取学费之举的意义在马罗（Henri Marrow）的《古代教育史》（*A History of Education in Antiquity*）中得到最恰当的评价："他们从不教学生任何关于生命和人类的真理，仅是在任何条件下都保持正确性的技巧。他们是伟大的先驱者，是第一批职业教师。收取学费是智者成为职业教师的一个社会性标志，与以往非职业教师有了本质区别，更证明了教师职业的内在价值和社会效用。"[①]

---

① Castle，E. B.，*The Teacher*，Oxford University Press，1970，p.26.

普罗泰戈拉（Protagoras，前481—约前411年）是智者派的创始人之一，以教授辩论术、修辞学和文法为职业，被尊为西方历史上第一位伟大的职业教师。他第一个宣称自己是智者，是教人智慧的老师，第一个要求学生缴纳100迈纳的学费，也是第一个传授实际知识而没有受到轻视的老师。他认为人们更重视花费钱财才能得到的事物，对不花钱就得到的事物则比较轻视。

图2-1 普罗泰戈拉

为了让学生更重视教师以及所教授的知识，他勇敢地提出收费的要求，规定若学生选择跟随他学习，就要在学习结束的时候付相应的学费，假如学生认为他没有学到应该学到的知识，只要到神庙去发誓他没有撒谎，就可以付他认为适当的数额。

在这个时期，著名的希腊三哲则是另一个教师人群的典型代表，即不收费的哲学派教师，苏格拉底、柏拉图（创办学园）和亚里士多德（创办吕克昂），他们以接受学生馈赠为生，教学免费且教学场所相对稳定。

拓展阅读：柏拉图和学园

柏拉图（前427—前347年），是古希腊最著名的思想家和哲学家，一位知识渊博的学者，也是一位伟大的教师。他在自己哲学体系和政治体系的基础上，提出详细而具体的教育思想及其实施方案。由于刻苦钻研，勤奋探究，他对各门学科都有着极深的学术造诣，在各个学科领域都做出了不小的贡献。

公元前387年，柏拉图在雅典城郊纪念希腊英雄海加德木斯的花园和运动场里，创建了学园。学园环境和条件都很优异，非常适合于教授和探讨学问。它是历史上第一所高等教育性质的学校，对希腊思想有极大的影响，也是欧洲最早的综合性传授知识、研究学术并进行政治咨询以及把贵族子弟培养成为上层统治者的最高学府。图书馆、授课厅、宿舍为学习增添了新的色彩，学校按计划运转，学生来自世界各地，学习时间一般持续3—4年，学习期间居住在雅典。柏拉图希望学生有良好的数学基础，所以设立了关于数学的入学考试。学园是一所不收费的学校，只接受学生馈赠的礼物，戴诺辛曾经送柏拉图80

泰勒特（Talent，是以色列的一种货币单位，1泰勒特＝60米纳）。

〔资料来源〕Pittenger, V. N., *Plato：His Land Teachings*, 1971, p. 73.

二、专业和教师职业专业化的发端

（一）专业与专业标准

"专业"（profession）一词最早从拉丁文演化而来，最初的意思是指公开地表达自己的观点和信仰。德语中的"专业"一词是指具备学术的、自由的、文明的特征的社会职业。

人类之初，虽然有了社会分工，但是尚未成为专业，因为那时分工基本上是自然分工，不同职业之间没有严格的技术上的划分。英国社会学家卡尔-桑德斯（Carr-Saunders）认为专业的形成直接来源于中世纪的行会（行会拥有对其专门知识和技能的控制权，把它们传给本门派的人）。1933年，卡尔-桑德斯和威尔逊首次为"专业"下了定义："所谓专业是指一群人在从事一种需要专门技术的职业，是一种需要特殊智力来培养和完成的职业，其目的在于提供专门性的服务。"

如前所述，职业的出现是社会分工的结果，专业则是社会分工、职业分化进一步深化的产物。从此意义上讲，对于各种职业，完全都有可能存在寻求专业地位的趋势。但是在现代社会数以千计的职业里只有极少数职业得到了它。①

作为"专门性职业"的专业与一般职业有根本的区别，应该体现出自己独特的、高品质的要求。那么，一个职业需要具有什么特点或者功能才能称之为专业呢？对这个问题的回答实质上涉及对专业标准的理解。

在职业社会学领域，有关专业标准的诸多表达中，得到大多数社会学家认可的专业标准都包含以下三个基本属性。

---

① ［加］尼科·斯特尔著，殷晓蓉译：《知识社会》，上海译文出版社1998年版，第259页。

第一，从事该专业需要运用专门的知识与技能；这些知识和技能需要长时间的培养和训练而获得。

第二，专业需要提供一种独特、明确、必要的社会服务和奉献，从业人员需要具备服务理念和职业伦理道德。

第三，成熟的专业应该具有权威的专业组织，享有高度的专业自主权。

这三条标准中，是否运用专门的知识技能，从业人员是否得到长时间的培养和训练更是最基本的条件。卡尔-桑德斯将牧师、医生和律师视为最古老而典型的三大专业，就是因为它们都有一个可以追溯到13世纪由中世纪欧洲大学孕育而成长的发展历史。① 而著名教育家杜威1903年在《教育理论与实践的关系》中指出："教师培训的问题是一种比较一般的问题——专业训练，我们的问题类似于培养建筑师、工程师、医生、律师……教师更有理由试着从其他更加广泛、更成功的专业教育中寻找可能学习的东西。"1953年，国际教育大会在关于小学教师的培训建议书中，更是明确提出："小学教师的健康、智力和性格应符合所需标准，而且他们还应接受良好的普通教育令人满意的专业培训，全世界所有儿童有权接受这样教师的教育。"②

也正因为如此，研究者基本认同：师范教育代表着一个使教学专业真正成为专业的正式过程，而教师教育机构的诞生和变革，标志着教师职业专业化的发端和进展。

（二）教师职业专业化的发端：师资培训机构的出现

从世界范围看，师范教育于17世纪末最早出现在法国。1681年，法国"基督教兄弟会"神甫拉萨尔（La Salle）在兰斯创立了世界上第一所师资培训机构，成为人类师范教育的滥觞。③ 之后，奥地利和德国开始出现短期师资训练机构，它们大都是非独立性机构，设在模范中学里，为教师或者候补教师准

---

① 刘捷著：《专业化：挑战21世纪的教师》，教育科学出版社2002年版，第54页。

② 赵中建主译：《全球教育发展的历史轨迹——国际教育大会60年建议书》，教育科学出版社2005年版，第111页。

③ 教育部师范教育司组织编写：《教师专业化的理论与实践（修订版）》，人民教育出版社2003年版，第21页。

备几周或几个月的短期课程，因为它有教学法课程而被称作"师范学校"。这是师范教育的雏形，水平很低，任务就是训练能登台上课的小学教师，主要采用艺徒制的方法使学生获得一些感性认识和教学经验。①

18世纪中下叶，随着普及初等义务教育为很多国家普遍接受并以政府名义要求实施，再加上教育科学化运动，现代教学方法渐成体系，教育理论有了长足进展，师范教育理论已见轮廓，为教师职业训练提供了理论上的指导和实践中的依据，这意味着教学开始作为一门专业从其他行业中分化出来，形成自己独立的特征。在此基础上，欧洲、北美各国相继出现了师范学校并颁布了师范教育的法规，包括中等师范学校的设置、师资训练、教师选定、教师资格证书的规定以及教师的地位、工资、福利待遇等，师范教育开始出现系统化、制度化的特征。师范教育是培养师资的专业教育，它的诞生和变革，标志着教师专业化的发轫。②

在中国，官学私学并存的教育形态一直时断时续。整个封建社会时期官学和私学的教学内容实质上都是沿袭儒家教育传统，重在文化道德传习。可以说，我国教育传统并不重视生产知识和科学技术的研究和传授。不论是官学系统下的"学而优则仕，官吏为师"，还是私学体制下的名师大儒或者村野塾馆的蒙师，只要自己直接进入教师之列，并不需要也不存在教师培训问题。

而到了近代，尤其是第二次鸦片战争后，我国内忧外患不断，清廷在洋务派的推动下逐渐开展起了洋务运动，希望通过学习西方先进的科学技术，培养洋务人才以挽救清王朝的政治危机。这样，开办洋务学堂就被提上了日程。

洋务运动直接推动创办近代新式学校，这也是我国近代新式教育的开端。洋务运动期间，1862年6月11日清政府创办京师同文馆，正是在这里，我国出现了采用班级授课制的最早雏形。一直到1905年清政府"立停科举以广学校"，中国近代新式学堂发展历时44年，其间洋务派先后建立各类新式学堂近四十所，整体来看包括专习"西文"（外语学堂）和专习"西艺"（军事技术学堂）两类，前者以京师同文馆为代表，后者以福州船政学堂最具代表性、影响最大。

---

① 刘捷著：《专业化：挑战21世纪的教师》，教育科学出版社2002年版，第94页。
② 教育部师范教育司组织编写：《教师专业化的理论与实践（修订版）》，人民教育出版社2003年版，第22页。

甲午战争之后，通过对洋务教育的检讨，士大夫们逐渐形成变科举、兴学堂、育人才为核心的教育救国思潮，并认识到师范教育的重要意义。梁启超在《学校总论》中明确指出："今同文馆、广方言馆、水师学堂等洋务学堂'不能得异才何也？'是因为受病之根有三：一曰科举之制不改，就学乏才也。二曰师范学堂不立，教习非人也。三曰专门之业不分，致精无自也。"① 进而在《论师范》中提出"师范学校立，而群学之基悉定"，"欲革旧习，兴智学，必以立师范学堂为第一义"。② 这也成为中国师范教育思想之发端。继而，盛宣怀、张之洞、张謇等人亦相继指出：师范尤为学堂一事先务之先务。

1897年4月7日，大理寺少卿盛宣怀开办南洋公学师范院。这是我国第一次对即将任职的教师施以专门培养，可以视之为我国教师职业专业化的起点。

师范教育是整个教育的母体与发展前提，任何学校的发展都需要大量高质量、高素质的师资。正因如此，优先发展各类师范教育成为晚清"新政"时期教育政策调整的侧重点。③ 1902年，清政府正式下令恢复京师大学堂，在其筹办过程中，管学大臣张百熙特别强调师范教育的重要性，认为"学堂开设之初，欲求教员，最重师范"。因此，他优先设立师范馆，并且制定了《师范馆章程》。1903年，张之洞入朝主持学制的修订，把优先发展师范教育的政策进一步深入。在张百熙、荣庆、张之洞联名上奏清廷的《重订学堂章程折》中，针对前期的师范教育"系仅就京城情形试办，尚属简略"的状况，再一次明确指出"办理学堂，首重师范"。这种教育理念在1904年颁行全国的《奏定学堂章程》中得到集中反映：师范学堂意在使全国中小学堂各有师资，实为各项学堂之本源，办学堂者入手之第一义，"宜首先急办师范学堂"。可以说，清政府不仅认识到了发展师范教育的急迫性与重要性，而且以立法形式将优先发展师范教育的根本方针确定下来。所以也可以认为，"癸卯学制"以法律形式确定近代师范教育体系，体现出中国师资培养"专业化"的法律要求。

---

①② 陈学恂主编：《中国近代教育文选》，人民教育出版社1983年版，第131、144页。

③ 张小莉：《晚清新政——近代中国新式教育开端，重视师范教育》，载《河北师范大学学报（社会科学版）》2003年第2期。

拓展阅读：法国教师教育独特的双轨制

18、19世纪的西欧，在社会政治、经济发展及特定历史文化条件的影响下，形成了欧洲现代教育的双轨学制：一轨自上而下的结构：大学（后来也包括其他高等学校）、中学（包括中学预备班）；另一轨从下而上的结构：小学（后来是小学和中学）及其后的职业学校（先是与小学相连的初等职业教育，后发展为和初中相连的中等职业教育）。它们是两个平行的系列，既不相通也不相接，这样就剥夺了在国民教育学校上学的劳动人民子女升入中学和大学的权利。

受双轨教育制度的影响，法国师范教育也形成了独特的双轨制：一轨为上层阶级设立，上层阶级子弟在高中毕业后可以通过培训或者进修成为中等及以上师资；另一轨为大众服务，普通劳动者子弟由母语学校、初等小学直至高等小学，然后进入师范学校接受培训成为初等教育师资。双轨的师范教育制度在法国延续了很长时间，使法国初等教育教师的专业化程度长期停留于"零状态"，而中等教育师资也一致保持着强烈的学术色彩。

直到法国哲学家和教育改革家库森提出了"教师创造学校"的思想，并且这一思想赢得了当时法国教育部长基佐的认同，并在1831年颁布的《大力发展初等教育和师范教育的法案》中大力推广。这项举措在一定程度上使法国的师范教育开始脱离经验式培训模式，向专业化的师范教育迈进了一大步。自此，"教师创造学校"思想成了法国师范教育的优良传统，并一直为法国教育界秉承。

〔资料来源〕单中惠主编：《教师专业发展的国际比较》，教育科学出版社2010年版，第70页。

三、教师职业：是不是一个专业？

对这个问题，实际上内含着两种指向：应然状态和实然状态。理论上，答案毋庸置疑。教师职业应该成为一个专业。为什么？实际上，回答"是"也可能底气不足。为什么？

（一）理论界的不同声音

在社会学研究领域，关于教师职业是否是一个专业存有截然不同的几种观点。

最旗帜鲜明的支持者代表人物是埃利奥特等，他们将教师与医生、律师、神甫职业称为"四个最伟大的传统职业"[①]。

而反对的声音中，埃齐奥尼等最有理有据，他们坚持认为：因为教师职业培训时间短，社会地位低下、团体专有权难以确立、特有的专业知识较少、专业自主缺乏，所以教师职业的专业性尚且没有达到完全专业的水准。因此，他们将教师与护士、社会工作者三种人员划归到"半专业"人员。

我国学者刘捷从专业知能、专业道德、专业训练、专业发展、专业自主和专业组织六个方面，对教师职业进行衡量，提出教师职业至少在专业知能、专业道德、专业训练以及专业发展上已经具备一定水准。只是在专业自主和专业组织上难以让人信服。因此，教师职业是一个"形成中的专业"（an emerging profession）。其专业地位高于半专业而接近完全专业，与其他专业工作如医生、律师、工程师相比较，略显逊色。[②]

（二）各种应然的规定："是或应该是"专业

国际范围看，早在 1933 年，16 种承认的专业中包括教学专业；1958 年，《国际标准职业分类》初版中，教师职业就被划分到专业人员和技术人员这一职业大类之下。

在我国，1986 年的第一版中国职业分类国家标准 GB/T 6565—1986《职业分类与代码》中，教师职业被划分为专业人员和技术人员职业大类。1994 年 1 月 1 日颁布的《中华人民共和国教师法》更是规定："教师是履行教育教学职责的专业人员，承担着教书育人、培养社会主义事业建设者和接班人、提

[①] 赵康：《专业、专业属性及判断成熟专业的标准》，载《社会学研究》2000 年第 5 期。
[②] 刘捷著：《专业化：挑战 21 世纪的教师》，教育科学出版社 2002 年版，第 65—78 页。

高民族素质的使命。"这也是我国第一次全面对教师的权利与义务、资格与任用、待遇、奖励等做出法律上的规定。

《中华人民共和国职业分类大典》(1999版)将我国职业归为8个大类,66个中类,413个小类,1 838个细类(职业)。教师职业也被划分到专业技术人员大类,并且被这样明确界定:"教师是从事各类教育教学工作的专业人员"。

可以说,国家政策层面明确规定"教师职业属于专业技术类","教师是专业人员",这是一个很有趣的现象。我们不禁想提出一个问题:教师职业的专业性,教师从业者成为一个专业人员被人为认定或者规定意味着什么?也许可以这么说,官方的规定说明社会需要或国家要求:教师应成为一个专业。这里具有双重含义:一方面,作为一种社会职业,教师职业应该具有作为一个专业应有的经济待遇、社会地位和专业声望以及由此形成的职业吸引力;另一方面,作为一种职业选择,教师个体应该认识到教师专业发展的内在要求,应自觉按照专业人员的要求,向成为一个专业教师而努力。

对于这种应然的需求,由政府间国际教育会议于1966年通过的《联合国教科文组织和国际劳工组织关于教师地位的建议》,提出了最为经典的表述:"应把教育工作视为专门的职业,这种职业要求教师经过严格地、持续地学习,获得并保持专门的知识和特别的技术。"这也是世界范围内第一次以官方文件形式对教师职业的专业性质做出了明确说明,并且,这份报告还就教师职业应有的社会经济地位和专业素质、教师入职培养和职后培训、教师在教育决策中的角色以及各国为提高教学质量应该采取的措施等一系列政策问题提出了指导性原则。

(三)实然状态:教师专业化

以前述1966年报告为起点,20世纪60年代中期以后,教师职业的专业化问题逐渐引起人们关注,并日益成为当代教育改革的一个中心议题、教师教育改革的一种趋势、世界各国改进教育实践的一种重要策略。

"专业化"这个概念的出现和使用,可谓一个典型的"舶来品"。其英语表达为professionalize,翻译过来就是(使)专业化。"化"的意思传递出一个动态的变化和发展过程。用准确丰富的汉语来具体表达，专业化指的就是：教师职业成为一个完全的专业，教师从业者达到专业人员的水平，这实际上需要经历一个过程，而目前教师职业正处在这个过程之中。

根据 professionalize 这个动词转化为名词形式的两种具体形式，我们可以进一步来深入分析教师专业化的两种研究视域：一方面，professionalization，侧重关注一个普通职业逐渐符合专业标准、成为专门职业并获得相应专业地位的过程，这个研究视域关注点在于教师专业化实现的动态过程；另一方面，professionalism，侧重关注处于某一时间横断面上教师职业的专业性质和发展状态处于什么状态和水平，这个研究视域关注点在于对教师专业发展水平加以静态的性质描述。

而从世界各国追求教师专业化的实践形态来看，有研究者采用下图来理清教师专业化运动发展的历程。①

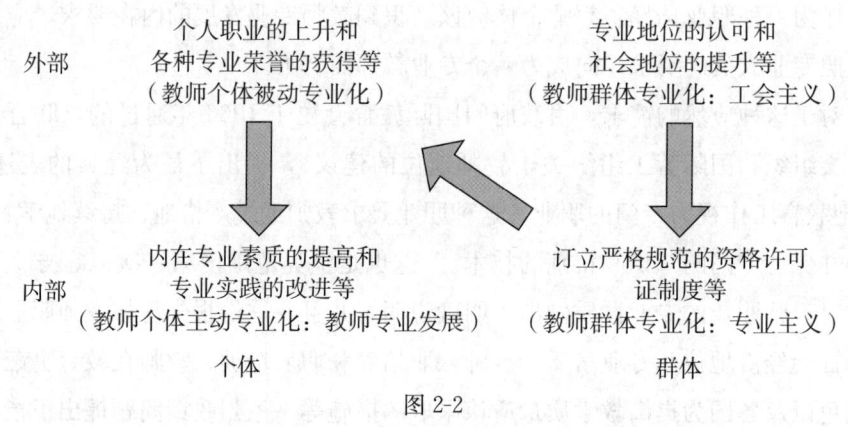

图 2-2

如图 2-2 所示，整体来看，四十多年来教师专业化的探索根据"教师"所指代的不同对象，可以分为作为一个职业人群的教师职业和作为从业者的教师个体追求专业化两个阶段。

20 世纪 80 年代之前，相关研究集中于视专业化为教师群体的组织发展目标，具体体现为：教师作为社会分层的一个阶层，力求集体向上的流动，争取专业地位和权利。这里面有两种取向：一是工会主义取向（unionism），指向

---

① 叶澜主编：《教师角色与教师发展新探》，教育科学出版社 2001 年版，第 209 页。

社会，追求教师专业地位的认可和专业人员经济地位、工作条件的改善，代表是美国教师联合会（American Federation of Teachers，AFT）；二是专业主义取向（professionalism），指向专业内部成员，强调高标准的专业规范和提高服务水平，代表是全美教育协会（National Education Association，NEA）。

20世纪80年代至今，教师专业化研究的重心从追求教师职业的专业地位和权利转向对教师专业发展的诉求，即以如何推动作为从业者的教师个体专业化为目标，具体体现为：教师作为提供教学服务的工作者，必须不断提高教学水平，发展个人知识和能力。而这个过程中，教师个体专业化还经历了从为了个人职业提升或者各种外在的职业荣誉获得而产生的"个体被动专业化"到自觉追求实现"内在专业素质提高和专业实践改进"的"个体主动专业化"的过程。

基于这样一个研究背景和发展历程，在对教师专业化的探讨中，下述观点基本能达成共识：

教师专业化更多侧重教师职业的发展，试图探索教师职业从兼职到成为专门职业，并逐渐获得相应专业地位和权利的过程，此类研究多从社会学视角展开；

教师专业发展侧重教师个体发展，主要论及教师个体作为专业人员，在专业知识、专业能力等方面不断完善的过程，即由一个新手教师到合格教师最终成长为专家教师的过程，这类研究以教育学视角为主。

笔者在这里综合上述对"专业化"和"教师"两个概念所做的区分，提出如下关于教师专业化研究视域的区分。（见表2-1）

表2-1　教师专业化研究视域

教师	专业化	professionalization	professionalism
作为社会职业的人群	专业化	兼职—专职—专业（教师职业发展史）	专业性质和发展所处水平（某个时段教师职业发展水平、状况等）
作为从业者的教师个体	专业发展	新手—合格教师—专业教师（教师个体职业生涯）	各方面专业知能的发展状况和述评（某个阶段教师个体的发展状态）

因此，本书对"教师专业化"概念的使用定位：对小学教师职业当前的发展状况和发展水平做出描述分析基础上（本章第二节内容），进而分三篇从教师择业者的个体专业发展角度，对其在小学教师职业生涯中的三个重要阶段（职前、入职和在职）如何定位自己的专业发展目标，给出一定的理论依据、行为指导和发展建议。

拓展阅读：
全国教育协会与美国教师联合会

全美教育协会（National Education Association，NEA），其前身为1857年创建的全国教师协会。当时因公立学校的数量、影响力的增加，以及教师数量的急剧上升，再加上受到一些如美国医师协会及美国药师协会等成立的影响，很多州已成立州教师协会为教师服务，因此由十个州教师协会的领导者在费城筹组而成，称为全美教师协会（The Teachers Association）。1970年美国全国教育局长协会（National Superintendents Association）与全国师范学校协会（National Normal Schools）也陆续加入此阵营，因而改名为全美教育协会（National Education Association，NEA）。

美国教师联合会（American Federation of Teachers，AFT）拥有130万会员，是美国仅次于全美教育协会（NEA）的教师团体，属美国劳工组织的一部分，在维护教师的合法权益和提升教师的专业水准方面发挥着积极的作用。

〔资料来源〕洪明：《教师专业组织与教学专业化标准运动——二战后美国"全美教育协会"（NEA）的角色定位及其作用探析》，载《河南大学学报（社会科学版）》2009年第4期。

第二节 小学教师职业：走向专业化

前面已经说过，专门的师资培训机构出现是教师职业专业化的起点，师范教育从无到有、从低到高的发展过程，也可以说是教师职业逐渐走向专业化的发展史。从此意义上看，小学教师培养层次逐步提高正是我国小学教师职业走向专业化最有力的推动力量和见证。

同时，我国小学教师入职资格认证制度的发展与改革、《小学教师专业标准（试行）》的颁布都充分凸显出小学教师职业的专业性，尤其是专业标准的出台，已经成为我国小学教师专业化进程中的重要里程碑。

一、小学教师培养层次逐步提高

早在18世纪末19世纪初，许多国家陆续出现对小学教师进行专门教育训练的师范教育机构。1838年，美国设立第一所师范学校之前，马萨诸塞州教育董事会曾签署以下声明："正如任何其他艺术一样，教学也有一套熟练技能，这是没有人怀疑的。同样明显的是，在合理的范围之内，可以把这种技能和本领作为一种科目来进行教学，并且传授给别人。"① 我国研究者也曾提出："在这一时期，师范教育只是为了培养群众性的初等学校教师。……

---

① ［美］科南特著，陈友松主译：《美国师范教育》，载《科南特教育论著选》，人民教育出版社1988年版，第268页。

通过以中等师范学校为主体的师范教育体系培养出来的这些教师，不但要善于运用班级教学的形式，运用适当的方法把知识教给学生，而且还要善于管理学生和教育学生。师范教育的专业性得到了一定认同。"①

可见在教师职业专业化的初始阶段，师范学校以对小学教师进行教育专业技能培训为己任，具有非常鲜明的专业特色。到了19世纪末至20世纪中期，随着普及义务教育年限增长、小学教育的发展以及教育学科自身的发展，小学教师逐步过渡到由高等师范学校来培养。

（一）小学教师的合格学历由中师提高到高师本、专科层次

我国小学教师的培养层次也经历了逐步提高的发展过程。

1980年6月，第四次全国师范教育工作会议上进一步明确了师范教育的三级培养体制（高师本科培养中学师资，师专培养初中师资，中师培养小学师资），并通过了《关于办好中等师范学校的意见》，充分肯定中等师范学校的重要地位，强调中等师范学校主要培养农村小学师资的办学方向，提出能否面向农村培养合格的小学师资，是关系到农村能否普及初等教育的关键。

为了适应经济与社会发展对高质量基础教育的需求，我国提出了提高小学教师合格学历的要求。培养专科程度小学教师的探索，首先是在北京、上海、江苏、广东等中心城市和沿海经济发达地区开始的。1984年，江苏南通师范学校招收初中毕业生，学制五年，培养专科层次的小学教师，是为这一探索工作的发轫。1985年7月，上海市政府根据本市对高学历小学教师培养的需要，决定撤销上海市第四师范学校，建立上海师范高等专业学校，成为全国第一所正式建制的专门培养专科程度小学师资的高等师范学校。该校建立当年就开始招收中师毕业生，学制二年，为上海地区培养高学历的小学师资。同年，北京第三师范学校、北京通县师范学校、南京晓庄师范学校、无锡师范学校、广州师范学校及稍后的大连师范学校等亦分别举办大专班，开始培养专科层次小学教师的试验。这些探索在我国师范教育发展史上具有开创性的意义。

20世纪90年代中期之后，随着我国经济和社会发展的步伐越来越快，随

---

① 刘捷著：《专业化：挑战21世纪的教师》，教育科学出版社2002年版，第96页。

着科教兴国战略的逐步实施，在专科学历小学教师探索已取得丰富经验的基础上，许多地方纷纷提出进行本科学历小学教师培养试验工作的要求。1998年9月，南京师范大学晓庄学院和杭州师范学院在教育学专业下分别招收了少量学生，开始培养本科学历小学教师的试验。1999年，首都师范大学、上海师范大学、天津师范大学、南京师范大学晓庄学院、东北师范大学、四平师范学院和杭州师范学院等校小学教育专业获得批准，并于同年开始正式招生，使小学教育专业真正成为我国高等教育体系中的一个专业。

1999年3月16日，教育部在《关于师范院校布局结构调整的几点意见》中，提出对师范教育结构进行调整，逐步实现三级师范教育向二级师范教育的过渡；办好一批层次高、规模大、综合实力强的师范大学；积极稳妥进行中等师范学校的调整工作，把部分中等师范学校合并到高等师范院校；少数条件好、质量高的中师可通过联合、合并、充实、提高组建成师范专科学校，其余中师可以改为教师培训机构或其他中等学校。随着这种调整、改革的进程，原来的中等师范教育被逐渐取消。调查数据显示，从1999年到2010年，中等师范学校由815所减少到141所（包括40所幼师），而本科师范院校从87所增加到107所。①

2012年小学教育本科专业被正式列入教育部颁布的《普通高等学校本科专业目录（2012）》。尽管小学教师的培养在我国已有百年历史，但高等教育体系下进行本科层次的小学教师培养在我国还是一个亟待开拓的崭新领域。

（二）多种途径开展小学教师本科后教育

为了适应基础教育改革与发展对优质教师资源的迫切需求，我国积极发展本科后教师教育。对于小学教师发展而言，进入不同模式的教育硕士培养层次是今后可以选择的方向。

教育硕士（Ed.M）学位作为一种具有教师职业背景的专业性学位，主要面向基础教育教学和管理工作的需要，培养具有较高教育学科的理论素养及从

---

① 曹慧英：《我国小学教师专业化的发展战略与路径选择》，载《教育研究》2014年第6期。

事基础教育教学能力的高层次人才。

1996年4月，国务院学位委员会审议并通过了《关于设置和试办教育硕士专业学位的报告》，批准设置教育硕士专业学位，并于1997年开始试点招生工作。教育硕士招生主要是面对大学本科或者本科以上，具有3年以上工作经验的在职普通中学、小学、幼儿园和其他中等学校的文化基础课专任教师或者管理人员，以及省市区县教育研究部门或者政府机关教育系统中相当于中学、小学、幼儿园教师职务的教研员或者管理人员。毕业时颁发硕士学位证书。

1997年，教育硕士招生和培养的专业领域仅有教育管理和学科教育2个专业，4个方向，到2008年，教育硕士招生和培养的专业领域已经包括教育管理、学科教学、现代教育技术、小学教育、科学与技术教育、心理健康教育6个专业、17个专业方向。

2009年，教育部发布了《关于做好全日制硕士专业学位研究生培养工作的若干意见》，决定自2009年起，扩大以应届本科毕业生为主的全日制教育硕士专业学位范围，全国联考，全日制教育硕士学习模式下实践教学时间不少于1年，毕业颁发硕士研究生学历和教育硕士专业学位证书。

拓展阅读：
培养本科学历小学教师的开拓性探索

培养本科学历小学教师是1999年以来我国教师教育体制改革的一项重要探索。首都师范大学在全国率先开展了这个领域的研究与实践。

北京市1997年决定提升小学教师任职的学历起点，由原来的中等师范学校学历直接提升至大学本科学历。1999年，北京市政府决定取消所有的中师，小学教师的培养全面提升到本科层次，将北京市第三师范学校、通县师范学校合并升级，在首都师范大学设立初等教育学院，承担为北京市培养本科层次小学教师的任务。

首都师范大学初等教育学院前两届学生主要从中师毕业生中招生，至2001年6月，北京市最后一届中师生毕业。自2002年起，首都师范大学初等教育学院全面进入从普通高中毕业生中招生，培养本科层次小学教师的探索。

首都师范大学以学校各学科为依托，举全校之力，打造小学教育专业，从

图 2-3

专业课程的建设、教材编写、学术研究到本科培养模式、不同类型硕士层次人才的培养等多方面做了大量开拓性工作。初等教育学院所设小学教育专业2002年被确定为首都师范大学重点专业、北京市品牌建设专业，2007年首批入选国家特色专业。初等教育学院小学教育专业本科人才培养模式于2001年、2005年、2009年连续三届获得北京市高等教育教学成果一等奖，2005年、2009年连续两届获得国家级教学成果二等奖。

2003年首都师范大学初等教育学院在全国率先招收了课程与教学论初等教育方向硕士研究生，2003年在全国率先成立了初等教育研究所。2012年在全国率先成功申请设立初等教育学二级学科硕士学位点，并设有"教师教育研究"二级学科博士点"小学教师教育"招生方向。目前初等教育学院设有课程与教学论、初等教育学和美术学三个专业招收全日制硕士研究生。小学教育专业硕士（脱产）2010年开始招生。小学教育在职研究生2010年开始招生。

初等教育学院设有"首都师范大学初等教育研究所""首都师范大学科技教育中心""教育部中小学综合实践活动课程师资研究与培训基地""中国儿童文学研究会语文教育研究中心""首都师范大学中小学书法教育研究中心""初等美术教育研究中心""首都师范大学小学教育协调发展中心""首都师范大学儿童生命与道德教育研究中心"等研究机构，承担多项国家、北京市重点课题，为教育行政部门的决策及小学一线的教育教学实践提供了有力的理论支撑。

二、实行小学教师入职资格认证制度

教师资格认证是国家对专门从事教育教学工作人员最基本的要求。它规定从事教师工作所必须具备的条件。教师资格制度是国家对教师职业实行的一种特定的职业许可制度。

1782年美国的佛蒙特州首开世界范围内实施教师资格认证制度的先河。目前许多国家对教师的资格标准都有严格的规定，不少国家建立了教师许可证制度或教师资格证书制度。

《中华人民共和国教育法》和《中华人民共和国教师法》（以下简称《教师法》）明确规定，凡在各级各类学校和其他教育机构中从事教育教学工作的教师，必须具备相应教师资格，没有相应教师资格的人员不能聘为教师。

（一）我国教师资格制度的发展

1993年颁布的《教师法》第十条明确规定：国家实行教师资格制度。中国公民凡遵守宪法和法律，热爱教育事业，具有良好的思想品德，具备本法规定的学历或者经国家教师资格考试合格，有教育教学能力，经认定合格的，可以取得教师资格。这是第一次在法律上确认了教师的专业地位，并首次规定"国家实行教师资格制度"，对教师资格标准和条件、申请认定程序、教师资格考试、在职教师资格过渡、法律责任等做出了原则规定。

1995年12月12日，国务院颁布《教师资格条例》，涉及教师资格的分类与适用范围、教师资格条件、教师资格考试、教师资格认定以及违反教师资格制度中的有关法律规定的法则等。从1995年开始，教师资格制度经历了过渡认定和试点认定两个阶段。2000年颁布《〈教师资格条例〉实施办法》，2001年，教师资格制度进入全面实施阶段。

《中国中小学教师发展报告·2010》的数据显示，截至2009年底，全国共有2 190.94万人取得了教师资格。不过，调查报告也提出，尽管教师资格制度经历十余年发展取得一定成效，但是与发达国家相比，我国的教师资格制度尚存在教师学历标准比较低，缺乏全国统一标准，考试形式单一，对教师教学能力评估不够,没有打破资格终身制等不足。

(二)我国教师资格考试改革

正是针对前述现实问题,《教育部关于开展中小学和幼儿园教师资格考试改革试点的指导意见》(教师函[2011]6号)明确提出,教师是实施素质教育,提高教育质量的关键。开展中小学和幼儿园教师资格考试改革试点,完善并严格实施教师职业准入制度,是建设高素质专业化教师队伍的重要任务。据此精神,教育部在2011将浙江、湖北两省定为首批教师资格考试改革试点,实施教师资格考试和定期注册制度,建立"国标、省考、县聘、校用"的教师准入和管理制度。

2012年教师资格考试改革和定期注册制度第二批改革试点扩大到上海、广西、河北、海南四个省份。2013年更进一步将山西、安徽、山东、贵州4个省份纳入全国中小学教师资格考试和定期注册制度第三批改革试点工作范围,同时选择1个地级市开展中小学教师资格定期注册试点。

2013年8月15日教育部正式发布《教育部关于印发〈中小学教师资格考试暂行办法〉〈中小学教师资格定期注册暂行办法〉的通知》(教师[2013]9号)"。文件明确规定在承担教师资格考试改革试点的省(区、市)实行教师资格全国统一考试,也就是"国考"。

2014年2月26日,教育部在《关于印发〈教育部教师工作司2014年工作要点〉的通知》(教师司函[2014]9号)中再次宣布,进一步扩大中小学教师资格考试和定期注册改革试点,推进教师资格考试命题改革。

按照规划,2015年起我国将全面推行教师资格全国统考。这次改革最引人注目的变化有以下三点。

1. 教育部考试中心统一制定考试标准和考试大纲

在改革前,教师资格认定考试由各省自行组织,而且笔试只考教育学和教育心理学。《中小学教师资格考试暂行办法》规定,由教育部考试中心统一制定考试标准和考试大纲,组织笔试和面试试题,并建立试题库。具体来说,教师资格考试包括笔试和面试两部分。

笔试主要考查申请人从事教师职业所应具备的教育理念、职业道德、法律法规知识、科学文化素养、阅读理解、语言表达、逻辑推理和信息处理等基本能力；教育教学、学生指导和班级管理的基本知识；拟任教学科领域的基本知识，教学设计实施评价的知识和方法，运用所学知识分析和解决教育教学实际问题的能力。笔试主要采用计算机考试和纸笔考试两种方式进行。

面试主要考查申请人的职业认知、心理素质、仪表仪态、言语表达、思维品质等教师基本素养和教学设计、教学实施、教学评价等教学基本技能。面试采取结构化面试、情景模拟等方式，通过抽题、备课（活动设计）、回答规定问题、试讲（演示）、答辩（陈述）、评分等环节进行。

2. 打破教师资格终身制

推行教师资格全国统考，提高教师入职门槛，并实行定期注册制度。教师资格证国考中，笔试单科成绩有效期为 2 年。笔试和面试均合格者由教育部考试中心（教育部教师资格考试中心）颁发教师资格考试合格证明，教师资格考试合格证明是考生申请认定教师资格的必备条件，该证明有效期为 3 年。教师资格证须每 5 年注册一次，注册条件以师德表现、年度考核和培训情况为主要依据。

3. 师范生也要考教师资格证

与以往师范毕业生可以"以证换证"，直接认定教师资格不同，改革后师范生也需要通过"国考"才能获得教师资格证书。应该说，师范生进入教师资格考试范围，可谓一举两得：一方面，这对我国当前师范院校教育教学改革形成了倒逼机制，能够促进师范院校调整课程设置，加强对师范生教育实践能力的培养；另一方面，这一举措毫无疑问有利于吸引那些具有优秀专业知识和全面素质的非师范类学生加入教师队伍，丰富我国中小学教师队伍来源。

（三）我国小学教师资格的认定

根据《教师资格条例》，教师资格共分为七类：幼儿园教师资格；小学教师资格；初级中学教师和初级职业学校文化课、专业课教师资格；高级中学教师资格；中等专业学校、技工学校、职业高级中学文化课、专业课教师资格；中等专业学校、技工学校、职业高级中学实习指导教师资格；高等学校教师资格。

对于取得不同类别教师资格的共同条件,《教师法》第十条明确规定:"中国公民凡遵守宪法和法律,热爱教育事业,具有良好的思想品德,具备规定的学历或者经国家教师资格考试合格,有教育教学能力,经认定合格,可以取得教师资格。"

除此共同条件外,有关小学教师资格的认定,有两个具体规定值得深思。

第一,国家对获得小学教师资格的起点学历规定标准过低。

《教师法》第十一条中规定:小学教师资格申请的起点学历标准为中等师范学校及以上。而《教育部关于印发〈中小学教师资格考试暂行办法〉〈中小学教师资格定期注册暂行办法〉的通知》第六条规定:报考教师资格证考试条件是"符合《教师法》规定的学历要求"。也就是说国家政策法律层面目前仍然没有提高对小学教师资格申请者的学历要求。

首先,从理论上讲,过低学历要求本身不符合"专业性的职业"对从业者需要长时间、持续专业训练这一标准;其次,从现实来看,根据我国当下小学教师培养的改革和发展趋势,这一规定显然已远低于现实中的小学教师择业者的实际条件,这不符合我国小学教师教育改革发展的实际状况,更不可能满足我国基础教育改革发展对优质小学教育师资的现实需求。

当然,许多全国教师资格证考试试点省市已经在报考条件中对申请小学教师资格证书者的学历水平提出更高要求,如山西、山东、安徽、湖北、河北等省份规定:2013年起,申请小学教师资格,要具备大学专科及以上学历。而上海、浙江、海南、广西等省份更是明确提出:申请幼儿园和小学教师资格,应具备大专及以上学历。随着2015年我国全面推行教师资格全国统考,提高小学教师入职门槛已成为一种历史的必然选择。

第二,不同类别教师资格之间具有一种单向的"融通性"。

《教师资格条例》第五条规定:"取得教师资格的公民,可以在本级及其以下等级的学校和其他教育机构担任教师"。何谓"本级以下等级"?幼儿园、小学、初中、高中、中专再到大学,这只是根据受教育对象的年龄由低到高划分的不同学习阶段,而不同年龄阶段的学生都有各自年龄阶段特有的心理特征、发展规律,自然也有符合该阶段学生的特有教育需求。不同学习阶段教师资格证的起点学历逐渐升高,至多说明:由低到高对教师从业者的学科知识水平要求相应提高，不能因此说获得高一学段教师资格的人自然就可以胜任所谓"以下等级学校"的教师岗位。

我们认为，小学教育阶段具有不同于基础教育其他阶段的任务，因而具有自己的专业特性，这也进一步决定了小学教师具有不同于其他学段教师的专业特性，从小学儿童出发，小学教师与其他学段教师（幼儿园教师、中学教师、大学教师等）的根本区别在于其教育对象的不同。小学生处于6—12周岁这一重要的生命发展奠基阶段，从终身发展观视角看，这一阶段是个体发展全程中一个独立而且极其重要的阶段，这一阶段的儿童具有自身发展特点与需要。因此，小学教师职业对其从业者必然有不同于其他学段教师的特定需求，而这些需求应该不是简单的高学历就能取代的重要标准。

拓展阅读：
美国教师资格普瑞克西斯考试

20世纪80年代以来，美国各州政府为了提高新任教师的专业化水平，对新任教师教学知识和能力的考察逐渐从多样化走向标准化，普瑞克西斯考试体系（Praxis Series）就是影响最大的标准化考试之一。

普瑞克西斯标准化考试体系是20世纪90年代初形成的，并在1993年开始承担起对新任教师教育教学能力的考察，该考试体系的有效性逐渐得到美国各州的普遍认同。美国政府要求各教育学院通过普瑞克西斯考试体系对参与教师培养计划的个人的理论和实践成绩进行测评。到2006年，美国共有47个州利用普瑞克西斯考试对教师申请人进行考核。而且不论在哪个州参加考试，考试结果在这些州之间是互相承认的。

教育考试中心（Educational Testing Service，ETS）负责考试的实施，并提供专门网站公布考试相关内容，包括在线报名和考试指南的下载等。考生可以登录该网站获得所有有关普瑞克西斯考试的信息，并在"考试总揽"中了解考试大纲、样题、最佳答案和考试技巧。一年内根据不同系列有多次考试机会，另外对于特殊宗教信仰、母语非英语和残疾考生都有不同的报考程序和考试方法。教育考试中心确认试题是融合了教育和心理学测试标准的指导方针，认证过程的重点是考试内容和实际需要相结合并保证考试结果的公平有效。

〔资料来源〕朱欣欣、陈凡：《美国新任教师教学知识和能力考试体系的分析及启示》，载《教师教育研究》2006年第12期。

三、小学教师专业标准的建立

教师专业标准是衡量教师职业是否发展成熟并成为一门专业的标志和尺度。自20世纪80年代以来，教师专业标准研究与开发日益成为世界范围内教师教育改革与教师专业发展的一大热点。通过明确教师专业标准来凸显教师职业的专业性、推进教师专业化进程，已成为世界许多国家提高教师质量的共同战略。

美国在制定教师专业标准的过程中一直走在世界的前列。早在1954年，美国全国教师教育认证委员会（NCATE）宣告成立，取代了美国师范院校联合会，开始承担起全美教师教育机构的资格认证工作（候选教师）；1987年美国州际新教师评估与支持联合会（INTASC）制定了全国通用教师的入职标准（新教师）；同年，美国国家教师专业教学标准委员会（NBPTS）制定了在职教师（优秀教师）的专业标准；1994年美国国家教师专业教学标准委员会（NBPTS）制定了《美国国家教师专业教学标准》，这个国家专业标准得到美国社会的广泛认可。为了确保其有效地推广，委员会对于所认定合格的教师颁发专门证书，这些教师被称为"全国委员会资格教师"，简称NBCT。2001年，美国优质教师证书委员会（ABCTE）制定了在职教师（杰出教师）专业标准。

英国于1989年首次确立了合格教师资格标准，继而在1998年英国师资教育署颁布的《英国中小学教研组长的专业标准》（National Subject Leader Standards）中，提出了英国中小学教研组长的五个专业标准，旨在有效地促进教师和校长的专业成长。经过前期的酝酿，2007年9月起，英国师资培训署颁布《英格兰教师专业标准》，明确界定了不同专业发展阶段教师所具备的特征，包括合格教师（qualified teachers）、普通教师（core teachers）、优秀教师（post threshold teachers）、资深教师（excellent teachers）、高级技能教师（advanced skills teachers）五个层次，由下至上，专业要求随层级递进而逐步提高。

法国从 20 世纪 80 年代末 90 年代初开始推行把学生个体放在教育体制中心的教育政策，由此也更加关注教师专业素质的培养。法国国民教育部在 1994 年和 1997 年分别颁文，对小学教师和中学教师的专业能力标准分别进行了描述和规定，这些标准一直沿用至今。1994 年 11 月 16 日的第 94—271 号通报对小学教师的专业能力参照元素进行了表述，它认为"小学教师是一种综合性的职业，教师应该有能力教授各个学科"。因此，准教师们除了掌握学科的专业知识以外，还需要具备一定的展开教学的技巧和能力。通报认为，小学教师的专业能力包括四个方面：掌握所教的学科知识；能够组织、分析教学情境；能够控制课堂行为以及了解学生差异；具有职业道德。法国国民教育部 1997 年 5 月 23 日第 97—123 号通令指出，初中和普通与技术高中以及职业高中的教师作为国家的公务人员，兼具公务员的一般身份和其所从属的教师团体的特殊身份。这两种身份确定了他的权利和义务。

澳大利亚早在 1996 年由澳大利亚教学委员会发布了初任教师能力框架，此后教师教育专业机构、政府注册机构以及学术界开始在全国范围内对教师工作的能力范畴展开讨论。1998 年，澳大利亚教育部长委员会出台了《全国入职教师教育标准与指南》建议书，建议澳大利亚教育部实施相关标准。2003 年第一个全国性教师专业标准《全国教师专业标准框架》颁布，但只提供"一般教师、专家型教师和学科专门教师"专业标准的框架。随着澳大利亚基础教育改革新战略《墨尔本宣言》的发布和《澳大利亚 2020》规划纲要的出台，澳大利亚教育改革和发展的内外部环境发生了变化，对教师的职业要求也随之改变。澳大利亚政府在 2009 年开始了新的教师标准的制定工作，并于 2010 年 3 月 8 日正式公布《全国教师专业标准》。

我国《教师法》《教师资格条例》《〈教师资格条例〉实施办法》等政策性标准的颁布，使小学教师的任用逐渐走上了科学化、规范化和法制化轨道。（参见本书第五章第二节）

2012 年，《小学教师专业标准（试行）》（以下简称《专业标准》）的颁布，为明确小学教师专业素养和发展提供了基准和指南，弥补了我国小学教师专业标准的缺失，进一步推进了我国小学教师专业化进程，成为我国小学教师专业化进程中的新的重要里程碑。可以说,小学教师专业标准的出台是确立和提升小学教师专业地位的重要前提;建立客观、科学的小学教师专业标准,是小学教育教学工作成为一种专业活动的基本标志。

《专业标准》推进了小学教师专业化进程。小学教师承担着儿童早期教育的重要使命,小学教育应当与中等教育、高等教育等共同被视为一种专业性工作,是不可以随意替代的。《专业标准》的颁布进一步明确承认了小学教师的专业地位,有利于增强小学教师的自信,提高小学教师的社会地位,有利于小学教师整体队伍的专业化发展。

拓展阅读:

美国初任教师入职六阶段

为了实行教育改革的需要,美国政府不断地把中小学教师的教育与培养推向前台。根据美国教师联合会发布的《K—16级教师教育实施报告》,近年来,美国政府对中小学教师的职前培养提出的具体要求如下。

1. 课程要求:一是所有的未来教师必须在大学指定的核心通识课程中主修一门专业,并能融会贯通,能完全满足其帮助学生达到新的、更高要求的K—12级教育标准;二是未来教师必须学习教育学方面的核心课程。这些课程通常是由有威望的学者和教育者团体针对学生如何学习以及教师如何帮助学生有效学习这一目标共同组织开发的。

2. 入职标准:入职的最低门槛由国家教师教育鉴定资格委员会来限定,即学生在大学完成2年通识教育后,通过全国范围内的自愿性入职考试,只有那些数学、科学、英语语言艺术、历史、地理等核心课程成绩优异,并且其通识课程成绩的平均学分点达3.0(此报告前只需达2.5)以上者才有资格进入教师培养行列。

3. 修业年限:未来教师培养的最短年限是5年,第五年带薪进行集中实习训练,他们必须在大学指定的公立学校进行实习,以充分熟悉业务。

4. 实习要求:具有丰富的实践经验是美国未来教师培养的核心问题,也是颁发教师资格证的必然要求。因此,未来教师不管是四年制大学教育学院的毕业生还是五年制的毕业生,也不管预期从事低年级还是高年级的教学工作,都必须确保10周以上的现场教学经历。而且,许多州还要求未来教师有见习期(如课堂观摩、辅导学生、助教等),实习期甚至长达1年。在实习期内,未来教师可以得到经过严格挑选的有丰富教学经验的导师的全程指导,美国的职业发展学校就是因这种教师培养模式的需要而产生的。

5. 资格考试:未来教师入职前必须通过专业团体,如全美科学协会等组织的严格考试,考试内容主要是专业知识、教育学知识与教学技能等。此外,美国教师资格证书的获得通常除了这种正规的大学制途径外,还有一种选择性途径,即为社会非学校人员和非教师教育专业学生设立的选择性资格证书。但进入选择性教师教育项目的培养者也必须在一定的知识范围内通过州规定的相关知识的考试,必须修完相应的教育学课程,接受教育主管部门对他们在教学实践环节方面的考察评估。

6. 职前培训:完成教师培养项目的所有毕业生(不管是四年制的还是五年制的)都必须参加职前培训。因为教师教育计划的完成只是意味着毕业生获得了学位,掌握了学科知识、教育学知识,有了实习经历而已。但他们如何发展教学技能、如何独立开展教学工作、如何同教辅人员有效合作、如何面对问题学生、如何评价学生,这些问题怎样才能得到解决,是教师职前培训的主要目的。为此,许多州启动了中小学与大学教育学院合作的新教师培养计划,这既为新教师减轻了教学任务,也为他们的专业发展创造了更好的条件。

总之,美国初任教师要成为一个羽翼丰满有发展前途的专业教师,必须经过全面学习通识课程—择优进入教师培养计划—获得教育学专业学位与预期任教科目的专业学位—教学实习—通过考试获得教师资格证书—参加职前培训六个阶段。

〔资料来源〕禹旭才:《美国教师资格标准与职前培养的新进展》,载《教师教育研究》2008年第1期。

【思考题】

1. 教师成为一个职业,需要具备的条件有哪些?
2. 小学教师职业是不是一个专业?谈谈你的理解。

3. 简述小学教师培养层次不断提高的发展历程。
4. 试阐释小学教师专业标准颁布的价值和意义。

【文献链接】

1. 单中惠主编：《教师专业发展的国际比较》，教育科学出版社 2010 年版。

2. 卢乃桂、操太圣主编：《中国教师的专业发展与变迁》，教育科学出版社 2009 年版。

3. 刘捷著：《专业化：挑战 21 世纪的教师》，教育科学出版社 2002 年版。

4. 张治国：《美国四大全国性教师专业标准的比较及其对我国的借鉴意义》，载《外国教育研究》2009 年第 10 期。

5. 赵惠君：《英国合格教师多元培养模式与最新专业标准》，载《教师教育研究》2007 年第 7 期。

6. 雷小波：《德国中小学教师职前教育及资格认证制度》，载《教师教育研究》2007 年第 7 期。

7. 周坤亮、傅彦：《基于教师专业教学标准的教师教育课程设置——以纽约大学儿童教育专业课程设置为例》，载《教育探索》2010 年第 9 期。

8. 赵凌、张伟平：《教师的专业标准：澳大利亚的实践与探索》，载《比较教育研究》2010 年第 4 期。

第三章

小学教师职业生涯规划

"选择职业是人生大事，因为职业决定了一个人的未来……"

——罗素

【内容概要】

教师职业生涯研究取向认为教师的发展是一个有规律的过程，会经历一系列的发展阶段。了解教师职业生涯，对于小学教师择业者来说意味着：要在了解教师专业发展历程的基础上，接纳规律，应对问题，并且要有清醒的过程意识。

小学教师专业发展至少包含三个阶段，每个阶段面临着不同的发展目标：职前阶段走向专业认同；入职适应阶段走向合格教师；在职发展阶段走向专家教师。

【关键词】

职业生涯　职业规划　专业认同

第一节
教师职业生涯

 纳森的三个任务

从前，有个叫纳森的小伙子，他很想成为一名教师。

于是，他跑去请教世界上最有智慧和最受人尊敬的智者。"智者，"纳森急切地问道，"长久以来，我一直梦想成为一名教师，去启发孩子们的才智，引导他们走向知识的殿堂。请您告诉我怎样才能成为教师吧！""你的理想是值得称颂的，纳森，但也是难以实现的。你必须克服三个主要的困难。"智者严肃地说道。"我已经完全准备好去迎接任何挑战了。"纳森勇敢自信地回答道。

"首先你要游过孩子海。"智者指点说。

于是，纳森便开始畅游孩子海。也就是说，他要融入孩子们中去，与孩子们打成一片。为此，他要学会做的第一件事情便是记住班级里38个孩子的名字。为了维持秩序，他让插队的孩子站到队伍的最后面去。让乱扔纸屑的孩子们放学后留下来清扫教室。他命令乱给他人起绰号的孩子和推打别人的孩子向他们的受害者致歉。他还给那些完成了任务的孩子们每人一朵大红花的奖励。而那些静静地坐在座位上听课、不去打搅他人的孩子们，每人也能得到一颗闪亮的红星。纳森检查孩子们的出勤情况，以确认有多少个孩子在教室里上课，如果有的孩子长时间没有出现，他就会彻底追查这个孩子的去向，直到找到他为止。纳森按姓氏的首字母的顺序将一队队的男孩女孩分配到一张张课桌前，最后将它们分成四个小组，将孩子们组织成一个方队，带领他们参加体育训练，上艺术课，去图书馆和共进午餐。这一切让纳森忙碌不已，疲惫不堪，最终，当教学秘书将第39个孩子领进教室的时候，他无奈地差点哭出声来。

　　纳森终于游到了孩子海的彼岸。疲劳、心绪不宁但仍然斗志昂扬的纳森，又来到了智者那里去领取第二项任务。

　　"你是一个坚强的小伙子，"智者说道，"但是你现在还应翻越文卷山。"

　　纳森二话没说，立即又踏上了征程。纳森制定了教学目标，安排了教学计划，认真地备课和批改作业。除此之外，纳森还自己设计了一系列的报告卡和成绩单，如突发事件报告卡、出席和缺席报告卡，以及发明成果表和成绩进度表、调查表和需求表等。最后，纳森将这些表格复制了许多份，给孩子们分发下去，以此来了解和监督他们学习和生活的情况。

　　当纳森完成这些任务后，他已翻过了文卷山。虽然脸色已经泛紫，但这个勇敢无畏的小伙子，并未产生丝毫的动摇，他又回到了智者那里去迎接他的第三个任务。

　　"你真坚强，纳森"，智者赞叹道，"可是这第三项任务将会耗尽你所有的勇气和体力。你还必须跨越责任和义务之国。"

　　纳森听后，略微犹豫了一下，但坚定的信念支持他立刻又开始了穿越责任与义务之国的旅程。

　　纳森开始利用节假日和工余时间在餐厅里、在公共汽车上、在社会福利院里做义工。纳森在社会公益机构里任职，参加社区巡逻队和教师行业顾问委员会。在学校里，纳森不仅是学生工作处的高级顾问，还当上了奖学金评定委员会主任。纳森不知疲倦地参加家长教师联谊会和国家档案登记处的活动，以及教学阶段实验总结会，出席在学校里召开的种种工作会议。在校外，纳森还兼任了不少社会工作。他组织了国庆200周年纪念会、业余歌手演唱会和书籍展销交流会等。

最后,当纳森被选为这个国家杰出的人民代表时,他终于看到了责任与义务之国的边界。筋疲力尽但满怀欣慰的纳森再次来到智者面前。

"智者,我已经游过了'孩子海',翻过了'文卷山',而且还跨越了'责任和义务之国'",纳森自豪地宣称,"我现在可以开始学习如何成为一名教师了吧?"

"什么?"智者诧异万分,"你早已是一名优秀的教师了呀!"

〔资料来源〕姚红玉:《我的新教师生活——新教师专业发展的叙事研究》,广西师范大学2003年硕士学位论文。

一、职业生涯

职业生涯是社会学、心理学、经济学、教育学等多个学科的研究对象,不同学科分别从不同的角度进行研究。在职业心理学发展之初,当时社会发展相对稳定,一个人进入某职业之后,基本上不大改变,故当时经常用的词语是职业,英文即occupation或vacation,与社会学的职业基本上是一个概念,是人们为获得生活来源而从事的某种工作。随着社会变更的加快,相应地,职业稳定性降低,为体现这种变化,人们用英文career的频率增加。

目前,对职业生涯的含义还没有统一的认识,不同国家的学者从不同的角度对职业生涯的内涵进行了界定。综观已有研究中对职业生涯的理解和定位,大致可以分为社会学和心理学角度。社会学视角多从宏观上对整个社会进行整体研究,更加关注整体。社会学家的普遍观点是:职业生涯是一种存在于组织之中、独立于个体之外的客观存在并能接受组织的管理,应该是"职业造就人"(careers make people)。而心理学视角下,学者认为:职业生涯是主观的,受个体控制和决定,应该是"人造就职业"(people make careers)。这种观点把职业生涯看成是由个人影响和决定的,强调个人和工作的匹配,如个体的个性、特点和自己的环境与工作本身、工作环境的匹配。①

尽管不同学者对职业生涯的内涵认识不一，但大家基本认同职业生涯的基本含义应主要包括如下内容。

第一，职业生涯是一个个体的概念，指个体的行为经历，而非群体或组织的行为经历。

第二，职业生涯是一个动态的概念，其含义有内、外之分：外职业生涯指一个人所有的工作、职业、职位的外在变更；内职业生涯指一个人对工作态度、体验、价值观和愿望等的内在变更。

第三，职业生涯是一个时间的概念，意指职业生涯期。有研究者认为②，职业生涯期始于最初工作之前的专门的职业学习和训练，终止于完全结束或退出职业工作。实际的职业生涯期在不同个体之间差别很大，有长有短。

二、教师职业生涯

职业生涯也可以看成是一个人的终生职业经历，这一职业经历包括个体在组织中职位、工作经验和任务的变更以及变更所带来的个体价值、需要和情感的变化。从组织的角度看，职业生涯相当于个人职业发展的成就、薪金史、社会的认可等；从个人的角度看，职业生涯就是将个人的需求、理想、愿望与个人实际能力、技术、动机等特征做出自我评定的过程。

教师职业生涯就是教师在学校从事教书育人的一系列活动以及在此过程中个体对教师职业的价值、需要和情感的发展变化历程。它可能表现为教师在学校从教经历中教学经验的丰富、教育理想和愿望的实现，以及得到学生与社会的认可、尊重等。教师职业生涯和各种环境条件之间相互作用。一方面，做出支持性、反应性、鼓励性和援助性的环境能帮助教师追求有益和积极的职业进步；另一方面，环境冲突和压力，会对教师的职业生涯周期产生负面影响。

---

① 王学军、李福刚：《论职业生涯的二重性》，载《福建论坛（人文社会科学版）》2004年第9期。

② 马力：《职业发展研究——构筑个人和组织双赢模式》，厦门大学2004年博士学位论文。

从职业生涯角度研究教师发展，始于 20 世纪 60 年代末。美国学者弗朗斯·富勒（Fuller, F. G., 1969）编制了《教师关注问卷》（Teacher Concerns Questionnaire），提出对后世非常有影响的观点：个人成为教师的这一历程是经由关注自身、关注教学任务，到关注学生的学习，以及自身对学生的影响这样的发展阶段而逐渐递进的。这就是著名的教师发展"关注四阶段论"。该理论将教师职业生涯发展分为教学前关注（pre-teaching concerns）、早期生存关注（early concerns about survival）、教学情境关注（teaching situations concerns）、对学生的关注（concerns about students）四个阶段。它强调在教师专业发展的不同阶段，关注点有所迁移与变化。

可以说，富勒的开创性工作揭开了按照时间序列进行教师职业发展研究范式的序幕，也使得 20 世纪后半个世纪这一研究领域主要集中在教师职业生涯发展阶段及影响因素的描述，多位学者将教师职业发展过程划分为不同阶段，强调教师职业特点和教师发展需要等随时间发生变化。

（一）费斯勒：教师职业生涯循环论

美国学者费斯勒（Fessler, R., 1985）在观察并与 160 位教师深入访谈以及个案研究基础上，结合对成人发展和人类生命发展阶段等研究的文献分析，提出了教师生涯发展动态论。其基本观点是：教师专业发展是作为发展中的人与其个人环境、组织环境交互作用的结果，受到生命周期和环境的双重影响。他将教师专业发展细分为八个阶段。

1. 职前教育阶段（pre-survive）

通常指在大学或师范学院进行的师资培育阶段。这主要指为获得特定教师角色而做准备的教育，同时也包括在职教师从事新角色或新工作的再培训。无论是在高等教育机构内，还是在学校内部的在职进修活动，均可涵盖。

2. 引导阶段（induction）

这是教师任教前几年，也是教师走向社会、进入学校系统和学习教师例行工作的时期。在此阶段的新任教师通常会努力谋求学生、同事、督导人员的接纳，并追求在处理日常事务中获得肯定。

3. 能力建立阶段（competency building）

此阶段的教师通常努力增进、充实与教育相关的知识，提高教学技巧和能力，设法获得新信息、材料、方法和策略。而且很多人想建立一套属于自己的教学体系，经常接受与吸收新的观念，参加研讨会和各种相关的会议，以及继续进修与深造。

4. 热心和成长阶段（enthusiastic and growing）

在此阶段，教师已具有较高水平的教学能力，但是一位热心教育和继续追求成长的教师会更积极地追求其专业形象的建立，发挥热爱教育的工作热忱，不断寻找新的方法来丰富其教学活动。可以说，热心成长与高度的工作满足感是这一阶段的要素。

5. 生涯挫折阶段（career frustration）

在此阶段，教师可能会受到某些因素影响，表现出教学上产生挫折感，或工作满足感逐渐下降，甚至有些人开始怀疑自己的职业选择。所谓教师职业倦怠感（burn-out）大多数都会出现在本阶段中。

6. 稳定和停滞阶段（stable and stagnant）

这一阶段的教师只做分内的工作，不会主动追求教学专业的卓越与成长，不求有功，但求无过，也有部分人会表现出缺乏进取心、敷衍塞责等。

7. 生涯低落阶段（career wind down）

这是准备离开教育岗位，处于离开教师职业前的低潮期。在此阶段，教师会有迥异的表现，比如优秀教师可能会深感职业生涯成功的自由愉悦，而也有一些教师则会因职业生涯的平淡而内心失落。

8. 生涯退出阶段（career exit）

这是指职业生涯的最后落幕阶段，不仅指教师工作多年后退休，还包括其他一些情况，比如不愿或不自愿终止教师工作后的失业、因某种原因暂时离岗或离岗后选择其他职业、转岗到教学系统的非教学工作等。

（二）斯德菲：教师人文发展模式

1989 年，斯德菲（Steffy, B. J.）基于自我实现理论提出的教师生涯发展模式（也称为人文发展模式）将教师职业生涯发展分为以下五个阶段。

1. 预备生涯阶段

主要包括初任教职的教师，或重新任职的教师。

2. 专家生涯阶段

处于这一阶段的教师已具有较高水平的教学能力与技巧，对学生抱有很高的期望，同时也能激发自我潜能，达成自我实现的目的。

3. 退缩生涯阶段

具体包括初期退缩、持续退缩和深度退缩三个阶段。

4. 更新生涯阶段

在此阶段的教师致力于追求其专业成长，吸收新知，仍需要外在的支持，更需要学校的行政部门的支持与协助。

5. 退出生涯阶段

到了退休年龄，或由于其他原因而离开教育岗位。

斯德菲提出的"更新生涯阶段"对于教师个体职业生涯发展历程的研究无疑是一种超越，即当教师个体处于发展的低潮时，如果给予其适时、适当的协助与支持，教师个体是可能度过低潮期而继续追求其专业成长的。

（三）休伯曼：职业生涯周期理论

休伯曼（Huberman，M.）等人从 20 世纪 70 年代末开始对教师职业生涯进行研究，他们将心理学与社会心理学的研究方法相结合，探索了教师职业周期中每一个时期的发展主题，更真实地反映了教师发展的工作路线。该理论依据教龄把教师的职业生涯过程分为五个时期。

1. 入职期

时间是入职的第一至三年，是"求生和发现期"。在这一时期，教师表现出对新职业的复杂感情，一方面是初为人师的积极热情，另一方面是面对新工作的无所适从，却又想尽快步入正轨而急切地希望获得教学的知识和技能。

2. 稳定期

时间是工作后的第四至六年。这一时期教师逐渐适应了自己的工作，并且能够比较自如地驾驭课堂教学，形成了自己的教学风格，入职时的压力和不适已经消失，教师们此时已经能够比较轻松、自信地面对自己的工作。同时要求自己在教学技能等方面进行不断的改进与提高。

3. 实验和歧变期

时间是工作后的第七至二十五年。该阶段是教师职业生涯道路上的转变期。教师的转变有两个方向：一方面，随着知识和阅历的增加，教师开始对自己及学校的各项工作大胆地进行求新和力求改革，在教学材料、评价方法等方面进行教改实验，关注学校发展，对学校组织和管理中的缺陷进行批评和指正，不断地对职业和自我进行挑战；另一方面，单调乏味的教学轮回使教师对自己的职业产生了倦怠感，对是否要继续执教产生动摇，因此开始对目前从事的工作进行新的评估。

4. 平静和保守期

时间在从教的第二十六至三十三年。经过对教学和学校的激烈改造或是对教师职业的反思和重估，教师的工作进入了平静开展阶段。此时他们已经拥有丰富的经验和技巧来应对教师工作，但同时也失去了专业发展的热情和动力，因此教师的志向水平开始下降，教师的工作也变得较为保守。

5. 退出教职期

时间是教师工作的第三十四年以后，教师职业生涯步入逐步终结。

（四）白益民："自我更新"取向教师发展阶段理论

这是我国学者白益民（2001）的理论贡献。他从自我专业发展意识所关注的重点与所达到水平两方面展开研究，把教师专业发展划分为五个阶段，并描述了每一阶段的特征。①

1. "非关注"阶段

这是指进入正式教师教育之前的阶段，可从一个人进入接受正式教师教育一直追溯到他的孩提时代。"专业发展"的主体是有从教意向者，他们只是有从教的潜在可能，还根本谈不上什么专业发展，更谈不上专业发展意识问题，所以把这一阶段称为"非关注"阶段。总的来看，在进入正式的师范教育以前，立志从教者在对教师专业发展"非关注"的状态下，无意识之中以非教师职业定向的形式形成了较为稳固的教育信念，具备了一些"直觉式"的"前科学"知识。这时虽谈不上教师专业能力的发展，但在与教师专业能力密切相关的一般性能力，尤其是语言表达能力、交往能力和组织管理能力方面为正式执教打下了一定基础。

2. "虚拟关注阶段"

这一阶段专业发展主体——师范生——的身份是学生，至多只是"准教师"。他们不仅自己这样定位，而且实际上在这期间他们周围的一切环境和活

---

① 叶澜、白益民等著：《教师角色和教师发展新探》，教育科学出版社2001年版，第278—302页。

动安排也都是将他们作为师范生来看待的，即使在实习期间，他们也是"实习"教师，这使得师范生所接触的中小学实际和教师生活带有某种虚拟性。师范生缺少专业教师的体认，加上"虚拟的"专业学习环境，使得师范生的专业人员意识和自我专业发展意识十分淡漠。

3. "生存关注"阶段

这是指入职初期阶段，是教师专业发展的一个关键时期。这一阶段的突出特点是"骤变与适应"。这种环境的骤变从反面激起了初任教师强烈的自我专业发展的忧患意识，迫使他们特别关注专业发展结构中的最低要求——专业活动中的"生存"技能。这是因为在这一发展时期，教师的自我专业发展意识虽然较强，但往往是在外在压力下以"被迫"的形式激起的。所以如果教师对此没有较清晰的认识，这种专业发展意识反而对以后的专业发展产生不利影响。

4. "任务关注"阶段

在度过初任期之后，教师逐步进入了"任务关注"阶段。这是教师专业结构诸方面稳定、持续发展的时期。随着教学基本"生存"知识、技能的掌握，教师的自信心也日渐增强，由关注自我的生存转到更多地关注教学，由关注"我能行吗？"转到关注"我怎样能行？"但这一转向在很大程度上受到职业阶梯、他人评价等外在因素的制约，这也同时反映着自我专业发展意识的强度还较弱，发展尚不成熟。这一阶段教师对专业发展的重视，多是为了更好地完成教学任务，以获得职业阶梯的升迁和更高的外在评价。

5. "自我更新关注"阶段

教师的专业发展动力不再受到外部评价或职业升迁的牵制，直接以专业发展为指向。教师已经可以自觉地依照教师专业发展的一般路线和自己目前的发展状况，有意识地自我规划，谋求最大程度的自我发展成为教师日常专业生活的一部分，成为一种专业生活方式，经常保持专业发展的"自我更新"取向。这一时期教师的自我专业发展意识是一种自觉的意识，而且单纯地指向专业结构的改进和提高，在日常生活中教师行为更多表现为自信和从容。

（五）利斯伍德：三维取向的教师专业发展阶段

利斯伍德（Leithwood）突破了对教师发展的单一的关注思维模式，提出了三维即专业知能、心理发展和职业周期三个维度的分析框架，把三个维度作为既相互独立又相互依赖的教师发展影响因素。①

1. 教师专业知能发展

利斯伍德认为教师专业知能发展经历三个时期：第一时期是获得教学的基本技能；第二时期是拓展灵活性，能够依照教学目标、学生具体需要和教学情境，适时、灵活地运用这些教学基本技能；第三时期是逐渐摆脱教学常规的羁绊，开始对同事的专业发展承担责任，甚至其专业活动范围超出其所在课堂、学校，参与教育决策。

2. 教师的职业发展周期

利斯伍德把教师的职业发展周期分成五个阶段：（1）入职；（2）稳定—形成深思熟虑的专业志向；（3）新的挑战和关注；（4）到达专业发展平台期；（5）准备退休。

3. 教师的心理发展

不同的职业发展时期，教师的心理发展水平也不一样。这主要指自我、道德、概念等方面的发展。利斯伍德把教师的心理发展分成如下几阶段：（1）自我保护，前道德，单向依赖；（2）墨守成规，道德否定，独立；（3）良心，道德，有条件依赖；（4）自治独立，有道德原则。

综合三维之间的关系，利斯伍德提出，教师专业发展过程与教学、教育知识和技能掌握相关，不过它是教师专业发展的必要条件，而不是充分条件。比如，教师专业发展要求教师不断学习新的教学策略，而新的教学策略要求教师

---

① Leithwood, K. A., The Principal's in Teacher Development, In M. Fullan & A. Harreaves (Eds.), *Teacher Development and Educational Change*, New York: The Falmer Press, 1992, pp. 94-98.

放弃对课堂的绝对控制,对学生独立学习或小组学习予以充分的信任。教师掌握这些教学策略的一个必要前提条件就是教师在心理方面至少要达到中间第三阶段的发展水平,教师主要凭良心尽教师的职责,也要有较强的自我意识,能够意识到某些情境下的多种可能性。教师应该已经将有关规则内化,他能够意识到依据具体情况灵活掌握规则。再比如,教师专业知能要发展到第五、六阶段,教师必须有对多种可能性、人际互动关系的综合处理能力,还要有解决个人需要与个人责任之间矛盾的能力,以及其他高级心理能力。

教师专业知能发展与教师职业周期发展之间也有着密切的相互关系。比如,教师职业周期的前三个阶段与教师专业知能发展的前四个阶段之间就有着密切的联系,而且教师专业知能发展提高,也确保了教师顺利、积极地完成职业周期发展。

三、职业生涯阶段对教师专业发展的启示

通过前述对教师职业生涯发展阶段理论的介绍我们可以看到:首先,抛开众多研究具体的阶段划分差异,其中蕴含着一个共同的认识,那就是教师职业生涯发展是一个有规律的过程,会经历一系列的发展阶段;其次,随着研究者对教师职业生涯发展全程的认识逐渐深化和完善,目前人们对整个教师职业生涯的认识已经涵盖职业生涯全程:"非关注"—"虚拟关注"—"关注"—全程—循环全程(成熟—挫折—更新),并且表现出多维而且多层次分化的趋向。

这对考虑选择走进教师职业的人来说,至少会有如下几点启示。

(一)接纳规律

教师发展是一个有规律的过程,从业者可以在正确认识、合理调适的基础上,通过主动学习尽快完成一位教师从新手到熟手最终走向专业教师,甚至成长为专家教师的理想过程,但是任何教师从业者都不可能简单走捷径,更不可能取巧跨越。接纳的另一层深意还在于:择业者还需认识到在教师职业生涯发展历程中,对于大多数教师,很有可能,甚至是必然会遇到倦怠期、挫折期或者退缩期,而且最终走向职业生涯退出也是必然。对教师职业这样一种认识虽

看似有些悲观，但的确也是每一个择业者进行职业选择时候应有的认识。

（二）应对挑战

教师职业生涯发展的不同阶段具有自身的发展特点和特有问题，这些认识为从业者如何解决自身专业发展过程中可能遇到的问题提供了非常重要的参考和借鉴。因此，择业者可以首先通过主动学习，深入了解规律，进而主动采取有效措施来应对每一专业发展阶段的可能压力和问题。比如，新入职教师可以通过学习，认识到新手教师调整自己的关注点可能会更好地提高自己的教学效能感，也可以通过学习更多思考自己如何与其他发展阶段的教师相处；以及胜任教师、熟手教师可以思考究竟该如何看待新手教师，如何积极面对处于倦怠期的老教师等。

（三）理解学习教学是一个过程

这是一个专业化的教师应有的意识。成为教师是一个旅程，而不是一个结果。你能够而且应该打好你的行李，做好旅行计划，不过，一定要记住"到达那里"的过程和"已经到达"一样有意义！专业教师正是在发展过程中通过反思与自我更新，沿着追求卓越的道路不断前行。

第二节 教师职业生涯规划

 三个建筑工人的回答

管理大师德鲁克（Drucker，P.F.）曾经以一个故事说明了工作、工作者、心态三者之间的关系。有三个工人在敲石头，德鲁克问其中一名工人："为什么要敲石头？"工人回答："如果不敲石头就没有工作，所以是不得不敲，越敲越不舒服。"德鲁克问另外一名工人"为什么要敲石头？"工人回答："我在敲一根柱子，好像在盖房子。"德鲁克再问剩下的一名工人："为什么要敲石头？"工人回答："因为我们这个岛上没有神庙。我目前在盖神庙，有了神庙之后，我们的子子孙孙，就有了一个膜拜的场所。"

英国前首相布莱尔有句名言："我的孩子长大后，我并不希望他们拥有一份工作，而是希望他们拥有一个职业生涯。"如果我们希望自己不只是有一个挣钱的饭碗，而是获得一个职业，我们就需要认真规划自己的职业生涯。

当一个人选择从事一种职业时，其职业生涯就意味着开始。不论是组织还是个人，确立职业生涯目标是通过有效的职业生涯计划和管理来实现的。从职业生涯规划开始自己的职业人生意味着让自己掌握职业生涯发展的主动权，这是实现自身潜能开发和人生价值的基础。

一、职业生涯规划

职业生涯规划（career planning）也称"职业规划""生涯规划"等。根据中国职业规划师协会的定义，职业规划就是对职业生涯乃至人生进行持续的系统的计划的过程。一个完整的职业规划由职业定位、目标设定和通道设计三个要素构成。

职业定位主要指针对个人职业选择的主观和客观因素进行分析和测定，在此基础上设定个人的职业发展目标。

职业目标设定在整个职业生涯规划体系中居于中心位置，目标实现与否，直接引起成就与挫折、愉快与不愉快等心理感受，影响着职业发展历程中个体职业体验、生活甚至生命质量。对于个体来说，我们日常所说的职业成败，其实就是对自己所设定职业目标的实现与否。当然，因为个体的职业生涯规划并不是一个单纯的概念，它和个体所处的家庭、组织以及社会存在密切的关系，所以，随着个体价值观、家庭环境、工作环境和社会环境的变化，每个人的职业目标都可能会有一定的调整和变化，因此职业目标设定应该是一个动态变化的过程。

职业通道就是根据所设定目标做出的职业发展计划。通过设计职业通道，个体可以更加明晰发展目标，进而专注于自身的职业发展方向并为之努力，组织则可以据此了解组织成员的发展潜能。

二、为什么教师要做职业生涯规划

影响教师专业发展的因素不是单一的，而是多方面的，是社会、教育、个人因素的交互作用。教师要想获得职业生涯的成功，就必须在专业成长的道路上，通过有效的职业生涯计划和管理，使自己的能力、技术、价值观等沿着更高目标，不断追求、不断实现。

（一）终身学习是教师职业对从业者的内在要求

2008年9月，教育部颁发了重新修订的《教师职业道德规范》（以下简称《规范》）。《规范》十分强调教师的"自我修炼"，首次提出了"终身学习"的概念，要求教师要不断学习，与时俱进。2012年颁布的《专业标准》更是明确提出"师德为先、学生为本、能力为重、终身学习"四个基本理念，这些基本理念为小学教师的专业行为和专业发展指明了方向。其中的"终身学习"基本理念是对教师专业的可持续性、发展性提出了具体要求。

教师专业发展是一个教师不断完善自身的过程，需要终身进行专业学习。教师不仅要"育人"，还要"育己"。教师只有不断完善自己，才能更好地促进学生不断完善。小学教师既是小学教育工作者，又是与小学儿童、与教育改革以及社会共同成长的学习者。小学教师要了解社会的变革和教育改革与发展，了解不同年代儿童的变化，同时还要把握国内外教育发展的动向，跟上教育理论和知识学习的发展步伐，不断充实和完善自己，使学习成为自身生活中的一种习惯，不断追求新知和吸纳新的研究成果，不断提高师德修养和提升教育智慧。

而且，教育改革和社会的发展也使得教师发展不可能是一次性完成的，而更应该是延伸、覆盖教师职业生涯的全过程。因此，专业教师更应当自觉成为一个学习者，应当追求成为一个具有专业反思能力的终身学习者，而具有主动发展的意识，制定专业发展规划正是终身学习能力的主要表现。

（二）职业规划是教师自身发展的需要

根据生涯规划理念，唯有理智地发现自己、筹划未来的自我、控制今后的行为，才有可能使得已有的发展水平影响今后的发展方向和程度，使得未来发展目标支配今日的行为。因此，在科学了解教师职业生涯发展各阶段的基本特点和规律基础上，教师个体若想在人生各阶段，最大程度实现自身的潜能，就需要进行合理的职业生涯规划。

缺乏生涯规划意识的教师对自身工作要达到什么目标，通过几个阶段达到自己的目标、现在自己处于什么阶段等问题，往往是模糊不清的，甚至有些教师从来就没有这样考虑过自身发展问题。这类教师的工作表现往往是一切听从领导安排，以完成学校规定任务为目标，没有多少自己的追求，自身发展比较被动；而一旦工作中遇到困难或者工作成效不够满意时，就首先归因于教育大环境不好，家长背景影响、学生个人禀赋等外部环境。

当然，生涯规划也不只是教师个体的事情，学校也应考虑为教师创造弹性的职业发展道路，在教师职业生涯发展的各个时期或阶段，根据教师的工作任务、工作状态、职业行为等方面的不同，为教师提供职业生涯指导和培训，通过激励和奖赏制度、多样化的培训计划来满足不同阶段教师的实际需要。

总之，教师生涯是一个意义深长的过程，我们的生命在学习中成长，在付出中完成。通过制定教师职业生涯规划，将使教师个人职业生涯获得发展。理想的状态是教师在不断追求自身发展的职业生涯历程中实现生活、学习、工作状态的和谐共进，能得到真正的人生幸福。

拓展阅读：

职业指导之父——弗兰克·帕森斯

职业生涯规划最早起源于1908年的美国。有"职业指导之父"之称的美国波士顿大学教授弗兰克·帕森斯（Parsons, F.）针对大量年轻人失业的情况，成立了世界上第一个职业咨询机构——波士顿地方就业局，首次提出了"职业咨询"的概念。从此，职业指导开始系统化。

1909年，帕森斯在其《选择一个职业》一书中提出：人与职业相匹配是职业选择的焦点。他认为，个人都有自己独特的人格模式，每种人格模式的个人都有其相适应的职业类型。帕森斯的人职匹配理论（也称特质因素理论）是最早的职业辅导理论。所谓"特质"，就是指个人的人格特征，包括能力倾向、兴趣、价值观和人格等，这些都可以通过心理测量工具来加以评量。所谓"因素"，则是指在工作上要取得成功所必须具备的条件或资格，这可以通过对工作的分析而了解。

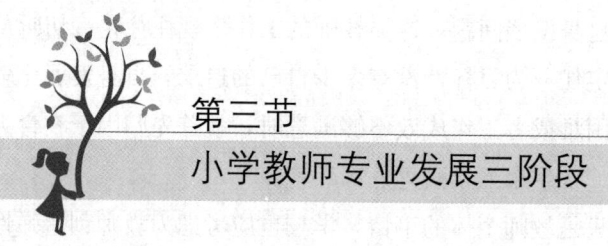

第三节 小学教师专业发展三阶段

 如果你不喜欢这个职业，请马上离开

一篇 300 多字的博客短文，引来全国教师铺天盖地的抱怨，这是中国青少年研究中心副主任孙云晓没有想到的。

"教师工作干了近 20 年，我好后悔，当年填志愿不该调配，说不定我就不会'站台''卖声''吸粉'了！"

"早就厌烦当这没尊严的臭老九了，没好的待遇老子就是不出力。"

"我是一名中学老师，才毕业一年，已经心力交瘁、麻木了。那些孩子，把心交给他，也只换来伤心。"

"我最痛苦的就是选择了教师这个鸡肋行业。我在省重点，工作从早晨五点半到晚上十点，一个月只放一天假……"

8 月 25 日，孙云晓在家整理从前的研究资料，突然被《日本教师的 10 个反思》吸引住，继而把它贴到自己的博客上。"是不是做到对每个学生都一视同仁？课堂上叫学生发言时有没有偏袒某些学生？是否注意让每个学生一天都有一次发言的机会？有没有尽量和学生多聊天、多接触？休息的时间尽量和学生一起玩了吗？有没有积极听取孩子们的意见？和学生谈话是否商量多于命令？是否注意随时随地表扬肯定孩子的优点？是否对不应该的事果断地给予批评？班级的规定有没有和学生一起制定？"

简简单单 10 个问题，只是为了在教师节前给教师提点建议。没想到从当天下午开始，评论就陆陆续续，连夜不断到第二天清晨，接着又是新一天的讨论。仅仅几天工夫，该文章点击率就近 4 万，评论 300 多条。

其间，一个自称为"落后生"、愤而到国外读书的学生写道：教师为自己寻找理由实在是对职业的不负责任。如果你们真的不喜欢这个职业，请马上离开学校，因为我不想还有更多的人也会有像我一样的遭遇。

〔资料来源〕《职业认同：教师成长的内动力》，载 2006 年 9 月 24 日《中国青年报》。

小学教师职业生涯是小学教师从业者动态发展的人生历程，在不同阶段有着不同的任务及将面临的挑战和困惑。职前阶段的小学教师发展，主要任务是通过接受教育和学习，掌握未来从事小学教育教学工作所需的知识技能等，同时，此阶段更是小学教师职业情感培养、职业认同和职业理想初步形成的起始阶段；入职阶段，也被称为是教师职业生涯的适应期，是小学教师形成最基本、最起码的教育教学能力和其他素质的阶段，如适应工作环境和工作常规，建立人际网络、熟悉学生等；在职阶段则是促进小学教师在持续的工作中不断发展教学专长，走向专家教师的最重要发展期。

一、职前定位：走向专业认同

从教师专业发展来看，只有教师有自主发展的愿望才能真正提高其专业素养。有学者提出，教师的职业认同决定了教师基本的工作态度，也深刻影响着教师对自我的认识和对职业的感受。教师只有建立了内在的职业认同，才会有真正的精神满足，才会真正感受到由职业带来的幸福与生命价值，才会真正实现自身的专业发展。① 弗瑞德（Fred，2004）提出了教师改变的洋葱头模型。他指出，在这个洋葱头结构里，内层和外层之间可以相互影响，外层比较容易改变，而内层的改变相对较为困难，但是根本性的教师改变却依赖于内层的信念、认同和使命层面的改变。②

所谓职业认同，也称专业认同，是指一个人对所从事的职业专业性的认可

---

① 孙钰华：《教师职业认同对教师幸福感的影响》，载《宁波大学学报（教育科学版）》2008 年第 5 期。

② Fred A. J. Korthagen, In Search of The Essence of a Good Teacher: Towards a More Holistic Approach in Teacher Education, Teaching and Teacher Education, 2004（20）：77-97.

程度。认同感高的教师在内心认为教师职业有价值、有意义，并能够从中找到乐趣。教师专业认同是教师发展的动力和内在激励因素，可以从根本上改变教师对职业的态度，从而促进教师专业发展。本章开篇案例中三个建筑工人不同的回答，我们这里可以与之做个类比。教师从业者也一样，有人只看到了工作本身，会觉得自己就在做教师；也有不少人把教师看作一种谋生手段，为了挣钱；当然也有人把教师看作自己的事业，从内心认同教师工作过程中的意义和价值。很显然，如果只是视教师职业为一种工作甚至谋生手段，工作和忙碌只是源于外在的职业要求，一旦得不到应有的报酬、职称、荣誉等，就很容易产生挫败感、失落感和无价值感；而如果教师认同教师职业育人发展的生命价值，就会在教育中实现自我，深感教育本身的价值和有意义，从而更愿意全心投入教育，自然也会让教师职业充满热情与动力。

小学生（6—12岁）正处于重要的人生发展阶段，小学教师的发展不仅关系自身，更对小学生一生发展影响长远而且不可逆，所以尤其需要建构坚实的专业认同。而职前教师教育阶段是小学教师专业发展的基础，这一阶段应该成为教师从业者专业情感孕育、专业认同和专业理想初步形成的重要起始点。所以，这一阶段的小学教师教育除了培养未来小学教师具备从事小学教育教学工作所需的知识技能等之外，非常有必要将专业认同培养作为重要关注点。

毋庸置疑，如果能够在职前阶段就把真正适合当小学教师、愿意从事小学教师职业并具备从事小学教师职业优势的人挑选进小学教师队伍中来，那无论对教师个人发展还是学生发展都深有价值。这一观点联合国教科文组织国际教育大会早在1953年以小学教师培训为主题的建议书中，就曾有明确表述："无论在何种情况下，选择小学教师培训对象时决不应仅仅考虑智力和知识，应同样注意如下标准：性格特征、心理和身体健康，对孩子的爱、敬业精神和社会品质。"[1]

也正因如此，对于处在此阶段的小学教师择业者，我们只想说一句话：如果你不喜欢这个职业，请尽早离开！请现在就做好准备离开。

---

[1] 赵中建主译：《全球教育发展的历史轨迹——国际教育大会60年建议书》，教育科学出版社2005年版，第114页。

二、入职适应：走向合格教师

在众多研究者视野里，教师职业生涯中有个阶段一直得到特别的关注，即所谓的"职初期"或者"入职适应期"。研究者的研究视角不同，对其定位略有不同，比如富勒称之为"生存关注"阶段，主要指新教师开始接触教育和教学的1—2、3年；费斯勒的生涯循环理论里的职初期或者导入阶段；斯德菲的人文发展模式下，教师发展的第一阶段就是预备生涯阶段（包括初任教职的教师或重新任职的教师）；休伯曼依据教龄将入职期的时间界定为入职的第1—3年，并称之为"求生和发现期"，他认为这一时期的教师表现出对新职业的复杂感情，一方面是初为人师的积极热情，另一方面是面对新工作的无所适从，却又想尽快步入正轨而急切地希望获得教学的知识和技能。研究者经常称此阶段为"存活期"。

"存活期"这一表达简单明了地揭示出此发展阶段教师的真实生存状态：作为一个教师的我，怎样能存活下去？可能是这一阶段新教师每天在内心都要面对的问题。比如"我今天的课好一点了吗？""我能在这个星期内把这些工作完成吗？""我怎样才能既做好工作又在教学之余好好地生活呢？"等，诸如此类的问题可能会被经常提出或者讨论。而且，正如弗斯勒指出的：在许多初任教师头脑中，潜在的失败忧虑是真实存在的。很可能，在教学职业生涯里，其他任何时期都不会像开始教学的头几年那样，让教师怀疑自己的工作能力。他们时常担心自己缺少成功的能力、可能发现自己还没有做好准备，去适应学校情境和承担教育教学职责，而当真正遇到问题时候，他们可能不知道该去哪里求助。[1] 关于这一点，还有一种表达最为透彻："只有新教师自己才知道，他们所学的和他们需要学的东西之间差距有多大"（Lind, 1990）。

毋庸置疑，此阶段教师的关注点主要在自身作为教师的胜任能力和存活能力上，比如班级控制、受到学生喜爱以及上级领导的评价，等等（Fuller,

---

[1] ［美］费斯勒、克里斯坦森著，董丽敏、高耀明译：《教师职业生涯周期——教师专业发展指导》，中国轻工业出版社2005年版，第60页。

1975)。因此，职初阶段教师首先要做的就是努力提高自身能力，争取学生、同事和教学管理人员的认可和肯定。进而使自己能够在处理学校日常工作、生活等方面达到一个比较惬意、安全的状态。

但是，不论对此阶段的具体称谓或者划分时间长短有何不同，有一点已成为共识：入职适应期，是教师从业者完成职业角色社会化的重要阶段，是教师专业发展的一个关键期。

比如在费斯勒的研究里显示[1]，入职适应期教师的专业发展可能有两种道路。一些人进入能力建构期，他们将展示出一种活力的、开放和上进的心态，愿意更多学习，从而越来越精通教学。另一些教师则故步自封，拒绝改变，对专业发展缺乏热情。而另一位教师专业发展研究的权威专家休伯曼通过访谈瑞士日内瓦市和周边地区的100多位老教师发现，那些在入职适应期第一年留下了不愉快经历的教师，和那些顺利度过入职适应期的教师相比，他们对自己的现状明显缺乏满意感。而且那些在职初期遇到大挫折的教师，似乎再也达不到他们原本可能达到的水平（Huberman，1989）。

还有一个对此阶段意义最极端的观点：在此阶段，对自身教学效能的担心、习惯甚至惰性等使得很多教师形成的某种工作风格很难以改变。从此意义上来看，入职适应期似乎可以决定整个教师职业生涯（Featherstone，1988）。这种表述尽管有言重之嫌，但此阶段对于教师终身发展和专业可持续发展的重要意义可见一斑。

从教师社会化角度来分析新任教师的角色适应问题，入职适应期是从学生到教师的重要转变期，那些接踵而来的与全职教师的各种职责联系在一起的复杂任务，某种程度上的确让人觉得难以应付。

处于这个阶段的教师，因为面对新环境，既满怀着乐观和期待，又可能面对教育现场感受冲击或排斥，还需要做出适当调整和适应。因此，对于此阶段教师专业发展规划，我们有两点建议：增进教师个体效能感和提供组织支持。

一方面，职初期教师应该始终将自己视为学习者，将工作、压力视为挑

---

[1] ［美］费斯勒、克里斯坦森著，董丽敏、高耀明译：《教师职业生涯周期——教师专业发展指导》，中国轻工业出版社2005年版，第682页。

战,保持提高和改进教育教学效能的愿望和信心。简单来说,一句话:接受挑战,相信自己,我能存活下去!

另一方面,职初教师所在学校的教学管理人员、同事以及其家庭、朋友的支持非常必要。其中,学校管理层尤其需要意识到入职适应期教师的特殊需求,努力关注和创设积极的支持性的组织氛围。可以这样说,管理者在帮助新教师掌握存活技能,向下一发展阶段顺利过渡和成长起着关键性的作用。

三、在职发展:走向专家教师

美国亚利桑那州立大学的伯林纳认为,从某种意义上说,教师职业生涯发展就是专家教师获得教学专长的发展过程,并刻画出教师从新手水平发展到专家水平的发展轨迹:所有教师都是从新手阶段起步的。随着知识和经验的积累,大约经过2—3年,新手教师逐渐发展成为熟练新手教师,其中大部分熟练新手教师经过教学实践和职业培训,经过3—4年成为胜任型教师,这是教师教学专长发展的基本目标。此后,大约需要5年左右知识和经验的积累,有相当部分的教师成为业务精干型教师,其中部分业务精干型教师在以后的职业发展中成为专家型教师。

应该说,促进在职教师在持续地工作中不断取得专业发展,是教师专业发展中最关键的环节。如何促进教师任教后不断地走向专业成熟,美国国家教师专业教学标准委员会(NBPTS)的很多做法非常有借鉴意义。美国国家教师专业教学标准委员会成立于1987年,大多数成员为中小学教师,成立宗旨在于促进教学专业化,该机构的基本宗旨就是:为了改变学校现状以及改善学生的学习,美国所能采取的唯一的、最重要的行动就是加强教学,并致力于使教学成为一个促进学生学习、支持较高的专业实践标准的专业。其具体做法包括两方面:一是为有成就的教师的知识及其表现建立一套严格的标准;二是发展全国性的、自愿性的教师评鉴制度,对杰出的资深教师予以肯定,并激励全国教师达成其所制定的标准。①

---

① 单中惠主编:《教师专业发展的国际比较》,教育科学出版社2010年版,第35页。

【思考题】

1. 什么是职业生涯发展?
2. 教师职业发展路径有何特点?
3. 请结合自己目前发展阶段,做一份详尽的、可操作的教师职业规划。

【文献链接】

1. [美]里尔登等著,侯志瑾等译:《职业生涯发展与规划》,中国人民大学出版社2010年版。

2. [美]费斯勒、克里斯坦森著,董丽敏、高耀明译:《教师职业生涯周期——教师专业发展指导》,中国轻工业出版社2005年版。

3. 肖川主编:《教师的幸福人生与专业成长》,新华出版社2008年版。

4. [美]费奥斯坦、费尔普斯著,王建平等译:《教师新概念——教师教育理论与实践》,中国轻工业出版社2002年版。

5. [美]贝蒂·E. 斯黛菲等主编,杨秀玉等译:《教师的职业生涯周期》,人民教育出版社2012年版。

第二篇

职前篇——走向专业认同

【本篇概述】

从教师专业发展来看，只有教师有自主发展的姿态才能真正提高其专业素养。因此，教师教育的任务不能够仅仅停留于教师行为和能力的改变，而应该转向对教师作为专业人员身份认同的积极关注与努力构建，进而实现教师的内在改变。

"专业认同"，是指一个人对所从事的职业专业性的认同程度。专业认同感高的教师在内心认为教师职业有价值、有意义，并能够从中找到乐趣。专业认同作为教师能否实现自我成长的内在动力，对教师专业发展具有内在激励作用，更可以从根本上改变教师对职业的态度，促进教师专业发展。

小学教师从业者必须意识到小学教师具有鲜明的专业角色定位，有规范明确的专业标准，有对从业者具备积极健康人格的内在要求，有对从业者形象和礼仪的更多关注和重视。

第四章

小学教师的专业角色

> 教师是克服人类无知和恶习的大机构中的一个活跃而积极的成员,是过去历史所有高尚而伟大的人物跟新一代人之间的中介人,是那些争取真理和幸福的人的神圣遗训的保存者……是过去和未来之间的一个活的环节。
>
> ——乌申斯基

【内容概要】

教师角色是指处在教育系统中的教师,所表现出来的由其教师职业的特殊地位所决定的符合社会对教师期望的行为模式。本章首先概述社会学、心理学、教育学视角下的教师角色研究。在此基础上,提出小学教师要科学认识现代小学儿童,正是小学阶段儿童发展特点与需要决定了小学教育具有自身独特的属性。

作为专业发展的个体,小学教师的专业特性主要体现为:具备关爱和促进儿童发展的专业情意;具有综合性的知识结构;形成自我反思性的行动研究能力。

【关键词】

教师角色　引导者　指导者　激励者

第一节 教师角色

 他没有老师样儿?

陈立桥今年刚从大学毕业,走上教师工作岗位不到半年。作为新老师,他上课认真负责,因为和学生年龄差距小,刚毕业的他自己内心也非常希望得到学生认可,让学生们都喜欢他。他总是在课余时间和学生在一起玩闹。开始的时候,很多学生都觉得不错,这个老师平易近人,愿意和大家交流……可是慢慢地,陈立桥觉得有些学生开始不那么尊重他这个当老师的,也有很多学生私下里嘀嘀咕咕说他没个老师样儿……他的同事也私下评论他,觉得他的举止不符合教师的身份。这使他很苦恼。

一、角色与角色期待

"角色"一词源于戏剧,原指舞台上演员所扮演的人物。美国社会学家米德(Mead,G. H.,1934)首先运用角色的概念来说明个体在社会舞台上的身份及其行为。从此以后,角色概念被广泛运用于社会学与心理学的研究中,用以分析个体在不同的情境中应有的行为方式。在社会上,角色实为社会角色的简称,指个人在特定的社会环境中相应的社会身份和社会地位,并按照一定的社会期望,运用一定权力来履行相应社会职责的行为。社会学家们认为,人在社会关系中的地位规定了人的社会行为,类似于脚本规定了演员的行为。

社会对处在某一社会位置上的角色都有一定的要求，为他们规定了行为规范和要求，这就是社会对角色的期望，称之为角色期待。角色期待的内容，是在社会生活的长期发展中形成的，它规范和约束了角色扮演者的行为，以保证社会生活的进行。每个人只有按角色期待行事，才能保证对社会的适应，他的行为才会得到社会的认可和称赞。反之，则会受到社会舆论的排斥或者批判。

前面案例中的小陈老师就是因为没能很好地从学生角色转变过来，虽然已经成为一名教师，但是他"总和学生在一起玩闹"的行为，不是大多数学生心中的"老师样儿"，不符合同事们心中所谓的"教师身份"。那么，这里的"老师样儿"和"教师身份"，实际上就是社会群体中约定俗成的"教师角色期待"。新教师入职适应期间，经常会遇到类似自身行为和"教师职业角色"应有的行为不一致甚至冲突的现象，如何适应教师角色期待，完成从学生角色向教师角色转变的过程，常常给很多新入职教师带来困惑和烦恼。

关于角色期待还有一点值得提出，角色期待是个历史的概念，其内容并不是固定不变的，随着时代的变化，人们对某个社会角色的看法就会发生变化。这里以教师职业角色中"知识传授者"为例，在古希腊时期，智者派教师被等同于"最有知识的人"，而后来逐渐转变为"传递知识的人"。现在建构主义学习观下，教师作为"知识传授者"这一角色则被普遍质疑。建构主义认为，知识并不是对现实的准确表征，而且不能精确地概括世界的法则，需要针对具体情境进行再创造。不同的人由于原有经验的不同，对同一事物有不同的理解，这样学生学习知识的过程，正如所谓的"有一千个读者就有一千个哈姆雷特"。因为每个学习者对特定知识的理解都是基于自己的经验而建构起来的。学习不仅仅是简单的知识由外到内的转移和传递，而是学习者主动建构的过程；而且，每一个学习者走进教室时其头脑并非一片空白，在日常生活和学习中，每一个学习者都已形成了丰富的经验。因此，作为"知识传递者"的"教师角色"就不得不面对时代的挑战。

二、教师角色研究的多维视角

教师角色是指处在教育系统中的教师，所表现出来的由其教师职业的特殊地位所决定的符合社会对教师期望的行为模式。教育社会学家比德尔在以往角色研究的基础上认为，教师角色概念包括三种含义："教师角色即教师的社会地位，教师角色即对教师的期望，教师角色即教师行为"。这三种含义实则体现出来教师角色研究的三种视角：社会学视角、心理学视角和教育学视角。

（一）社会学视角

教师角色本身就是社会学概念，是从社会这个大舞台的视角去看教师。从社会学视角①审视教师角色，教师角色定位需要面对的第一个问题是：教师角色是谁赋予的，是为谁服务的？

1. 教师是社会代言人？

关于这个问题，我国学者吴康宁基于自身的个人生活史研究提出了个人观点：教师是"半支配阶层代言人半公共知识分子"②。他认为："学校教师这种角色是社会赋予的。作为一种社会角色来说，教师不是受家长的邀约或者按学生的意愿，而是受社会的委托来教育学生的。这意味着，教师与社会之间实际上存在着一种'契约关系'。"③ 教师的角色是由国家与社会赋予的，教师就必须按照社会的要求对学生施加符合社会要求的影响，教师角色是社会赋予并按社会要求教育学生的角色。

但是，他又通过对自己生活史的分析，告诉我们"事实上，由于笔者在教育实践过程中经常都是按照自己的理念与信念去思、去言、去行（尽管这些言

---

① 社会学视角是一个很复杂的概念，学说林立、流派纷呈。笔者这里参考的是米尔斯"社会学的想象力"（sociological imagination）对社会学视角经典的诠释——"它是这样一种能力，涵盖最不个人化、最间接的社会变迁到人类自我最个人化的方面，并观察二者之间的联系。在应用社会学的想象力的背后，总是有这样的冲动：探究个人在社会中，在她/他存在并具有自身特质的一定时代，她/他的社会与历史意义何在。"简单地说，社会学视角和社会学的想象力，是一种个体—社会结构—历史进程之间自如穿梭的思维和心智的品质。

② 吴康宁：《教师：一种悖论性的社会角色》，载《教育研究与实验》2003年第4期。

③ 吴康宁：《教师是"社会代表者"吗？——作为教师的"我"的困惑》，载《教育研究与实验》2002年第2期。

与行并未超出道德与法律所允许的界限),因此又可以说笔者经常地不是一个社会代表者"。

进而他提出:教师是一种悖论性的社会角色,即"半支配阶层代言人半公共知识分子"。换言之,教师既不是"纯粹的"支配阶层代言人,也不是"纯粹的"公共知识分子,而是介于两者之间的一种社会角色。

2. 教师是"知识人"?

波兰著名社会学家弗·兹纳涅茨基创建了知识人的社会角色分类方法。"知识人"作为知识社会学的一个概念,我们可以理解为是指以知识为工作对象的人。

弗·兹纳涅茨基在《知识人的社会角色》一书中,将教师划在"学者"类型中的"知识的传播者"亚类型中。教师被界定为这样一类人:"他们在普通教育过程中把知识传授给年轻人,为他们未来成为组织社会中的成员做好准备。"按照他的理论,教师作为知识人的特点是:"拥有知识,但不发展知识;是学者,但不从事知识的发现和创造工作。这种工作需要花费很多精力,虽然从社会角度讲它很重要,但在科学上却毫无成果……这一角色往往暂时委派给至今未曾获得高水平学术的人担任,或永久委派给那些无望对学术知识增加提供意义的人担任。"[1] 他的观点颇能代表社会上对教师角色的一种传统定位,即教师是"知识的传授者"。

我国研究者从知识社会学视角提出教师角色的历史变迁,提出教师角色从"在漫长的历史中,教师作为知识人其角色发生了重大的转变:从'知识的传授者'转变为'开发者''行动研究者''激励者、组织者和指导者'。这一角色变迁过程的实质则是师生逐渐摆脱教育过程中的'非人'地位,发挥其作为教育主体的自主性和创造性的过程。"[2]

---

[1]〔波兰〕弗·兹纳涅茨基著,郑斌祥译:《知识人的社会角色》,译林出版社 2012 年版。

[2] 李素立:《从知识人的视角看教师角色变迁》,载《河南师范大学学报(哲学社会科学版)》2007 年第 3 期。

(二) 心理学视角下的教师角色

美国心理学家林格伦说:"角色是建立在我们对自己的期望上面的。这些期望,从另一方面说来,是来自别人对我们期望的主要方面。"因此,教师角色实际上体现了社会对教师角色的行为要求和教师对自己承担的职责的自觉意识。

林格伦认为,现代教师实际上是担负着多种职责和功能的,扮演着许多心理角色。这种角色大致可以分成三类。

第一,"教学与行政的角色"。其中教员角色最重要,还有模范、社会的代表、课堂管理员、办事员、儿童与青年团体工作者、公众的解释者等次要角色。

第二,"心理定向的角色"。包括教育心理学家、人际关系的艺术家、社会心理学家、催化剂和心理卫生工作者等角色。

第三,"自我表现的角色"。包括社会服务工作者、学习者和学者、家长等形象。

当然,教师扮演的各种角色并非可以截然区分,而且在实践中多种角色的行为常相互融合甚或是冲突的。正如林格伦自己所说:"教师扮演许多角色,这些角色相互联系并且相互重叠。有些角色相互补充,而有一些又彼此矛盾。"

(三) 教师教育视角下的教师角色

教师教育视角下的教师角色,核心问题是回答"教"与"学"的关系问题。众多理论观点尽管出发点不同,但均是通过解释教师教学行为,进而厘定教师角色的内涵。

1. 教师也是学习者?

这是建构主义(constructivism)发展观视野中的教师角色观,福斯诺特(Fosnot)是这种观点的代表人物。建构主义把学习者的智力活动作为教学活动的中心,而教师在知识获取的过程中是积极的学习者,具有"既提出问题又解决问题,深入调研,解决矛盾冲突和勤于反思"的行为特征。

这种观点把教师视为和学生一样的学习者，他们都在建构自己的知识；作为探究者的教师，必须发展其观察学生、帮助学生解决学习问题的方法和能力，包括营造有利环境，敦促、帮助学生提出问题和做出理论假设等。

2. 教师是艺术家？

这是人本主义（humanism）发展观视野下的教师角色观。1955年，杰西尔德（Jersild, A.）提出自我认识是教师了解他们自己、获得自我接受的正确态度的最重要的条件。20世纪60年代，教师教育者开始利用罗杰斯（Rogers, C.）、马斯洛（Maslow, A.）等人本主义心理学家的研究成果培养教师自我发展的意识。人本主义心理学家库姆斯指出，好教师的教学绝不是千篇一律地遵循既定规则，他们都在教学中体现出各自"特性"，在教学中注重"具体的""特定的"情境，不以"既定的方法"去行动。因此教师角色类似于"艺术家"，其教学艺术是"缄默知识"，无法直接传递给他人。

这种观点对教师角色的认识主要包括：教育应该促进认知与情感的综合发展，教学应以学生为中心；教师与学生之间要建立积极的关系；教师应具有信任感、真诚感和自信感；教师应信任学生，激励学生发现自己的情感体验，发展他们明确的自我概念，帮助学生认同他人，与他人分享情感，使学生意识到自己的态度和价值并且做出相应的行为。

3. 教师是反思型实践者？

这是植根于杜威（Dewey, J.）理论的实用主义教师角色观。持此观点的代表人物是施瓦布（Schwab, J.）和舍恩（Schon, D.）。其理论假设是个人的实践对于个人理解性知识的形成意义重大，因此，他们把专业化的教学视为一种需要细致分析、掌握大量细节并且调控多种需求的复杂的工作实践。他们更关心这样一些理论性问题——什么意味着教学？教学实践者应如何解决实践中的问题和困境？教师如何控制教学？

实用主义者认为教师做出职业决策依赖于其整体知识，并不对所谓"个人的"还是"职业的"加以区分。所以教师必须在教学实践过程中不断地对自己和对工作的认识进行反思，即教师必然是一个"反思型实践者"。因此，舍恩明确提出：反思性教学实践应该纳入教师培养计划之中，把教师培养成专业化实践者——积极参与思考和行动，具备书面知识和实践性知识。①

拓展阅读：

教师职业角色的经典隐喻

我国学者陈向明深入探讨了教师角色问题，其观点非常引人深思。她认为教师角色的隐喻从其内容上可分为以下五类。

1. 有关教师的作用

正面有："教师是人类灵魂的工程师"，"教师是辛勤的园丁"，"教师是路标"，"教师是摆渡人"，"教师是梯子"，"教师是学生的一面镜子"，"教师是学生的拐杖"，"教师是乐队的指挥"，"教师是球队教练"，"教师是导演"，教师的职责是"传道、授业、解惑"。

负面有："教师是三大公害之一（其他两害是警察、医生）"，"教师是条子（意即警察），是太平洋的警察"，"教师是法官，而且是最高人民法院的法官"，"教师是身心摧残者"。

2. 有关教师的敬业精神

"教师是蜡烛，照亮别人，燃烧自己"，"教师是春蚕"，"教师是孺子牛"，"教师是铺路石"，"教师是太阳"。

3. 有关教师的知识和能力

"要给学生一碗水，教师要有一桶水"，"教师是水，不断更新，长流不断"，"教师是活的诸葛亮"。

4. 有关教师的经济地位

"教师是酸酸"（某地俗谚，有两重意思：一是"穷酸"；二是"摆臭架子酸"）。

5. 有关师生关系

"一日为师，终身为父"，"教师是学生的朋友"。

---

① 蒋衡：《西方20世纪70年代以来关于教师角色的研究》，载《高等师范教育研究》2002年第11期。

针对四种最经典的表述，作者列表分析其教师角色隐喻中隐含的教育期待。

	工程师论	园丁论	桶论	蜡烛论
哲学观	机械主义	人本主义	机械主义	禁欲主义
时间取向	现世取向	现世取向	过去取向	未来取向
教师观	工程师	园丁	倒水者	蜡烛
学生观	产品	花朵	接水者	受益者
知识观	学科知识	学生认知结构	学科知识	
学习观	机械定型	自然生长	灌输	
发展观	静止	动态	机械积累	
质量观	固定、统一	固定、统一	固定、统一	
师生关系	单向	双向	单向	单向
教师作用	塑造灵魂	培育人才	传授知识	牺牲自己
学校观	工厂	花园	水泵	庙宇
大教育观	教育是复制	教育是生长	教育是灌输知识	教育是培养后代

〔资料来源〕陈向明：《教师的作用是什么——对教师隐喻的分析》，载《教育研究与实践》2001年第1期。

第二节 小学教师的角色定位

 学生不是座位表上的名字

芭芭拉一心想当教师。她的母亲在高地公园教高中，因此芭芭拉从小就以局内人的眼光看待这一职业。小时候，学生来找母亲谈话或请求额外辅导的时

候,芭芭拉就在一旁,而正是这种人与人的密切联系开始吸引她成为教师。即使是现在,在教师岗位上度过 23 年之后,这种与学生的关系对她来说仍然是最为重要的。

"每天与学生接触使教学工作对我来说变得非常特别。我想把学生作为活生生的人去了解,而不只是座位表上的名字。我也想让他们了解我,让他们看到我和他们一样,有时充满力量,有时会遇到困难。如果给他们读小说中悲惨的一章时,我哭了,他们就会看到我有感情,也不害怕表达我的感情,因此就能知道自己也可以表达感情"。我告诉学生:"教室里,我们是一起的。我们要一起学习、工作,一起游戏。我们共同的目标是尽可能过好每一天。"

〔资料来源〕[美] 卡罗尔·西蒙·温斯坦、安德鲁·J. 米格纳诺著,梁钫、戴艳萍译:《小学课堂管理》,华东师范大学出版社 2006 年版,第 15 页。

小学阶段在儿童生命全程中拥有自身的独特位置和发展特点,小学教育阶段在整个教育体制中的地位决定其基础性具有特定内涵。对这两个问题的深入理解直接影响小学教师如何定位自身的专业角色。因为,小学教师相对于其他阶段的教师(如中学教师、大学教师),其特殊性就在于小学教师工作的对象是小学儿童,对于小学儿童的教育关键在于其基础性。所以,对小学教师角色的定位,必须从全面认识小学儿童出发,从深刻理解小学教育为儿童一生发展奠基出发。

一、全面认识小学儿童的发展

(一)每一个儿童都是独一无二的生命个体

关注小学儿童的生命状态是小学教育特性之根源,需从小学儿童生命状态角度来认识小学教师的专业特性。① 刘慧提出,小学儿童是小学教育的主体,

---

① 刘慧:《认识当代小学教师专业特性的视角》,载《湖南第一师范学院学报》2001 年第 1 期。

小学教育要以小学儿童为本。以儿童为本首先要以儿童的生命为本，所以小学儿童的生命状态是思考小学教育特性之根源所在。对小学儿童的培养必须遵循小学儿童生命发展之道，不能离开儿童的生活世界。

当代小学儿童生命状态，是在自身生命特性与环境两方面相互作用下形成的，不仅要从生理学、脑科学、心理学、哲学、教育学等多种理论的层面认识小学儿童的生命"共性"，更要回到小学儿童真实的生命状态之中，即回到小学儿童的生命特性、成长环境、生活境遇、真实的生命感受和经验中来认识其生命"个性"。

从生命的角度看，每个生命都是独一无二的，都有自己的"发展地形图"，都是以其经验来感受生活、他人、世界，也是基于他的生命感受、经验来理解生活、他人、世界。每个个体生命状态是他的先天遗传与后天环境"共作"的表达。

从环境的角度看，无论是大的社会环境还是小的家庭环境，都使当代小学儿童的生长环境不同于以往。科技的进步与发展带来了社会物质的丰富、信息的多样与多元，改变了人的生存方式；独生子女、婚姻稳定性减弱等现象影响着当代中国的家庭结构与环境。所有这一切都深刻影响着儿童的身心发展，影响着他们的需要与行动，影响着他们对人和事物的接受、理解、想象等方方面面。

（二）7—12岁是个体生命发展全程的一个重要阶段

心理学上关于儿童发展的阶段划分有很多观点，代表性的包括如下几种。

1. 以生理发展为划分标准

最典型的是柏曼（Berman, L.）关于以内分泌腺作为分期标准的意见，如胸腺时期（幼年时期）、松果腺时期（童年时期）、性腺时期（青年时期）。

2. 以心理性欲为划分标准

这是弗洛伊德的儿童心理发展阶段划分，具体分期如下：口唇期（0—1岁）；肛门期（1—3岁）；早期生殖器期（3—6岁）；潜伏期（6—11岁）；青春期（11 或 13 岁开始）。

3. 以种系演化为划分标准

施太伦的分期可以作为代表。他把儿童发展分为：幼儿期（6 岁以前）是从哺乳类动物到原始人类的阶段；意识的学习期（从小学到 13 岁）是人类古老的文化阶段；青年成熟期（14—18 岁）是近代文化阶段。

4. 以智力或思维水平为划分标准

皮亚杰的分期可以作为代表。他把儿童心理发展分为：感知运动阶段（0—2 岁）；前运算阶段（2—7 岁）①；具体运算阶段（7—12 岁）；形式运算阶段（12—15 岁）。

5. 以个性发展为划分标准

埃里克森的分期可以作为代表。他把儿童心理发展分为：第一阶段，信任感对怀疑感（0—2 岁）；第二阶段，自主性对羞怯或疑虑（0—4 岁）；第三阶段，主动性对内疚（4—7 岁）；第四阶段，勤奋感对自卑感（7—16 岁）。

6. 以活动特点为划分标准

艾利康宁和达维多夫的分期可以作为代表。他们把儿童心理发展分为：直接的情绪性交往活动（0—1 岁）；摆弄实物活动（1—3 岁）；游戏活动（3—7 岁）；基本的学习活动（7—11 岁）；社会有益活动（11—15 岁）；专业的学习活动（15—17 岁）。

7. 以年龄和学制结合为划分标准

以林崇德的心理发展分期为代表，认为儿童从孕育、出生到成熟大约经历了五个时期：胎儿期（从受孕到出生）、婴儿期（0—3 岁）、幼儿期（3—6 或 7 岁，也称学前期）、小学儿童期（6、7—12、13 岁，也称前青春发育期）、青

---

① 运算：心理学术语，operation，即内部化的智力操作或动作。

少年期（11、12—17、18岁）。

从上面罗列的发展分期具体描述可以看出，不论学者们的具体关注点和分期标准有何差异，但是小学儿童（6、7—12岁）这一个发展阶段均被视为个体发展中的一个重要的、独立的发展阶段。因此，小学教师需要从个体心理发展全程的角度来看待小学儿童所处阶段的发展特征。

一方面，我们知道，儿童心理发展过程中的质变，特别是大的质变，也就意味着心理发展到了一个新的阶段，从而形成了心理发展的阶段性。心理发展的每个阶段都有自己特殊的质，阶段与阶段之间有比较明显的差别。6、7—12岁儿童在生理发展、自我认识、思维与社会性认知发展、主要活动方式的变化等方面均表现出迥异于其他阶段的特征和需求。而且，生命前期在个体发展全程中具有重要而且独特的意义，这一点早已经为众多发展心理学家认识到，"12岁之前是人生命历程中极为重要的部分，它是为青春期和成年期奠定基础的阶段……尽管人的发展被描述为一个持续的、累积的过程，但是唯一不变的东西却是变化本身，而且发生在每一个重要阶段的变化对人的未来都有重要意义。"[①]

另一方面，发展虽有阶段性，但阶段与阶段之间不是截然分开的。每一阶段都是前一阶段发展的继续，同时又是下一阶段发展的基础；前一阶段中总包含有后一阶段的某些特征的萌芽，而后一阶段又总带有前一阶段某些特征的痕迹。因此，也要避免过于机械、割裂地看待小学儿童所处的发展阶段，还需认识到：小学6年期间儿童的发展中自然地包含着学前期向学龄期的过渡以及童年期向青年初期的过渡，这直接带来小学教师必须认真思考和学习如何处理一些现实的教育问题，比如幼小衔接和小初衔接；小学低年级段儿童的发展水平和个体间差异直接受到学前期发展状况的影响，小学高年级段儿童由于个体发展条件和成熟水平差异，也可能表现出更高阶段的特征和发展需求等。

（三）小学儿童处于心理发展的一个重要转折时期

小学是儿童开始系统接受教育、心智德能全面发展的重要时期，这一阶段

[①]〔美〕David R. Shaffer、Katherine Kips 著，邹泓等译：《发展心理学（第8版）》，中国轻工业出版社2011年版，第4—5页。

儿童的心理发展具有独特的、鲜明的阶段性特征。林崇德认为，6、7岁到12、13岁是儿童开始进入小学学习的时期，是儿童心理发展的一个重要转折时期。① 在小学低年级，儿童还具有明显的学前儿童的心理特点，而小学高年级则随着生理年龄的变化，逐渐步入青春发育期，因此，小学时期也被称为前青春发育期。

这一时期，儿童的脑和神经系统发育表现出均匀和平稳的特点，学习活动开始成为儿童的主导活动，儿童的学习动机、学习兴趣和学习态度开始形成和分化，学习策略也在逐步形成和丰富。由于各种因素的作用，有些儿童在感知、思维、语言、情绪、社会性等方面表现出学习障碍。在学习的过程中，小学儿童的各种心理过程的有意性和抽象概括性也随之获得发展。小学儿童的思维从以具体形象思维为主要形式逐步过渡到以抽象逻辑思维为主要形式，但这种抽象逻辑思维在很大程度上仍然是直接与感性经验相联系的，仍然具有很大成分的具体形象性。小学儿童的概括能力、比较能力、分类能力和解决问题的能力都在逐步发展，对概念的掌握逐步丰富、深刻和系统，各种推理能力以及思维的品质都在迅速发展。

这一时期，儿童的社会关系开始趋于复杂多样，因此在新的社会生活中，小学儿童的个性特点与社会适应性也在继续迅速发展，表现为：自我意识更加深刻，逐步发展内化的行为准则来监督、调节、控制自己的行为，开始从对自己的表面行为的认识、评价转向对自己内部品质的更深入的评价。与此同时，随着儿童认知中的自我中心成分的逐步减少，儿童对他人的认识也逐渐趋于客观和深刻，其社会性认知迅速发展。随着儿童社会性交往的发展和范围的扩大，儿童的社会交往能力不断提高。

在整个小学阶段，儿童的品德发展表现出协调性的特点。儿童逐步形成系统的道德认识及相应的道德行为习惯，道德言行从比较协调到逐步分化，道德动机、道德观念、道德情感和道德行为都在迅速发展。

---

① 林崇德主编：《发展心理学》，人民教育出版社2011年版，第252页。

二、重新定位小学教育的基础性

认识小学教育的本质属性是理解小学教师专业特性的根本依据，只有对小学教育本质属性有明确的认识，才有可能对小学教师角色有明确而恰当的定位。朱小蔓早在 2003 年就明确提出，小学教育与教育体系内其他教育阶段相区别的独特性主要表现为基础性、全民性、义务性和公益性，而其中最重要的特性是基础性。但是，与传统上对小学教育是整个教育制度的基础（小学教育为学生升入中学做准备）、小学教育强调培养目标上的"双基"（基础知识和基本技能）完全不同，她认为要重新定位小学教育的基础性。①

小学教育不是升学教育的基础，而是素质教育的基础，在人类倡导构建学习化社会的时代，它是终身教育的奠基阶段，要为人生的发展奠定基础。作为基础教育，而不是高等教育或者职业教育，它是以提高国民素质为目标而进行的非定向、非专门的教育，它不是为某一行业，而是为社会所有行业培养人才打基础。所以，它的知识和技能，不是为了选拔、升学和择业，而是尽可能地为人的身心全面发展提供最有利的条件。对小学教育基础性重新定位意味着小学教育重要任务的转型：对每个学生潜能的开发、健康个性的发展、为适应未来社会发展变化所必需的终身学习的愿望和能力的形成，将逐步替代对文化基础知识的灌输。

具体来说，小学教育的基础性应该体现在以下四个方面。

第一，小学阶段是儿童道德品质发展的基础。小学儿童随着生活范围不断扩大，会遇到越来越多的道德问题，小学教师应该引导儿童认识、了解与他们生活经验相联系的道德观念，并养成相应的道德习惯。

第二，小学阶段是儿童智慧品质发展的基础。小学阶段正是儿童智慧品质逐渐显现并且迅速发展的时期，小学教育的一个重要任务应该放在启迪儿童的智慧发展上，知识教学应该为智慧启迪服务，智慧发展应该促进知识教学。

第三，小学阶段是儿童个性品质发展的基础。小学时期儿童的个性倾向开

---

① 朱小蔓：《认识小学儿童，认识小学教育》，载《中国教育学刊》2003 年第 8 期。

始显露，小学教育应该维护、尊重、发现并且培养小学生的个性，使他们养成良好的个性品质。

第四，小学阶段是儿童身体发展的基础。小学阶段是儿童身体迅速发展的时期，应该使小学儿童养成锻炼身体的好习惯，掌握锻炼的基本技能、技巧，以保证儿童的健康发展。

三、小学教师的角色定位

小学教师，作为继父母之后儿童发展的一个重要他人，构成了小学儿童成长环境中最重要的组成部分，同时也是推动小学儿童发展最具动力性的因素。因此科学、深入地理解教师在儿童发展中的重要作用，是确定小学教师专业角色内涵的核心问题。庞丽娟明确提出小学教师角色应该具有如下丰富而饱满的内涵。①

（一）儿童价值观念的引导者

6—12岁是儿童价值观、人生观、世界观初步形成的重要的关键时期。教师在小学生的价值、信念建立与发展中起着至关重要的作用。这一时期，小学教师的角色首先就是要做好儿童信念的引导者、领路人。传统的教学观虽然也强调教师的引导作用，但是更多主张教师用讲授、灌输的方式来进行道德教育，在这样的过程中，教师其实并不是儿童的引领者，而是说教者、说服者、传授者和控制者。事实上，真正能够引领儿童自我建构和生成积极的人生观、价值观的不是教师的说教和传授，而是在平等对话、沟通交流的良性师生关系中，教师以自身为榜样，走进儿童的内心世界，发掘每一个儿童的美好、善良的一面，引导儿童走向自主和向善的成长历程。

首先，在这个过程中，教师的一举一动、一言一行对小学生都有着最直接的感性认识，所以教师应以身立教，以德育德，以行导行，做一个"真人"，用自己的"人格力量"来启迪学生、感召学生，做学生的楷模。有一位教师是这样做的：她全身心地热爱学生，关心孩子们的成长，用心引导孩子们成才。

---

① 庞丽娟主编：《教师与儿童发展》，北京师范大学出版社2003年版，第49—53页。

在她担任的班级里有一个很特殊的小女孩，脸上生过大面积血管瘤，造成相貌难看至极。从入学那一天起，她就特别理解和同情这个女孩，就像妈妈一样给予更多的关爱和帮助。每天早晨，只要看见女孩向教室走来，她就会主动迎上去，接过书包，搀她进教室。课余耐心地为女孩补课。同学们躲着女孩，嫌她丑，她就带头与女孩交上知心朋友，时常当着全班小朋友的面抱抱女孩，想尽办法教育全班同学要关心爱护这个女孩。

这一点，正如车尔尼雪夫斯基所说："教师要把学生造就成什么样的人，自己就应当是这种人。"

其次，小学教师更应该成为儿童道德成长中的保护者。记得有一位小学教师曾引用《麦田里的守望者》中的一段文字来表达对自身角色的定位：

霍尔顿向妹妹菲芘诉说自己的理想——当一名"麦田里的守望者"。他对妹妹说：我将来要当一名"麦田里的守望者"，"有那么一群小孩子在一大块麦田里做游戏。几千几万个小孩子，附近没有一个人——没有一个大人，我是说——除了我。我呢，就在那混账的悬崖边。我的职务是在那儿守望，要是有哪个孩子往悬崖边奔来，我就把他捉住——我是说孩子们都在狂奔，也不知道自己是在往哪儿跑。我得从什么地方出来，把他们捉住。我整天就干这样的事。我只想当个麦田里的守望者。"

这位教师的悟性和理解，令人感动，如果非要从中做出什么理性分析的话，那就是我们希望小学教师能够给予孩子们一个自由的天空！小学教师的职务也许更像是在那儿守望，用不着强迫孩子们去干他们不想干的事情，让孩子们尽情地嬉戏、欢笑、打闹，要是知道哪个孩子往悬崖边跑，教师就把他捉住。也就是教师要在最恰当的时候把孩子引导到正确的道路上来。如果小学教师都能够做到这样，那么，我们的孩子就是最快乐的。

（二）儿童建立同伴关系的指导者

在小学阶段，儿童交往的主要对象转向同伴群体。同伴交往不仅有助于儿童学会分享、关心、同情和宽容他人，学会交往、沟通技能，学会协商制定和遵守规则等，而且也直接影响到儿童自身的生活和学习质量。积极、和谐的同伴交往，不仅能提高儿童自身的归属感，通过相互激励和帮助，增进其学习动机,促进同伴双方的学习,而且使得儿童自身心情愉悦,具有良好的情绪情感体验,形成较高的自我效能感和自信心。相反,如果交友不当则在很多方面对其当下以至于将来造成不良甚至严重的影响。

因此,小学阶段教师如何对儿童的择友进行正确的引导和帮助,是其角色内涵里面非常关键的一部分。一方面,小学教师要引导儿童正确择友,帮助儿童建立积极同伴关系,并注意调动同伴力量影响儿童的健康成长;另一方面,教师要努力成为儿童的朋友,以平等的姿态走近儿童,才可能和儿童实现有效沟通,对儿童的引导和指导才能为儿童接纳和信服。

(三)儿童主动学习的激励者

信息技术时代彻底打破传统的知识封闭状态,这本身就是对教师"知识传授角色"的冲击,而且,由于现代小学儿童主动能力、自主学习能力、合作能力的增强,交往活动范围的扩大,小学教师的"传授者"角色正逐渐被"激励者、引领者"所替代。

小学教师需要意识到,儿童不仅从教师这里学习,更多时候还会通过同伴、其他成人、社会媒体、网络等多种途径进行学习。小学阶段,教师的主要任务就是激励儿童学习、思考、认识和掌握获得学习资源的各种途径,培养儿童解决问题的能力等。因此,教师需要在教学中创设有利于儿童主动学习、合作学习的环境和机会,使得孩子在"学习"中学会"学习"!

小学教师若能将这些角色功能融入自己的教育教学生命之中,就一定可以成为一股促进儿童发展的巨大支持性力量。

拓展阅读:
什么是社会性认知?

社会性认知是指对自己和他人的观点、情绪、思想、动机的认知,以及对社会关系和集体组织间关系的认知。

小学儿童的社会性认知发展随着年龄增长而不断发展。随着社会交往经验的日益增多,小学儿童逐渐意识到他人和自己对世界的认识和反应是不一样的,开始认识到他人不仅有与自己不同的思维和情感,而且即便在相同的情况下也可能有不同的反应,儿童开始理解他人行为的目的性。

在儿童认识、理解他人的行为过程中,儿童采取他人的观点来理解他人的思想与情感的认知技能表现出发展性特征。塞尔曼(Selman,1980)将儿童这种技能的发展划分为五个阶段。

阶段0:自我中心的或无差别的观点(3—6岁)。儿童不能认识到他人的观点与己不同,因而往往根据自己的经验来做出反应。

阶段1:社会—信息角色采择(6—8岁)。儿童开始意识到他人有不同的观点,但不能理解这种差异的原因。认为他人所做的即是其所想的,而不能了解他人行动前的思想。

阶段2:自我反省角色采择(8—10岁)。儿童逐渐认识到即使得到相同的信息,自己和他人的观点也可能会有冲突。他们已能考虑他人的观点,并预期他人的行为反应,但儿童还不能同时考虑自己和他人的观点。

阶段3:相互角色采择(10—12岁)。儿童能考虑自己和他人的观点,并认识到他人也可能这样做,能够以一个客观的旁观者的身份来解释和反应。

阶段4:社会和习俗系统的角色替换(12—15岁)。儿童开始运用社会系统和信息来分析、比较、评价自己和他人的观点。

〔资料来源〕林崇德主编:《发展心理学》,人民教育出版社2011年版,第293页。

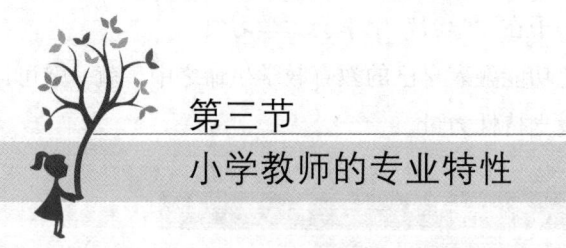

第三节
小学教师的专业特性

 小学教师培养"回"到初中起点,是简单回归还是质的飞跃?

2012年11月1日《中国教育报》上的一篇文章引起社会广泛关注和热评。

2012年9月这个学期，山东省烟台市的宋芙蓉、刘怡等200名应届初中毕业生，并没有和他们的多数同学一样进入高中学习，而是一脚踏入了大学校门。不出意外的话，6年后，他们将成为拥有本科学历的小学教师。他们将走过的"捷径"源自一项名为"2＋4"的小学教师培养试点改革。从今年开始，山东省在烟台试点"2＋4"初中起点6年一贯制本科学历层次的小学教师培养改革，拉开了全省小学教师培养改革的序幕。

小学教师培养遇到啥问题？一些被中小学录用的研究生，由于不适应小学教学，逐渐退出了教学一线，转到了管理、服务岗位，此种情况并不鲜见。烟台市教育局局长刘连基给记者列举了这样一组数据：2007年，该市芝罘区公开招考10名小学教师，蓬莱师范学校（中师）毕业生考上了4个，且全都名列前茅。2011年，该市牟平区公开招考13名小学英语教师，6名蓬莱师范学校毕业生被录用；莱州市公开招考12名小学英语教师，被录用者中8名来自蓬莱师范学校。与他们同台竞争的，无一例外都是来自全国各个师范院校的本科层次甚至研究生层次毕业生。

"研究生虽然学历高，但实际的教育教学却'扣不住'学生，小学生接受不了。"蓬莱市第二实验学校校长李志英发现，目前一些研究生、本科生毕业后到中小学任教，其教育教学的组织管理思维、方式及实践操作能力，都难以适应小学生成长发展的现实需求。他说自己见过不少这样的情景：在小学生的课堂上，有些教师学历较高，备课认真，但是在课堂上就是吸引不了学生的注意，有的孩子交头接耳说悄悄话，有的学生无视教师的存在，在课堂上玩闹，讲台上的教师束手无策，哭笑不得。"连基本教学秩序都难以维持，别说在课堂教学中取得好效果。"李志英说。

山东省青州市教学研究室主任史振平告诉记者，当地近年有多名被中小学录用的研究生，由于不适应小学教学，逐渐退出了教学一线，转到了管理、服务岗位。记者在山东各地采访时也发现，此种情况并不鲜见。

问题出在哪里？鲁东大学副校长刘焕阳认为，关键是当前小学教师的培养和小学教育的现实需求之间存在脱节现象。

山东师范大学教育政策研究中心主任张茂聪表示，小学教育具备自身的特点，小学教师应该更趋于感性化，而非理性化；更趋于通识化，而非专业化；

更趋于实践操作化，而非理论化。然而，在他看来，当前一些师范院校教学内容陈旧，教学方法落后，课程开设随意性强，有重理论、轻实践的倾向，这使得到小学任教的毕业生很难适应。

作为一名小学教育管理者，李志英对一些高学历教师基本功的欠缺印象深刻。有一次，他发现有的本科、研究生学历层次的教师甚至连小数点都讲不清楚，在讲台上急得面红耳赤，板书更是不过硬。"在以'三字一画一话'为代表的小学教师基本功方面，很多本科生和研究生由于没有接受过'中师式'的正规训练和培养，难以达到规范书写的要求，甚至普通话也不够标准。"李志英说，与之相反，初中起点的中师毕业生及"3+2"专科层次小学教师培养模式的毕业生在基本功方面整体上明显优于本科层次和研究生层次的毕业生，这源自中师正规训练的优势。

"在全面实施素质教育、促进学生全面发展的过程中，小学教育不仅需要专业能力强的老师，还特别需要综合素养高的老师。"李志英说，就拿班主任来说，就要求既能上专业课，又能组织开展各种活动，最好具备主持、朗诵等方面的基本素养，有一定的音体美特长。此外，由于中小学普遍教师紧缺，尤其是农村中小学，一旦有老师因病请假，就需要一专多能、全科型的教师顶上。

然而，当前的教师培养基本上是一进大学校门即开始分科式培养，这种培养更加注重学科专业性，但忽视了教师综合素养的培养。

〔资料来源〕魏海政、宋全政：《小学教师培养，"回"到初中起点？》，载2011年11月1日《中国教育报》。

将小学教师教育纳入高等教育体系，是当代国际教师专业化发展的必然选择。然而案例中所呈现出来的矛盾和困境，的确是困扰小学教师培养和实践的现实问题。之所以不能通过简单地提高学历或者学科专业水平满足小学教育实践的独特需求，是因为小学教师具有自身的专业特性。关于这一点，顾明远早就指出：小学教师的培养由中师提升到本科层次，首先要全面提升职前教师的文化底蕴，其次是提高小学教师的教育理论水平，没有好的教育理念不能培养出研究型、反思型的教师。① 朱小蔓也曾有过如下阐述：小学教育是启蒙教育。在这一阶段，小学教师与可塑性极大的儿童相处，通过各类课程以及与儿童互动的过程引导儿童向真、善、美和谐的方向发展，因此，小学生情趣爱好的多向性、小学生知识教育的综合性，对小学教师的知识面、性格气质、敏感程度及其应对能力等综合素质要求很高，小学教师与大学、中学教师相比较，在很多方面有鲜明的专业特殊性。②

应该说，随着小学教育自身发展和研究的深入，关于小学教师有自身独特的专业特性、小学教师培养应该有鲜明的专业定位，已经涌现出很多观点。比如，有学者将小学教师的特质归纳为：在人格上更具情感性和人文性；在知识结构上突出综合性；强调教育教学的技能性和艺术化；养成思维模式的半童性；具有基于教育现场的研究反思能力。③ 有学者认为小学教师的特质应体现在五个方面：人格特征中更富有爱心、耐心和热情；学科知识是整合的；认知特征更具有语言的表达能力，课堂组织能力和诊断学生学习困难的能力；思维的条理性、系统性、合理性和流畅性；研究儿童身心发展规律的能力。④ 也有学者将小学教师的专业特性归纳成三性（专业情意鲜明性、专业知识综合性和专业能力全面性）⑤ 或三化（智能结构综合化、职业技能专长化和敬业精神个性化）⑥。

抛开具体表述差异，上述对小学教师专业特性的分析都有一个共同定位：作为专业发展的个体，小学教师应该在专业情意、专业知识、专业能力上不同于其他教育阶段教师（如幼儿园教师、中学教师、大学教师等）。下面，我们将从这三个方面分析小学教师的专业特性。

---

① 顾明远：《在全国教育科学"十五"规划重点课题"高等师范院校培养本科层次小学教师专业建设整体方案的研究与实践"结题会上的讲话》，2006年。
② 朱小蔓：《认识小学儿童，认识小学教育》，载《中国教育学刊》2003年第8期。
③ 王智秋：《小学教育专业人才培养模式的研究与探索》，载《教育研究》2007年第5期。
④ 阮成武：《小学教师教育专业化的国际动向》，载《师范教育》2002年第10期。
⑤ 关文信：《小学教师专业特点及本科小学教师培养思路研究》，载《海南师范学院学报（社会科学版）》2005年第5期。
⑥ 陈威：《教师专业化与本科学历小学教师的培养》，载《哈尔滨学院学报》2005年第1期。

一、具备关爱儿童和促进儿童发展的专业情意

专业情意是指教师对教育、教学的一种浓厚的感情,一般可从专业理想、专业情操、专业自我三方面衡量。

(一)关爱儿童是小学教师专业理想的灵魂

应该说,专业理想是每一个教师成为成熟的教育教学专业工作者的向往和追求,它是推动教师专业发展,并献身于教育工作的根本动力。我们认为,小学教师专业理想的核心是对儿童的关爱。这是因为,小学教师面对的是6—12岁的儿童,这一阶段,儿童的生活发生了重大变化:从以玩耍、游戏为主的家庭(或幼儿园)生活进入到了以学习为主的学校生活。而儿童情感发展方面,儿童在家庭里由血缘关系产生的依恋感、归属感是生物性的社会情感。小学教育应通过建立亲密的师生关系,把上述生物性的社会情感扩展提升为更高级的社会精神性情感,包括理智感、道德感、美感等。正因为如此,"小学教师特别需要用目光、笑容、肤触及各种体态语言向儿童传递爱的信息,使小学生建立对学校及老师的依恋、信任关系。"但是,小学教师对儿童的关爱之情感不同于母爱,它是在教育环境、教学实践中形成发展起来的高级社会性情感。从更深的层面上讲,小学教师对儿童的爱是基于对儿童个性的尊重和对每个儿童发展可能性的价值认同。[1]

(二)促进儿童发展是小学教师专业情操的核心

教师的专业情操是教师对教育教学工作带有理智性的价值评价及其情感体验,它是构成教师职业价值观的基础,也是教师专业情意发展成熟的标志。具体来说,小学教师的专业情操应该包括对小学教育功能和作用的深刻认识以及由此产生的光荣感和使命感;还应该包括基于对小学教师职业道德规范的认同而产生的责任感和义务感。

---

[1] 王智秋:《小学教育专业人才培养模式的研究与探索》,载《教育研究》2007年第5期。

小学教师每天面对的是生动活泼的小学儿童，陪伴儿童成长、指引儿童发展是小学教师的日常教育教学活动。而儿童的发展具有主动性、不稳定性、可塑性等特点，他们好奇好问、天真活泼、规则意识强，在教育教学过程中处于主体和中心的位置。小学教育的目标就是通过学校学习生活促进学生身心全面和谐地发展。

小学教师须重视研究和了解小学生的基本特点，把握小学教育的特性，认识到小学教育的一切工作都要以小学生的健康成长作为根本，这是做好小学教师工作的重要前提。教师的职责是育人，而无论何种教育影响，归根结底只有通过儿童自身的选择与建构，才有可能真正形成儿童发展的现实。如果教师不研究儿童，不了解儿童如何建构知识、产生观念，也就不能施加适切的教育影响，不可能实现真正有效的教育。①

（三）认同小学教师的职业价值，是小学教师确立专业自我的保证

专业自我是教师个体对自我从事教学工作的感受、接纳和肯定的心理倾向。小学教师的专业自我源自对小学教师职业价值的深刻理解和对自身独立人格的认同，这两个方面相辅相成。正是因为对小学教师职业价值的理解和认同，小学教师才可能具有独立的人格，以积极的方式看待自己，能够准确地、现实地领悟自己所处的环境，对自身具有深切的认同感、自我满足感、自我信赖感和自我价值感。

二、具有综合性的知识结构

从儿童认知发展的角度来看，小学阶段的儿童其思维尚未细致分化，此时的他们对世界的认识是整体化、生活化的，所提出的问题来自于生活世界，而生活世界的背景知识是一个综合的整体。按照胡塞尔和哈贝马斯的观点，生活世界是一个非课题性的、奠基性的、直观的，人的生命存在的综合世界。因

---

① 教育部教师工作司组编：《小学教师专业标准（试行）解读》，北京师范大学出版社2013年版，第21页。

此，小学教师必须具备综合性的知识结构。

小学教师应具有的这种综合性知识结构，在《专业标准》中被细化为如下要素：小学教师除了要掌握自己所教学科的知识外，还"要适应小学综合性教学的要求，了解多学科知识"；要具有教育、心理和学科教学知识，"掌握小学教育教学基本理论、掌握小学生品行养成的特点和规律、要掌握不同年龄小学生的认知规律""掌握所教学科的课程标准与教学知识"；要具有通识性知识，"具有相应的自然科学和人文社会科学知识""具有相应的艺术欣赏和表现知识"等。

此外，小学教师知识结构的综合性还体现在能随时帮助儿童对于生活世界的问题在科学世界中找到其合理的解释；反之，又可将科学世界的理论在儿童的生活世界中找到相应的模型与背景，即小学教师具备将儿童的生活世界与科学世界双向整合的知识结构和能力。①

三、形成自我反思性的行动研究能力

有学者把基于现场的教育研究能力视为高等教育体系中培养的小学教师区别于中等师范培养的小学教师的重要特征，也是小学教师能否达到专业化水准的重要标志。② 为了突出其基于教育教学现场、直面教育实践问题解决的特征，我们将这种能力界定为具有自我反思性的行动研究能力。

借用约翰·埃里奥特的经典定义：行动研究是对社会情境（包括教育情境）的研究，是从改善社会情境中行动质量的角度来进行研究的一种研究取向。我们认为小学教师需具有的这种行动研究能力指的是：小学教师从改善自身教育、教学实践出发，以提高自身教育、教学效果为目标的自我反思和研究能力。

一方面，小学教师首先是小学儿童教育工作者，不是小学某一学科的教授者。从这个意义上来讲，小学教育的首要任务是育人，而非教书。尽管我们也

---

① 王智秋、刘慧：《基于专业标准的小学教师职前培养——以首都师范大学初等教育学院实践探索为例》，载《中国教育学刊》2012 年第 12 期。

② 王智秋：《小学教育专业人才培养模式的研究与探索》，载《教育研究》2007 年第 5 期。

知道，每个阶段的教师都应该如此定位自己的工作目标，但是，毫无疑问，教师对于儿童发展的重要影响和意义，在小学阶段尤其明显和突出。

另一方面，从"教书"这个每一阶段教师（比如中学教师、大学教师）都在进行的学科知识教学工作看，小学阶段儿童注意、思维、语言、社会性等的发展特点，决定了小学教师在具体的学科教学过程中，不仅仅要关注学科知识内容本身，更重要的是关注所教授知识的呈现形式。这一点可谓小学教师教学工作的专业特性所在。可以说，每一位小学教师在每一天的教学生活中都面临一个需要思考和研究的问题：如何将所教授知识的"学术形态"转化成能使小学儿童易于理解和接受的知识的"教育形态"？

正因如此，在小学教育的实践过程中，小学教师所需要的研究能力不同于专业教育研究机构和大学教师群体的教育理论研究能力和学科研究能力，而是一种基于解决真实的、具体的教育困惑和难题、带有明显的自我反思特征的行动研究能力。

也可以这么说，小学教师的反思和研究，其出发点是为了着重解决教育教学中存在的某些问题，使自己的教育行为更加合理、有效；小学教师的反思与研究不是为了研究而研究，而是为了改进教育实践问题而研究。小学教师的研究应该从实际工作中发现问题，在实际工作中研究问题，从而达到解决实际工作中的问题，达到改善实际行为的目的。教师在教学实践中，要充分发挥自己的创造性和主体性，强化问题研究意识，研究学校的实际，研究学生的心理及个性差异等。教师只有通过反思、研究，才能发现或感觉到自己原有的教学行为和教育观念中的不正确的东西，从而改变自己的原有观念和态度；教师只有通过反思、研究，才能知道如何调整和改进已有的教育教学行为、方法；教师只有通过反思、研究，才能在教学实践中使自己的课程教学设计符合学生的心理和发展特点，关注、关照学生的需要、兴趣、经验、困惑，最终使教师真正实现向研究性教师转变，真正实现自身的专业发展。①

---

① 教育部教师工作司组编：《小学教师专业标准（试行）解读》，北京师范大学出版社2013年版，第122页。

拓展阅读：
教师要创造的是真善美的活人

创造主未完成之工作，让我们接过来，继续创造。

宗教家创造出神来供自己崇拜。最高的造出上帝，其次造出英雄之神，再其次造出财神、土地公、土地婆来供自己崇拜，省事者把别人创造的现成之神拿来崇拜。

恋爱无上主义者造出爱人来崇拜。笨人借恋爱之名把爱人造成丑恶无耻的荡妇来糟蹋，糟蹋爱人者不是奉行恋爱无上主义，而是奉行万恶无底主义的魔鬼，因为他把爱人造成魔鬼婆。

美术家如罗丹，是一面造石像，一面崇拜自己的创造。

教育者不是造神，不是造石像，不是造爱人。他们所要创造的是真善美的活人。真善美的活人是我们的神，是我们的石像，是我们的爱人。教师的成功是创造出值得自己崇拜的人。先生之最大的快乐，是创造出值得自己崇拜的学生。说得正确些，先生创造学生、学生也创造先生，学生先生合作而创造出值得彼此崇拜之活人。倘若创造出丑恶的活人，不但是所塑之像失败，亦是合作塑像者之失败，人之塑像是由于集体的创造，而不是个人的创造，那么这成功失败也是属于集体而不是仅仅属于个人。在一个集体当中，每一个活人之塑像，是这个人来一刀，那个人来一刀，有时是万刀齐发。倘使刀法不合于交响曲之节奏，那便处处是伤痕，而难以成为真善美之活塑像。在刀法之交响中，投入一丝一毫的杂声，都是中伤整个的和谐。

教育者也要创造值得自己崇拜之创造理论和创造技术。活人的塑像和大理石的塑像有一点不同，刀法如果用得不对，可以万像同毁，刀法如果用得对，则一笔下去，画龙点睛。

〔资料来源〕陶行知著：《陶行知全集》（第三卷），四川教育出版社2005年版，第482—487页。

【思考题】

1. 谈谈你对教师多重角色的理解。
2. 理解小学教师角色的特殊性,对自身专业发展意义何在?
3. 何为小学教师的专业特性?

【文献链接】

1. 申继亮主编:《新世纪教师角色重塑——教师发展之本》,北京师范大学出版社2010年版。

2. [美]纳尔森、贝利著,刘坤等译:《教师职业的9个角色》,中国青年出版社2008年版。

3. 林崇德主编:《发展心理学》,人民教育出版社2011年版。

4. [美]David R. Shaffer、Katherine Kips 著,邹泓等译:《发展心理学》,中国轻工业出版社2011年版。

5. 庞丽娟主编:《教师与儿童发展》,北京师范大学出版社2003年版。

6. 叶澜、白益民等著:《教师角色与教师发展新探》,教育科学出版社2001年版。

7. 王智秋:《小学教育专业人才培养模式的研究与探索》,载《教育研究》2007年第5期。

8. 朱小蔓:《认识小学儿童,认识小学教育》,载《中国教育学刊》2003年第8期。

9. 吴康宁:《教师:一种悖论性的社会角色》,载《教育研究与实验》2003年第4期。

10. 陈向明:《教师的作用是什么——对教师隐喻的分析》,载《教育研究与实践》2001年第1期。

第五章

小学教师专业标准

> 如果一个人不知道他要驶向哪个码头,那么任何风都不会是顺风。
>
> ——塞涅卡

【内容概要】

制定规范的教师专业标准是教师职业走向专业化的重要里程碑。在举世追求教师专业化的进程中,各国纷纷出台全国统一的教师专业标准,我国也是如此。小学教师专业标准的制定有其法律依据、政策依据、他国教育经验的借鉴以及小学教师教育的理论基础。颁布全国统一的小学教师专业标准具有极其重要的现实意义。

《小学教师专业标准(试行)》提出了四项基本理念:师德为先、学生为本、能力为重、终身学习。对小学教师专业发展从三个维度——专业理念与师德、专业知识和专业能力——具体提出十三个发展领域的行为要求。

【关键词】

专业标准　小学教师专业标准

第一节　小学教师专业标准开发背景与意义

 英国的小学教师入职标准

英国教师资格证书被称为"合格教师资格证书"（Certificate of Qualified Teacher Status，QTS）。英国教育与就业部规定所有由政府兴办或补助的学校的教师必须是"合格教师"，即从教申请者必须获有"合格教师资格证书"。申请者一般通过教师职前培训获取"合格教师资格证书"，尔后进入为期1年（英国1年三个学期）的试用期，试用合格才能作为正式教师进入教师职业。

英国教育行政部门对于从教申请者有严格的要求，包括个性、表达能力、身体状况、有无犯罪记录、智力水平等。智力水平方面对英国中等教育普通证书考试（General Certificate of Secondary Education，GCSE）中数学、英语、科学课程成绩等级有明确要求。

英国义务教育持续11年，共分为4个关键期（Key Stage，KS）。KS1学生为5—7岁，KS2学生为7—11岁，KS3学生为11—14岁，KS4学生为14—16岁。KS1、KS2为小学阶段，KS3、KS4为中学阶段。英国要求每个合格教师至少能在两个关键期任教。要求小学教师能胜任国家小学课程标准中所有科目的教学，对教师所获学位的专业没有特别要求；要求中学教师能胜任国家中学课程标准中一种或两种科目的教学，同时具有胜任两门外语教学的潜质；要求中学教师所教授的科目与被授予学位的专业相关。

〔资料来源〕赵惠君：《英国合格教师多元培养模式与最新专业标准》，载《教师教育研究》2007年第7期。

小学教师专业发展概论

2012年2月10日，教育部下发《关于印发〈幼儿园教师专业标准（试行）〉、〈小学教师专业标准（试行）〉和〈中学教师专业标准（试行）〉的通知》。应该说，《小学教师专业标准（试行）》（以下简称《专业标准》）为明确小学教师专业素养和发展提供了基准和指南，弥补了我国小学教师专业标准的缺失，进一步推进了我国小学教师专业化进程，成为我国小学教师专业化进程中新的重要里程碑。《专业标准》的出台既是确立和提升小学教师专业地位的重要前提，也是小学教育教学工作成为一种专业活动的基本标志。

一、我国小学教师专业标准开发的背景

1993年，《教师法》明确指出"教师是履行教育教学职责的专业人员"，从而第一次在法律上确认了教师的专业地位。同时，《教师法》首次规定"国家实行教师资格制度"，并对教师资格标准和条件、申请认定程序、教师资格考试、在职教师资格过渡、法律责任等做出了原则规定。继而，1995年颁布的《教师资格条例》和2000年颁布的《〈教师资格条例〉实施办法》，对实施教师资格制度工作中的具体问题做出了补充规定。虽然以上政策性标准使教师的任用走上了科学化、规范化和法制化轨道，但我国尚缺乏全面规定教师专业素养的专业性标准。

教师专业地位的体现，一方面需要外在条件的支持与保障，另一方面更需要依赖教师队伍的自身建设。改革开放特别是进入21世纪以来，我国教师队伍建设取得明显成效，为教育改革发展提供了强有力的师资保障。但随着我国经济社会发展、教育改革的深入，中小学教师队伍建设总体上还有些不适应——教师专业化水平亟待提升，教师职业吸引力尚需增强，教师资源配置、管理机制仍待完善。尤其是现实中，由于小学教师的专业地位并未获得广泛认同，小学教师队伍鱼龙混杂现象相对严重。而小学教育阶段是一个人人生发展的重要基础阶段，小学教师的质量关系到学生一生的成长，关系到亿万家庭的希望，更关系到国家的前途和民族的未来。小学教师队伍参差不齐的现状与小学教师所肩负的责任，都呼唤小学教师专业标准的出台，以确认小学教师的专业地位，明确合格小学教师的专业素养，为引领小学教师专业发展提供基本准

则,也为小学教师的培养、准入、培训、考核等工作提供重要依据。

当前,我国正实施《国家中长期教育改革和发展规划纲要(2010—2020年)》(以下简称《规划纲要》),这是我国近十年教育改革和发展的宏伟蓝图。在《规划纲要》中,"健全教师管理制度"被再次重申。《规划纲要》还进一步要求"严格教师资质,提升教师素质,努力造就一支师德高尚、业务精湛、结构合理、充满活力的高素质专业化教师队伍"。"完善并严格实施教师准入制度,严把教师入口关。国家制定教师资格标准,提高教师任职学历标准和品行要求",确定了教师专业标准体系是健全教师管理制度的重要内容。可见,制定并实施专业标准也是落实《规划纲要》过程中的一项重要而紧迫的任务。

二、《小学教师专业标准(试行)》研制价值和意义

(一)规范教师专业行为,促进小学教师专业发展

《专业标准》对一名合格小学教师的"专业理念与师德""专业知识""专业能力"进行了细致梳理和规范,厘定了小学教师的从教规格,确定了国家对合格小学教师特有的、基本的道德坐标、知识坐标与能力坐标。

《专业标准》的出台有助于规范教师专业行为,促进小学教师个体的专业发展。《专业标准》强调了"师德为先、学生为本、能力为重、终身学习"四个基本理念,这些基本理念为小学教师的专业行为和专业发展指明了方向。而依据这四个基本理念展开的13个领域、60条专业素养具体要求,又为规范小学教师专业行为和发展提供了明确指针。

《专业标准》的出台推进了小学教师专业化进程。小学教师承担着人的早期教育的重要使命,小学教育应当与中等教育、高等教育等共同被视为一种专业性工作,是不可以随意替代的。

《专业标准》的颁布进一步明确承认了小学教师的专业地位,有利于增强小学教师的自信,提高小学教师的社会地位,有利于小学教师整体队伍的专业化发展。

（二）设立教师合格标准，促进教育公平

《专业标准》的设立有利于促进宏观教育公平。促进义务教育东西、城乡均衡化是我国教育发展的一项重要课题。要实现义务教育均衡化发展目标，除了在校舍建设、设备设施等硬件方面实现标准化之外，最重要的是实现师资力量的均衡化。制定统一的小学教师专业标准，加强小学教师教育和教师管理，才能保证我国的所有小学生公平地享受到合格的小学教师的教育。

《专业标准》的设立也有利于促进微观教育公平。从教师个体来讲，教师不但要启迪人的心智，还要锻炼人的品格、完善人的心性，自觉消除不平等，为小学生创造和谐的学习环境，维护和促进社会公正。《专业标准》中突出了"师德为先""学生为本"的理念，明确要求小学教师"平等对待每一个小学生""不讽刺、挖苦、歧视小学生""尊重个体差异，主动了解和满足有益于小学生身心发展的不同需求"等，这有利于引导立志成为小学教师者以及小学在职教师自觉加强修养，倡导与践行公平公正理念。

（三）为教师职前培养、职后培训提供目标参照

《专业标准》将成为小学教师培养的目标参照。长期以来，以中等师范学校为主体的小学教师教育为国家培养出大量合格的、优秀的小学教师，但相对来说整体起点较低，已不能适应国家经济社会发展的要求。20世纪90年代末以来，我国小学教师的培养已逐渐发展为以本科为主体的三级教师教育体制。在新的时代，新型小学教师教育究竟应培养出怎样的更专业化的小学教师，这成为小学教师教育改革和发展中亟待回答的一个问题。《专业标准》的颁布有利于小学教师教育机构明确培养目标，并依此完善培养方案，科学设置小学教师教育的课程，降低和消除教师职前培养的盲目性和随意性，提升小学教师的培养质量。

《专业标准》为各级各类教师培训提供了基础性的要求。教师需要持续专业发展，从职后培训来看，各地一般要求在职教师接受新教师培训，以及每五年接受一定课时的培训，但由于缺乏小学教师的合格标准，培训机构对于培训的基点、培训的内容和要求等同样缺乏统一的认识。因此，《专业标准》的颁

布也为小学教师在职培训提供了明确基准,有助于提高教师在职培训质量,切实促进小学教师教育的一体化,确保小学教师持续的专业发展。

(四)为小学教师的资格准入、考核与评价提供依据

《专业标准》为小学教师的准入设置了明确的门槛。过去,由于缺乏明确的合格教师标准,我国小学教师的招聘、任用过程基本上为经验性的,因而存在较强的随意性。尤其是随着教师行业的开放,更加需要《专业标准》来指导有关部门或学校掌握小学教师的入职门槛,严把入口关,选拔符合专业标准的人员进入小学教师队伍行列,以保证和促进小学生的身心健康成长。

《专业标准》还为小学在职教师的考核与评价提供了客观依据,有利于有关部门确定教师管理制度,改变目前小学教师职称评定中唯学历和唯论文发表的倾向,确保小学教师的质量和教师队伍的健康发展。

(五)与国际教师教育改革发展的趋势相吻合

20世纪60年代,联合国教科文组织以官方文件的形式正式提出教师专业化的发展取向。之后,尤其是80年代以来,通过明确教师专业标准来突显教师职业的专业性、推进教师专业化进程,成为世界许多先进国家提高教师质量的共同战略。我国建立教师专业标准,正是与国际教师教育改革发展趋势相适应的具体体现,有助于在小学教师专业化方面与国际接轨。

总之,《专业标准》是小学教师队伍建设的基本准则,是小学教师专业化的重要保障,对我国小学教师队伍建设具有基础性、先导性和全局性的作用。

拓展阅读:
美国的四大全国性教师专业标准

美国有四大全国性的教师专业标准制定机构:美国全国教师教育认证委员会(NCATE)、美国州际新教师评估与支持联合会(INTASC)、美国国家教师专业教学标准委员会(NBPTS)和美国优质教师证书委员会(ABCTE)。因为这些机构制定的标准也以它们机构的名称来命名,因此上述四个名称既可指机构,也可指机构制定的标准,如表5-1。

表 5-1 美国四大国家层面的标准制定机构基本情况对照表

机构名称	成立时间	标准对象	标准性质
美国全国教师教育认证委员会（NCATE）	1954 年	候选教师（candidate teacher）	职前标准
美国州际新教师评估与支持联合会（INTASC）	1987 年	新教师（new teacher）	入职标准
美国国家教师专业教学标准委员会（NBPTS）	1987 年	优秀教师（accomplished teacher）	在职标准（1）
美国优质教师证书委员会（ABCTE）	2001 年	杰出教师（distinguished teacher）	在职标准（2）

〔资料来源〕张治国：《美国四大全国性教师专业标准的比较及其对我国的借鉴意义》，载《外国教育研究》2009 年第 10 期。

第二节 《小学教师专业标准（试行）》的制定依据

小学教师专业标准的制定着重依据了《中华人民共和国教师法》《中华人民共和国义务教育法》《儿童权利公约》《国家中长期教育改革和发展规划纲要（2010—2020年）》，借鉴了多国教师专业标准的共性以及我国初等教育理论研究成果等。

一、法律依据

《专业标准》制定的首要依据是《教师法》《义务教育法》。我国虽然是首次制定《专业标准》，但在两部法律中以及一些相关的法律法规中，都有与此相关或相近的内容。如，《教师法》第三条规定，教师是履行教育教学职责的专业人员，承担教书育人，培养社会主义事业建设者和接班人，提高民族素质的使命。教师应当忠诚于人民的教育事业，以及所规定的教师权利和义务等。《义务教育法》第二十九条规定，教师在教育教学中应当平等对待学生，关注学生的个体差异，因材施教，促进学生的充分发展。教师应当尊重学生的人格，不得歧视学生，不得对学生实施体罚、变相体罚或者其他侮辱人格尊严的行为，不得侵犯学生合法权益。《义务教育法》第三十条规定，教师应当取得国家规定的教师资格。《义务教育法》第三十四条规定，教育教学工作应当符合教育规律和学生身心发展特点，面向全体学生，教书育人，将德育、智育、体育、美育等有机统一在教育教学活动中，注重培养学生独立思考能力、创新能力和实践能力，促进学生全面发展等。这些都是制定《专业标准》的重要依据，也为《专业标准》的制定提供了框架和内容方面的参考。

同时，《儿童权利公约》也是制定《专业标准》的重要依据。1989 年 11 月 20 日第 44 届联合国大会第 25 号决议通过，1990 年 9 月 2 日生效的《儿童权利公约》旨在保护儿童权益，为世界各国儿童创建良好的成长环境。《儿童权利公约》第六条规定了"缔约国确认每个儿童均有固有的生命权""应最大限度地确保儿童的存活与发展""儿童因身心尚未成熟，在其出生以前和以后均需要特殊的保护和照料，包括法律上的适当保护""缔约国应确保有主见能力的儿童有权对影响到其本人的一切事项自由发表自己的意见，对儿童的意见应按照其年龄和成熟程度给予适当的看待"。这些规定充分体现在《专业标准》的有关领域的基本要求中。

二、政策依据

《规划纲要》也是《专业标准》制定的重要政策依据。

《规划纲要》描绘了中国未来十年教育改革与发展的蓝图，提出了"优先发展，育人为本，改革创新，促进公平，提高质量"的 20 字工作方针，明确指出"坚持以人为本、全面实施素质教育是教育改革发展的战略主题，是贯彻党的教育方针的时代要求,其核心是解决好培养什么人、怎样培养人的重大问题"。"把育人为本作为教育工作的根本要求。要以学生为主体,以教师为主导,充分发挥学生的主动性,把促进学生健康成长作为学校一切工作的出发点和落脚点。关心每个学生,促进每个学生主动地、生动活泼地发展,尊重教育规律和学生身心发展规律,为每个学生提供适合的教育"。在素质教育战略主题中,明确提出三个坚持:一是"坚持德育为先。立德树人,把社会主义核心价值体系融入国民教育全过程""把德育渗透于教育教学的各个环节,贯穿于学校教育、家庭教育和社会教育的各个方面";二是"坚持能力为重。优化知识结构,丰富社会实践,强化能力培养";三是"坚持全面发展。全面加强和改进德育、智育、体育、美育。坚持文化知识学习与思想品德修养的统一、理论学习与社会实践的统一、全面发展与个性发展的统一""重视安全教育、生命教育、国防教育、可持续发展教育"等。这些内容是制定《专业标准》的重要依据。

三、国际教师专业标准的借鉴

《专业标准》的制定也注重借鉴了世界许多国家和地区的小学教师专业标准或相关内容。20世纪80年代以来,美国、英国、澳大利亚、新西兰等许多国家颁布实施了一系列的中小学教师标准,经过20多年的开发与修改,形成了相对成熟的教师专业标准体系。例如,主要包括专业知识、专业能力、专业理念三方面的教师素质结构构成要素,也成为教育界对教师职业所应具备的专业素质结构的共识,这种公认的教师素质结构的划分也直接奠定了《专业标准》提出三维整体框架的基础。

四、小学教育和小学教师教育研究提供理论基础

近年来,伴随着小学教师培养的本科化进程,对小学教育及小学教育的理论研究也加大了力度,并取得了一些成果,这为《专业标准》的制定提供了理论基础。其中,对小学教育的性质认识,对小学教师"专业者身份"和专业特

性的认识,也是制定小学教师专业标准的重要依据。

从我国现行学制系统看,小学教育属于初等教育阶段,与幼儿教育、中学教育同属基础教育,具有基础教育的全民性、全面性、基础性、义务性、启蒙性等特性,但又有不同于基础教育其他阶段的特性,主要体现为贯穿全程的衔接性、综合性、养成性。

第一,小学教育衔接幼儿教育与中等教育,分为低、中、高三段,低段与幼儿教育衔接,具有一定的保育性;高段与中等教育衔接,具有一定的学科教育性。衔接性主要表现为学习内容、活动方式、身份责任、行为习惯等。

第二,小学教育具有综合性。这种综合性源自小学生的身心发展状况、小学生的生活状况以及小学生学习的综合性等,体现在培养目标、学习内容、培养方式等方面。

第三,小学教育具有养成性。小学阶段是人之生命成长历程中最重要的阶段,是最易受影响的阶段,一个人在此阶段形成怎样的品德与习惯会影响其一生。小学阶段是一个人的基础性道德品质和行为习惯养成的最佳时期,小学教育要在遵循小学儿童生命成长规律的基础上,依据社会要求使小学儿童形成良好品德与行为习惯,这是小学教育的重要特性。

小学教师是专业性很强的职业。小学教师是小学儿童教育工作者,不是小学某一学科的教授者。小学教师是通过小学某一学科教学来教育小学儿童的,而不是单纯地向小学儿童教授某一学科知识。小学教师是以小学儿童的教育为己任,而不是以小学学科知识的教授为己任,前者是目的,后者是手段,后者为前者服务。小学教师应该具有关爱儿童和促进儿童全面发展的专业情意,应该具备综合性的知识结构,应该形成自我反思性的行动研究能力,还应该积淀丰厚的文化底蕴,这都是小学教师职业应有的专业要求。

拓展阅读:
昆士兰框架和维多利亚模型

澳大利亚近些年来在教师专业发展标准的制定方面进行了不少有益的探究。既有全国性教师专业发展标准的推行,也有地方各州制定教师专业发展标准的颁布,后者较有代表性的是昆士兰框架和维多利亚模型。

小学教师专业发展概论

昆士兰框架由昆士兰教育学院和昆士兰教师协会研制和提出。这项研制工作始于1999年，2002年教师专业标准初稿完成。同年，昆士兰教育行政当局对教师专业标准的实施情况展开了一次全面的调查。在调查基础上，昆士兰教育学院与昆士兰教师协会对教师标准初稿提出了新的意见和修订方案，并于2005年7月正式颁布了修订之后的昆士兰州教师专业标准。该标准包括了3个层面12条具体内容。

第一层面（标准1）：为个人和团体构建富有弹性的、有创新的学习经历，即具有借助于教学反思提炼有创新意义教学知识的能力和与学生群体共同发展的精神。

第二层面（标准2—7）：分别从学科教学、开发智力、建构与校外相联系的学习经历、建构相互包含的及参与的学习经历、整合信息技术、评价并反馈学生的学习这六个方面来进行描述。

第三层面（标准8—12）：包括支持学生的社会参与、创设安全与支持性的学习环境、建立广泛的社区联系、在专业团队中做出贡献以及对专业团队负责等。这主要是从为学生提供较好的外部学习环境出发，要求教师具有合作、专业反思的精神并遵守职业道德规范以促进学生学习。

维多利亚州为了进一步促进教师专业发展，制定了适合本州教师发展的"维多利亚教师专业标准"模型。该模型由维多利亚教师院设计。除了职前教师专业标准外，该标准模型还特别增加了"入职教师专业标准""教师专业职后更新标准"两项。

维多利亚教师入职标准于2003年11月30日获得维多利亚教育培训部认可，是维多利亚教师申请入职过程中的一个重要环节，并且是目前维多利亚州内唯一得到认可的教师专业标准。该标准适用于维多利亚州的所有新任教师，要求教师们在申请入职的时候能够提供教学证据来证明自己已经达到了入职教师标准的要求。这一入职标准包括专业知识、专业实践和专业职责三个维度的内容，强调了入职阶段教师的专业学习，并提出了教师入职所需要的专业技能方面的要求。所有的新任教师都应该理解该标准的具体内容，发展并且展示出自己的专业发展水平。

维多利亚教师职后更新标准，是维多利亚州教师院2001年的法案中就规定，所有的入职教师每五年需参照职后更新标准来进行专业发展更新。维多利亚州教师院强调，教师专业职后更新标准要紧密联系学校的教育实际以及教师的教学实践，并且教师院规定第一次职后更新有以下要求：在前五年中，教师们必须达到该院所规定的教学实践时间，以表明教师已经根据入职标准具有了相当的专业实践经历；在教学中是否一直比较称职；教学效果良好的证据以及有无犯罪记录等。

〔资料来源〕赵凌、张伟平：《教师的专业标准：澳大利亚的实践与探索》，载《比较教育研究》2010 年第 4 期。

第三节 《小学教师专业标准（试行）》简介

一、小学教师专业标准的定位

《专业标准》是国家对合格小学教师专业素质的基本要求，是小学教师开展教育教学活动的基本规范，是引领小学教师专业发展的基本准则，是小学教师培养、准入、培训、考核等工作的重要依据。

（一）国家对合格小学教师专业素质的基本要求

《专业标准》是国家对合格小学教师专业素质的基本要求，无论是新教师、经验教师，还是专家教师，只要在我国小学任教，都要符合《专业标准》的要求，同时在任教过程中也要遵循《专业标准》的基本要求。因此，《专业标准》也是我国小学教师的通用标准。

（二）小学教师开展教育教学活动的基本规范

小学教育教学工作既是科学也是艺术，小学教师开展教育教学活动必须遵循一定的规范要求。《专业标准》对合格小学教师的"专业理念与师德""专业知识""专业能力"三方面提出了明确的要求，并用13个领域60条专业素养的基本要求明确了小学教师的从教规格，确定了国家对合格小学教师的职业信念、职业道德、专业知识、专业能力的基本要求，是所有从事小学教育教学活动的教师都应遵循的基本规范。

（三）引领小学教师专业发展的基本准则

进入21世纪以来，我国小学教师队伍建设取得明显成效，为基础教育改革发展提供了强有力的师资保障。但随着我国经济社会发展，基础教育改革的深入，小学教师队伍建设总体上还不能完全适应时代发展的需要。《专业标准》是小学教师队伍建设的基本准则，是小学教师专业化的重要保障，对我国小学教师队伍建设具有基础性、先导性和全局性的作用，也是制定小学教师专业发展阶段标准的基础。

（四）小学教师培养与培训目标、内容与要求的标准

《专业标准》的制定有利于小学教师教育机构明确培养目标，完善培养方案，科学设置小学教师教育的课程、改革培养方式，降低和消除教师职前培养的盲目性和随意性，提升小学教师的培养质量。《专业标准》也为小学教师在职培训提供了明确的目标、内容与要求，有利于克服以往由于缺乏小学教师的合格标准，对教师在职培训的随意性与盲目性，有助于提高教师在职培训质量，促进小学教师教育职前培养、在职培训的一体化，确保小学教师持续的专业发展。

（五）小学教师资格准入、考核与评价的重要依据

《专业标准》的制定为小学教师的准入提供了专业依据，是健全小学教师管理制度的重要保证。以往由于缺乏明确的合格教师标准，我国小学教师的招

聘、任用过程基本上是经验性的，因而存在较强的随意性。《专业标准》为有关部门或学校招聘、任用小学教师提供了标准、依据，有利于选拔符合专业标准的人员进入小学教师队伍，以保证和促进小学生接受有质量的教育。《专业标准》还为小学教师的考核与评价提供了客观依据，有利于相关部门确定教师管理制度，改变目前小学教师职称评定中唯学历和唯论文发表的倾向，确保小学教师的质量和教师队伍的健康发展。

二、小学教师专业标准的基本理念

《专业标准》提出了四项基本理念：师德为先、学生为本、能力为重、终身学习。这四项理念突出强调了师德的首要性、学生的主体性、能力的重要性、终身学习的时代性。其中，"师德为先"明确了师德居于教师专业的首要位置或第一要素；"学生为本"体现了以人为本的教育理念，也是教师专业的出发点与归宿；"能力为重"则强调了教育教学能力是教师专业的重点或重心；"终身学习"基本理念是对教师专业的可持续性、发展性提出了要求。

（一）师德为先

"师德为先"突出强调了师德的重要性。教师职业是一种特殊职业，教师工作面对的不是物，而是人。教师不仅是用自己所掌握的专业知识和所具有的专业能力从事小学教育工作，更是用自身的职业道德修养立教。小学教育不仅是传递知识、训练能力，更是为小学生生命的健康成长奠基，为小学生成长为社会有用之人奠基。因此，小学教师要增强教书育人的责任感和使命感，坚持社会主义核心价值观。

师德是作为教师的第一要素。小学教师的教育对象是身心发展迅速、可塑性大、理性认识萌芽并快速发展、相对依赖成人的儿童，小学教育阶段是儿童进入超越家庭范围的社会化起始阶段，这些特点决定了他们既需要成人的精心呵护与帮助，又是接受教育的黄金时期。因此，小学教师特别要注意师德修养，重视榜样作用，遵守《中小学教师职业道德规范》中的要求，即"爱国守法、爱岗敬业、关爱学生、教书育人、为人师表、终身学习"。师德大到遵纪守法、献身教育事业，具体到个人修养、言谈举止。

特别是在对待小学生的态度方面，小学教师要遵循"教师爱是小学教师的灵魂"这一理念。如《专业标准》明确要求小学教师"平等对待每一个小学生""不讽刺、挖苦、歧视小学生""尊重个体差异，主动了解和满足有益于小学生身心发展的不同需求"等，小学教师的一言一行往往会被学生记住一辈子，影响一生。因此，小学教育是需要高度责任感和奉献精神的事业，小学教师要具有良好的职业道德，要富有爱心、耐心和细心，"学为人师，行为世范"，给予儿童精心的教育培养，保证儿童快乐、健康地成长。

（二）学生为本

以"学生为本"是"以人为本"的理念在学校教育中的具体体现，也是教育的价值追求所在。小学儿童是主动发展的、享有基本权益的个体，小学儿童具有发展性、主动性、不稳定性、可塑性等特点，他们好奇好问、天真活泼、规则意识强，在教育教学过程中处于主体和中心的位置。小学教育的目标是通过学校学习生活促进学生身心全面和谐地发展。

"学生为本"强调小学教师要尊重儿童的主体地位和平等权益，尊重和遵循小学儿童的年龄特点和身心发展规律，对小学儿童的身心健康和教育工作全面负责；坚持学生主体的教育理念，引发学生积极、主动地参与学习；尊重、关注和热爱学生，保护学生的安全；将促进小学生快乐学习、健康成长作为教育教学的最终目标。

小学教师要重视小学生的基本特点，把握小学教育的特性，从关心、爱护小学生做起，认识到小学教育的一切工作都要以小学生的健康成长作为根本，这是做好小学教师工作的重要前提。教师的职责是育人，而无论何种教育影响，归根结底只有通过儿童自身的选择与建构，才有可能真正形成儿童发展的现实。如果教师不研究儿童，不了解儿童如何建构知识、产生观念，也就不能施加适切的教育影响，不可能实现真正有效的教育。

因此，《专业标准》要求小学教师首先要做到关爱小学生的身心健康、生命安全，在这个基础之上，还要"尊重小学生""相信小学生""为小学生创建快乐成长的条件"，以促进小学生健康成长。这是小学教师对待小学生的最基本的态度和行为，它直接反映出小学教师的职业道德和专业素养。这也是《规划纲要》中提出重视生命教育的体现与落实。"关爱小学生"是"为小学生创建快乐成长的条件"的重要前提，而"为小学生创建快乐成长的条件"是"关爱""尊重"小学生的具体体现。这几个要求既互为一体，又承前启后、相互作用。

总之，"以学生为本"强调了学生的主体地位，要求教师尊重学生，关爱学生，充分发挥学生的主动性，为学生提供适合的教育，促进每个学生主动、生动活泼地发展。

（三）能力为重

能力为重，实质是强调小学教师把学科知识、教育理论与教育实践相结合，不断研究，改善教育教学工作，不断提升专业能力。教师的专业能力是教师教育理念、专业知识的载体，它直接关系到教育教学质量和效果，直接影响到学生的学习能力、实践能力和创新能力的形成与发展。

小学教育教学工作是实践性很强的专业工作，小学教师所面对的是生动活泼、日益成长的小学生，他的能力首先体现在认识学生、了解学生，把握学生的特点和需求方面，同时还体现在教育教学的方法等实践环节上。小学各学科教学和各种教育活动都需要科学设计与合理组织。在不同的情境和条件下的学校教育教学活动中，小学儿童都会有不同的需求和行为表现，小学教师必须具备较强的专业能力，才能提供具有发展适宜性的教育策略，灵活运用有效的教育方法。小学教师要主动把理论学习与教育实践相结合，不断通过实践—反思—再实践—再反思，提升专业能力，增长教育智慧。

（四）终身学习

终身学习是当代社会的重要特征。教师要主动适应经济社会和教育发展的要求，在形成全民学习，构建学习型社会的过程中，应该起到引领的作用。面对科学文化知识的不断发展和儿童世界的不断变化，小学教师更应该把终身学习放在重要位置，不断优化知识结构，不断提高文化修养，做终身学习的典范。

教师的专业发展是一个不断完善的过程，需要终身进行专业学习。教师不仅要"育人"，还要"育己"。只有当教师不断完善自己时，才能更好地促进学生不断完善。教育改革和社会的发展已经使得教师的发展不再是一次性完成的，而是延伸、覆盖教师职业生涯和实践的全过程。教师应当成为一个学习者，应当是一个具有专业反思能力的终身学习者。

教师的终身学习主要体现为主动发展的意识和不断反思，制定发展规划的能力。小学教师既是小学教育工作者，又是与小学儿童、与教育改革以及社会共同成长的学习者。小学教师要了解社会的变革和教育改革与发展，了解不同年代儿童的变化，同时还要把握国内外教育发展的动向，跟上教育理论和知识学习的发展步伐，不断充实和完善自己，使学习成为自身生活中的一种习惯。不断追求新知和吸纳新的研究成果，不断提高师德修养和提升教育智慧。当我们强调学生必须养成终身学习的意愿和能力时，教师同样应在其专业生涯中体现这种精神。

拓展阅读：学会理解、尊重学生

理解学生的不同需求、尊重学生的不同文化背景、以学生为中心、创造多元的学习机会、为学生的成长与发展提供支持与服务，成为各国和地区教师专业标准中的重要内容。

英国教师专业标准在"学生的多样性"领域中指出：（1）了解儿童和青少年是如何发展的，懂得学习者的健康成长与进步是受个体发育情况、社会、宗教、伦理、文化、语言等一系列因素影响的；（2）懂得如何为学生提供有效的帮助，其中包括那些母语不是英语的学生以及那些残疾学生和有特殊需求的学生；（3）懂得如何充分考虑到学生的多样性，如何在教学中促进平等与包容性。在"专业品质"范畴的"与儿童和青少年的关系"这一领域又指出：对全体学生都具有很高的期望值；全力帮助学生开发其全部的学习潜力；与学生建立平等、互敬、互信、互相支持的建设性关系。这些都旨在强调教师应当理解并尊重学生的多样性，为每一位学生的成长与发展创造条件。

我国香港《教师专业能力理念架构》中专门有"学生发展"这一范畴，由

"学生在校的不同需要""与学生建立互信关系""学生关顾""学生多元的学习经历"四个领域组成。各个领域的具体内容都指向理解学生、尊重学生，为学生的全人发展提供服务。

〔资料来源〕教育部教师工作司组编：《〈教师教育课程标准（试行）〉解读》，北京师范大学出版社 2013 年版，第 15—16 页。

三、小学教师专业标准的基本框架

《专业标准》的架构由前言、基本理念、基本内容、实施建议四部分组成，其中，基本内容由三级指标体系构成。第一级指标体系划分为三个维度，即专业理念与师德、专业知识和专业能力；第二级指标体系为领域，分别规定了每个维度的领域，共有 13 个；第三级指标体系为基本要求，分别规定了每个领域的若干项具体要求，共有 60 项。

（一）"专业理念与师德"的领域与基本要求

《专业标准》从职业理解与认识、对小学生的态度与行为、教育教学的态度与行为、个人修养与行为四个领域对小学教师的专业理念与师德提出了 19 项基本要求。

职业理解与认识领域是从小学教育事业、小学教师专业、小学教师的职业修养三方面提出的基本要求，重点强调教师职业的专业性和独特性，教师要注重自身的专业发展。

对小学生的态度与行为领域，突出了小学生的生命教育，明确要求教师要"将保护小学生的生命安全放在首位""尊重小学生的人格""信任小学生，尊重个体差异""积极创造条件，让小学生拥有快乐的学校生活"。

教育教学的态度与行为领域，将"育人为本、德育为先"的理念作为首要要求，同时强调了要尊重规律，为小学生提供适合的教育，注重引导小学生体验学习、学会学习、养成好习惯等。

个人修养与行为领域，提出了指向教师个人修养和行为方面的诸多要求，更多指向的是作为教师个体之人的心性、品质、行为等。

（二）"专业知识"的领域与基本要求

《专业标准》从小学生发展知识、学科知识、教育教学知识、通识性知识等四个领域对小学教师的专业知识提出了 17 项基本要求。其中，小学生发展知识领域，共有 6 项基本要求，在四个领域中所占比重最大，主要围绕保护和促进小学生生存与健康发展之目的，要求教师了解小学生身心发展规律的知识，有关政策、法律法规的知识，以及对小学生进行教育的知识。有关学科知识领域，突出强调小学教育教学的综合性，要求小学教师了解多学科的知识，掌握所教学科的知识体系、基本思想与方法，以及所教学科与社会实践的联系，与其他学科的联系。在教育教学知识领域，从小学教育教学理论、小学生养成规律、小学生认知规律、课程标准与教学知识四方面提出了基本要求，突显了小学教育的特殊性。在通识性知识领域，要求小学教师具有相应的自然科学与人文科学知识、艺术欣赏与表现知识、信息技术知识，了解我国教育的基本情况。

（三）"专业能力"的领域与基本要求

《专业标准》从教育与教学的设计、组织和实施、激励与评价、沟通与合作、反思与发展五个领域对小学教师的专业能力提出了 24 项基本要求。

在教育教学的设计领域，从小学生的个体与集体两方面，要求小学教师具有制订教学计划、利用教学资源、编写教案、设计班队活动的能力。

在组织与实施领域，对小学教师的教育教学能力要求最多，共有 9 项。涉及建立良好关系、创设适宜情境、应对突发事件、运用教育技术的能力，调动小学生积极性、发挥小学生主体性、鉴别小学生品行的能力，还有多种表达与书写能力等。

在激励与评价领域，强调小学教师要有综合性、过程性、多元性、正向性的评价能力，要有不断改进教育教学工作的能力。

在沟通与合作领域，提出了小学教师要有与小学生、同事、家长与社区四方面的沟通与合作能力。其中，与小学生的沟通，特别强调要有"使用符合小学生特点的语言""善于倾听"的能力。

在反思与发展领域，提出了小学教师要具有针对教育教学工作的分析、反思、探索、研究的能力，具有改进教育教学工作、提高自身专业素质的能力。

拓展阅读：
专业知识、专业技能、专业品质

各种教师专业标准都紧扣教师的工作实际和具体需要展开的工作的各个方面来进行描述，在标准的范畴划分方面有不同之处，但基本上可以归纳为专业知识（应知）、专业技能/实践（会做）和专业品质（愿持）三大部分。

专业知识（应知），即教师应知自己所授学科的基本概念、原则以及学科结构；应知本学科和其他学科的相互联系，知道如何有效地教授学科内容；能清楚地知道学生是如何学习的，知道怎样促进学生的学习；能了解学生的不同社会、文化背景，并且知道自己该如何影响学生的学习等。

专业技能（会做），即教师必须具备的教学技能和教学策略；能制订合理的教学计划、有效地实施教学，并对学生的学习进行有效的评价；擅长于组织管理学生行为和营造良好的学习环境等。

专业品质（愿持），即教师需具有高尚的专业道德情操，能够尊重学生并重视学生的多样性；能与家长、同事和社区密切联系、共同努力、积极有效地合作；能够理解自身工作的复杂性和情境性；致力于自身的专业发展，能够合理地分析、评价并且提高自身的专业实践。

〔资料来源〕周文叶、崔允漷：《何为教师之专业：教师专业标准比较的视角》，载《全球教育展望》2012年第4期。

【思考题】

1. 研制和开发小学教师专业标准有何现实意义？
2. 请查阅文献，深入思考我国小学教师专业标准制定的法律依据。
3. 谈谈你对小学教师专业标准中"学生为本"这一理念的理解。

【文献链接】

1. 钟启泉：《教师专业化：理念、制度、课题》，载《教育研究》2001年第12期。

2. 李斌辉：《中小学教师PCK发展策略》，载《教育发展研究》2011年第6期。

3. 教育部教师工作司组编：《〈教师教育课程标准（试行）〉解读》，北京师范大学出版社2013年版。

4. 周文叶、崔允漷：《何为教师之专业：教师专业标准比较的视角》，载《全球教育展望》2012年第4期。

5. 联合国教科文组织总部中文科译：《学习——内在的财富》，教育科学出版社1998年版。

6. 教育部教师工作司组编：《〈小学教师专业标准（试行）〉解读》，北京师范大学出版社2013年版。

7. 顾明远：《教师的职业特点与教师专业化》，载《教师教育研究》2004年第6期。

8. 郭宝仙：《新西兰教师资格与专业标准及其启示》，载《外国教育研究》2008年第9期。

9. 汪凌：《法国中小学教师专业能力标准》，载《全球教育展望》2006年第2期。

第六章

做积极健康的小学教师

> 教育是一片云推动另一片云，一棵树摇动另一棵树，一个灵魂召唤另一个灵魂。
>
> ——雅斯贝尔斯

【内容概要】

小学教师的心理健康状况直接影响小学儿童心理能否健康发展，积极健康的教师是小学儿童心理成长的示范者，而且心理成长也是教师追求自身专业发展的内在要求。小学教师心理健康现状令人担忧，究其原因，外在因素主要包括社会发展和教育变革、教师职业、学校管理三个方面，内在因素主要包括教师自身的生活事件、教师个人特质等。

积极心理学研究取向下的教师心理健康促进模式，强调要关心教师的优秀品质和美好心灵，关注其积极的认知加工、情绪体验和社会行为，培养积极健康的人。小学教师从业者要追求做一个积极、乐观的"阳光教师"，做一个不断超越自我、善于自我管理的教师，做一个有"人缘儿"、有良好社会支持系统的教师。

【关键词】

心理健康　积极心理学

心理健康是指个体能够意识到自己的能力，应对正常的生活压力，有效开展工作，并为社会做出贡献的幸福状态。心理健康是小学教师的基本素质之一。随着基础教育课程改革的深入，教师的心理健康问题受到了更多的关注。

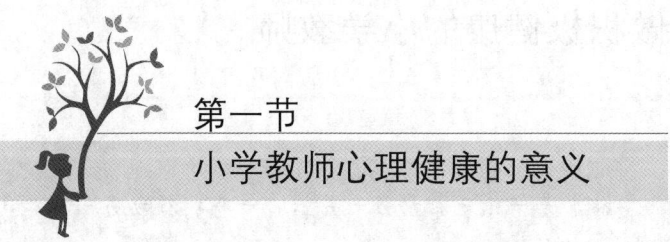

第一节　小学教师心理健康的意义

案例　一封特殊的回信

学生回信中写道："四月的一天，在上数学课的时候，老师让我们做题。我因为视力不好，看不清黑板上的那些题，再加上老师只给10分钟的时间，所以我只写了两道题。老师批评了我，说我'在同学面前指手画脚'……当时，我真的感到很委屈，我真的不明白老师为什么要这样说我。而且，老师的话真的很伤我的心，即使我做错了多大的事，老师也不能用这种语言来说一个学生，况且她还让我到教室后面站着去，那更伤害了我。"

我反复想着这件事，感觉自己近来的表现很差，不能再胜任我身上的一切职务。而且，我现在的心情还会影响工作，所以我决定辞职……

〔资料来源〕唐亮著：《在班级文化建设中成长》，方志出版社2005年版，第149页。

一、教师的心理健康状况直接影响小学生心理的健康发展

一位心理学研究者（迟毓凯教授）曾说，对教师而言，因为其职业的特点，其快乐和幸福有着一些特别的意义。他的幸福和快乐，也影响着更多的人，从这个角度而

言，教师的幸福和快乐，不仅是为他自己而追求，也应该为更多的孩子而追求。从上面的案例可以看到，教师可以决定孩子在一天中的快乐或不快乐，这一天过得有意义或没有意义。教师以接纳的、了解的、亲切的、协助的态度对待学生，可以使学生喜欢学校、喜欢老师，进而喜欢学习，愿意接受学校良好的教育。看上去这是很简单的一件事，只需要教师的一个眼神、一个动作、一句话，但实际上这是一件非常难的事，它需要教师有健康的心理。

众所周知，教师的职责是教书育人，育人的内容又包括了育德、育心。毋庸讳言，小学教师的心理健康状况，会直接影响学生的行为，影响学生的身心成长。在小学生的生活中，教师与学生接触的时间甚至比家长还多，其言谈举止和心境、情绪是构成整个教育环境的重要组成部分。如果教师的心理不健康，必然会影响教育环境，影响学生心理的健康成长。

心理健康的教师能够很好地设计促使学生健康发展的积极心理环境，一方面，他可以依据学生所遇到的矛盾和冲突创设情境，指导学生解决冲突；另一方面，教师也可以通过改善自我——影响学生心理发展的重要的教育资源——而对学生施加积极的影响。这两方面都可以营造出有利于学生心理健康成长的心理环境。

教师的心理健康状况会影响教师与学生的日常交往。心理健康的教师往往能够尊重、理解学生，平等地对待学生，建立民主、平等的师生关系和开放、宽松的学习气氛。因此，心理健康的教师能促进学生生理、心理和行为全面、协调地健康发展，能在宽松的气氛中使学生快乐地学习、生活。而心理不健康的教师，往往不能正确理解学生的心理、行为，往往会采取不合常理的态度、方法来对待问题，会使师生矛盾更加尖锐，使学生心理更难保持平衡。这样，愈加影响到师生关系，甚至导致学生的心理失调。有些教师在长期的工作中总结出的经验是"千万不对学生笑"，否则学生会"蹬着鼻子上脸"，他们对待学生冷漠无情，或无意识地随意惩罚学生。还有些教师，当他一出现，学生连大气也不敢出。久而久之，学生就会出现焦虑、恐惧、逃学、出走等心理问题。从上述案例中，我们可以清晰地感受到，教师对学生行为的不当处理给学生心理带来的消极影响。

教师作为学校心理健康教育的主要实施者，其自身心理健康水平在学生心理健康教育中也起着关键作用。完全可以这样说，心理不健康的教师对学生身心造成的危害，某种意义上远远超过其教学能力低下对学生学业所产生的影响。心理不健康的教师只会源源不断地"制造出"心理不健全的学生，教师心理健康是培养儿童心理健康的必要前提。

也正因为如此，2009 年 8 月，教育部印发《中小学班主任工作规定》，其中第七条规定：选聘班主任应当在教师任职条件的基础上，将"作风正派，心理健康，为人师表"作为突出考查的条件之一。2012 年 2 月，教育部颁布《小学教师专业标准（试行）》。《专业标准》指出，小学教师应具有"乐观向上、热情开朗、有亲和力"的积极品质，要"善于调控自己的情绪"。2012 年 12 月，教育部在修订的《中小学心理健康教育指导纲要》中明确提出"要重视教师的心理健康教育工作。各级教育行政部门和学校要关心教师的工作、学习和生活，从实际出发，采取切实可行的措施，减轻教师的精神紧张和心理压力。要把教师心理健康教育作为教师教育和教师专业发展的重要方面，为教师学习心理健康教育知识提供必要的条件，使他们学会心理调适，增强应对能力，有效地提高其心理健康水平和开展心理健康教育的能力"。

二、心理健康的教师是儿童心理成长的示范者

榜样的力量是无穷的。学生除了要获取知识，更重要的还要学习做人，而这需要通过大量模仿学习获得。由于小学生在平日的学习中与教师的接触最直接、最频繁，再加上小学生本身心理发展尚不成熟，他们具有模仿性强、好奇、可塑性大的心理特点，最易受到成年人心理的影响。因而教师的言谈举止自然地成为小学生学习的榜样。心理健康的教师其良好的个性品质、积极乐观的情绪特点都会成为样板，潜移默化地影响着儿童。而心理失调的教师，其不良的言行也会成为一些儿童学习的榜样，使孩子形成一些不良的个性特征。

日常生活中，我们常听到有些学生用"发神经""抽风"来描述一些教师的言行。这些教师的非常态的心理及行为表现使得学生已对其失去了信任。我们很难想象学生会接受一个在其心目中是"有病"的人的教育，其教育效果必然大打折扣。由此可见，小学教师的心理健康可为学生提供良好的成长环境与

氛围，为学生提供观察模仿的良好榜样。只有教师自身心理健康，才能教育培养出身心健全的学生。

三、心理成长是教师追求自身专业发展的内在要求

新学期开始，上海一所知名小学的一年级班主任陈琳便不禁焦虑起来。她说："暑假里歇了两个月，出去旅游心情好了很多，可是新学期一开始，我又天天失眠了。"在她的班级新生QQ群中，从早到晚，都有家长在不断刷屏。陈琳说："有的问我今天宝宝有没有尿裤子了，有的问我今天娃吃得好不好，还有的问我应该去买点什么教辅书，一天总有数百条消息，有时候半夜还会发过来，我看都来不及，别提一一答复了。"

陈琳说，她负责两个班的语文教学，每天从早上 7 点进校到下午 5 点离校，精神一直高度紧张，生怕当中出差错。"除了上课之外，我回家还要备课、批作业，还要不时回复家长的电话、短信、QQ 信息，每天至少要到 11 点才能上床睡觉，有时觉得自己真的要爆发了。我的孩子刚刚上幼儿园，每天我都没法准时去接她，感觉非常愧对孩子。"

〔资料来源〕http：//edu.qq.com/a/20140911/019536.htm，2014 年 9 月 11 日。

在教师的专业素质中，教师的心理素质占有重要位置。一个理想、合格的教师，除具备良好的思想道德素质、业务素质、身体素质以外，还必须具有诸如热爱、合作、活泼、愉快、乐观、幽默等积极、健康的心理品质。只有心理健康的教师，才能以正确的态度对待工作、生活中的各种问题，并运用自己的智慧及时、有效地解决问题；只有心理健康的教师，才能胜任学校的教育教学工作，才能在工作中不断积累经验，进行自我反思，从而提升自己的专业水平。案例中的女教师在工作面前出现了心理焦虑的问题，如果不及时地进行疏导、调节，很可能发展为严重的心理疾病，这时她只能放下工作，离开自己的岗位。想一想，一个无法正常工作的人还谈什么专业发展？

近年来，教师的心理健康问题越来越引起社会各界的关注。随着人们对教育越来越多的关注与期待，教师承受的压力也越来越大。特别是新课程的全面

推进，使得小学教师自身的教育理念、专业知识与技能都受到了前所未有的挑战。再加上教师角色本身所固有的"责任感"与"自律"等特点使教师身心承受着极大的压力。如果不注意疏导、调整，必将阻碍教师素质的提高和自身的发展。

拓展阅读：

一个令人惶恐的结论

美国著名教育心理学家吉诺特（Ginott，H. G.）说：在经历了若干年的教师工作之后，我得到了一个令人惶恐的结论，教学的成功失败，我是决定性的因素。我个人采用的方法和每天的情绪是造成学习气氛和情境的主因。身为教师，我具有极大的力量，能够让孩子们活得愉快或悲惨。我可以是制造痛苦的工具，也可以是启发灵感的媒介；我能让人丢脸，也能让人开心；能伤人，也能救人。无论在什么情况下，一场危机之恶化或解除，儿童之是否受到感化，全部决定于我。

〔资料来源〕[美] 海姆·G. 吉诺特著，冯杨、周呈奇译：《老师怎样和学生说话》，海南出版社2005年版，"前言"第1页。

第二节
小学教师心理健康现状及成因分析

 消极情绪回避制度

沈阳市皇姑区岐山三小校长赵美君介绍，不久前学校在800余名学生中进行"你最喜欢什么样的老师"的问卷调查，相当一部分学生给出的答案是"态度和蔼、不发脾气的老师"。但事实上，随着新课改对教师要求的提高、教师

工作时间长及待遇较低等原因，教师很容易出现心情烦躁、情绪低落等问题，并对孩子产生不良影响。为此，该校领导研究出台了"情绪假"制度，规定教师在心情不好时可提前请假。学校的四位主要领导也每人分担了几门学科的备课任务，在教师请假时，由相应的领导为其代课。目前，已有一位教师请了假，并获批准。

〔资料来源〕徐元锋：《沈阳市皇姑区岐山三小实施教师消极情绪回避制度——给老师放个"情绪假"》，载 2006 年 5 月 11 日《人民日报》。

一、教师心理健康及其标准

（一）心理健康的含义

健康，是一个随着时代的推移，在社会和文化的影响下不断演变的概念。1947 年，世界卫生组织（WHO）曾对健康作过如下定义："健康是一种身体上、心理上和社会适应的健全状态，而不只是没有疾病或者虚弱现象"。此定义改变了以往"健康"仅指无生理异常，没有疾病的观念，明确了心理和社会适应方面在健康中的重要地位。从此，完整的健康包含生理、心理和社会适应三层内涵逐渐成为现代健康观念发展的基点。这个简单却内涵深刻的定义被视为最经典的现代健康观念，被各个领域广泛接受。

心理健康是完整的健康概念的重要组成部分，是指个体能够意识到自己的能力、应对正常的生活压力、有效开展工作，并为社会做出贡献的幸福状态。可见，心理健康反映个体的内心世界与客观环境的平衡关系，是个体能够实现自我心理调节并能适应社会、服务社会的积极发展的心理状态。与此相适应，教师心理健康是从事教师这一特定职业的群体，认同并热爱自己的职业角色，能够实现自我心理调节并能适应教学环境、服务教育事业的积极发展的心理状态。它表现为：教师乐于接受自己的职业，与学校领导、同事、家长和学生等建立良好的人际关系，积极、乐观地开展教学工作，妥善应对职业压力等。

（二）国内关于教师心理健康标准问题的主要观点

教师心理健康标准可从以下几方面来考虑：（1）从统计学角度出发，利用统计学的方法找出正常行为的数值分布,判断个体是否处于总体的平均状态,据此确定个体是否健康;(2)从个人的社会适应性进行判断,如是否具有良好的社会适应能力、完善的人格等;(3)以个人的社会行为来判断,如能否正常地与人交往,保持和谐的人际关系;(4)从医学角度进行判断,把没有心理疾病症状者看作是心理健康的人,而明显偏离一般社会规范的人被认为是心理不健康的人。

在综合考虑上述方面前提下,一些研究者就教师心理健康标准提出了自己的看法。虽然具体要素各有不同,但各观点均认同教师作为一个特殊的群体,其心理健康指标既符合一般人的心理健康要求,又有其独特的一面。下面列举部分教育及心理学研究者从不同角度、不同层面提出的教师心理健康的标准。

1. 吴思孝提出的教师心理健康的标准[①]
(1) 热爱教育事业,胜任教学工作;
(2) 积极乐观的人生态度;
(3) 健全的人格,良好的个性特点;
(4) 较强的适应能力和活动能力;
(5) 和谐的人际关系。

2. 俞国良等提出的教师心理健康的标准[②]
(1) 对教师角色认同,勤于教育工作,热爱教育工作;
(2) 有良好和谐的人际关系;
(3) 能正确地了解自我、体验自我和控制自我(具有较高的教学效能感);
(4) 具有教育的独创性;
(5) 在教育活动和日常生活中均能重视感受情绪并恰如其分地控制情绪。

[①] 转引自王加绵:《辽宁省中小学教师心理健康状况的检测报告》,载《辽宁教育》2000年第9期。

[②] 俞国良、曾盼盼:《论教师心理健康及其促进》,载《北京师范大学学报(人文社会科学版)》2001年第1期。

3. 唐绍文提出的教师心理健康的标准①

(1) 健康的人格；

(2) 良好的师德；

(3) 稳定的情绪情感；

(4) 自我意识良好；

(5) 坚强的意志品质；

(6) 正确的人生观、价值观。

二、小学教师心理健康的常见问题

（一）教师心理健康问题亟待关注

"这学期，我不知怎么了，干事没头绪，遇事急躁，没有教好学生，心里很难受，感觉自己是在误学生，想起这些不如死了算了，因为我始终记得一句话，'误人子弟，杀人父兄'……"这是2001年7月陕西一位年仅25岁的女教师因患严重心理障碍疾病，撇下还不到1岁的儿子服毒自杀前留下的遗书。无独有偶，江苏盐城市区一名30多岁的男教师因解答不出学生的提问，也竟然自杀身亡。据其家人事后介绍，这名教师近几天一直休息不好，头昏脑涨，心情很不好。

而来自《中国教育报》2002年6月18日头版文章《教师的心理问题到底有多严重？》的一组资料更是令人触目惊心：北京市一项调查表明，近60%的教师在工作中烦恼多于欢乐，29%的教师在工作中经常有苦恼；15%的教师经常生气和发火，77.98%的教师有时生气发火，只有6.86%的教师从不生气发火。不少教师的内心存在着巨大的压力，烦躁和焦虑的心境伴随着工作、学习和生活。

杭州市教科所去年上半年对市区30所学校的近2 000名教师进行的心理

---

① 转引自贾林祥、宋广文：《中小学教师心理健康的调查研究》，载《上海教育研究》1999年第6期。

健康状况调查表明，有13%的教师存在心理问题，76%的教师感到职业压力很大。其中男教师的压力大于女教师，毕业班的教师和班主任压力大于非毕业班和非班主任教师。

广州市天河区在最近举行的一次心理保健讲座上，用心理健康测试量表（SCL-90）对在场教师进行测试，结果显示，31.51%的教师有轻度心理障碍，12.37%的教师有中度心理障碍，21%的教师已构成心理疾病，69%的教师感到压力大，嫉妒情绪、焦虑情绪的出现也比较高。调查发现，教师的心理问题症状主要表现为抑郁、精神不振、焦虑、过分担心、有说不出原因的不安感、无法入睡等。

上海市有关小学教师心理健康调查的结果也显示，上海教师心理问题检出率高达48%，其中12%有明显心理症状，2%比较严重。

〔资料来源〕王云娟：《教师心理问题到底有多严重》，载2002年6月18日《中国教育报》。

其实，上述数据所显示的教师心理健康问题并不是一个新话题。西方学者威蒂（Witty）早在20世纪50年代就指出：教师行业同其他行业一样，容易患心理疾病。据美国一项调查，在一般人口中有情绪问题的人约占1/4，而在教师中却占1/3，即每3位教师中就有1位是情绪不稳定的。而在情绪不稳定的教师所执教的班级中，人格失常的学生人数就较多。[①]

我国学术界从20世纪90年代初开始关注教师的心理健康问题，短短十几年间，研究文献成倍增长。杭州、上海、广州等地使用"SCL-90精神症状自评量表"的研究结果均表明中小学教师是心理问题的高发人群。

（二）教师心理问题的表现与类型

李老师已打定主意停薪留职一阵子。他最近工作不带劲，备课、上课都是有气无力的，总感觉有一种被掏空般的疲惫，无法像以前那样以饱满的热情向学生付出关心和爱了。每天早晨起床的时候，他一想到有一整天的工作要做，

---

① 转引自王文、徐学俊主编：《教师心理调适与训练》，武汉出版社1999年版。

就感觉好像一晚上没睡似的疲乏，不只是身累，心也累。他力图改善目前的工作困境，却始终未能如愿，只好选择暂时出走……

张老师从事教师工作 15 年了，最近几个月来不知道是为什么，本来最爱和学生们待在一起的她，总是有意无意地避免与学生们近距离接触，学生们凑在一起说话，她听见就心情烦躁，总想躲得远远的。在办公室里，原本爱说爱笑的她也不愿主动和同事聊天了，每天就只是坐在自己的办公桌前，希望谁都不要来打扰自己……

小杨老师在师范院校学习的时候，对能够走上三尺讲台，成为一名辛勤的园丁充满了憧憬和期待，希望可以通过自己的努力将每一个孩子培养成才。可是毕业一年多后她却发现，教师这一职业并非如她想象中那么美好。日复一日的重复工作令她失去了最初的新鲜感，她觉得无力改变每一个学生的命运，她开始怀疑自己的能力，怀疑职业本身的意义，逐渐感到厌倦……

〔资料来源〕许燕、王芳：《警惕教师心理枯竭》，载 2004 年 7 月 5 日《中国教育报》。

1. 教师心理问题的表现

综合相关研究文献，有研究者认为教师常见心理问题主要体现在以下四个方面。①

（1）怨职情绪

主要表现为教师职业认同感差，对教学工作缺乏热情。角色认同指教师自身对教师职业本身的心理认可程度，包括对教师职业的社会地位、未来职业展望、工作负荷、工作环境、工作收入、评估体系、工作成就感的认同程度。有怨职情绪的教师把从事教学工作视为无奈的选择。工作过程中，常表现为怨学生条件差、班级人数多、工作待遇低、压力大等，对教学不能全力投入，常责怪上级无能，总感到人际关系紧张等。

（2）职业倦怠

职业倦怠是一种与职业有关的综合症状，它源于个体对付出和回报之间的

---

① 孟四清、刘金明：《中小学教师心理健康问题的表现、成因及对策研究》，载《天津教育》2005 年第 1 期。

显著不平衡的知觉，这种知觉受个体、组织和社会因素的影响。① 简单地说，职业倦怠就是个体无法应付外界超出个人能力和资源的过度要求时产生的一种身心耗竭状况。就教师而言，职业倦怠具体表现为：情绪衰竭如疲劳、烦躁、易怒、过敏、紧张；人格解体如对学生和教学工作态度消极、冷淡和缺乏感情反应；个人成就感降低，难以从工作中体验到积极情绪。

例如，本节开篇那几位教师的表现就是有职业倦怠感教师的典型缩影。对学生失去耐心、热情，对教学工作缺乏进取心和责任感，对与本职工作相关的建议问题漠不关心，个人成就感、自我效能感降低，开始失去自信和控制感。

（3）身心不适症状

教师心理健康还会直接导致其身心出现一些身体上的不适症状，常见的有胃病、神经性头疼、神经衰弱、失眠、食欲不振、腰部酸痛等。

（4）人际交往障碍

良好的人际关系是心理健康的重要指标，它是保证教师顺利工作和生活的重要条件。教师心理不健康不仅表现为身心症状，还会将自己内心的压抑、焦虑等消极的主观体验投射到其活动的群体里，从而导致人际关系的紧张。

教师的人际交往障碍首先表现为自我封闭。教师职业的劳动特点决定了教师平时交往的对象和范围比较固定，主要是在学校和师生交往，交际网络狭小，从而容易体会到无能或部分无能，遇到无法处理的压力时所获得的情感支持相对较少，容易产生交往退缩、避免与他人接触、对正常社会交往缺乏热情等现象。

其次，教师的人际交往障碍表现为嫉妒情绪突出。这主要是由于同事之间，特别是"平行班"教师之间竞争过于激烈造成的。

再次，由于受到沉重的心理压力和失调的情绪的影响，使得教师在与人交往时容易发生认知偏差，导致对他人的意图和动机做出消极的判断和消极的行为反应。例如，在与他人交往时，不能耐心听取他人的劝告或建议，沉溺于倾诉自己的不满，拒绝换个角度看问题；或表现出攻击性行为，冲学生、家人等

---

① 周雪梅、俞国良：《教师心理健康问题：类型、成因和对策》，载《教育科学研究》2003年第3期。

发脾气,出口伤人等。

教师人际交往障碍也表现在与学生和家长的交往过程中,有的教师习惯于高高在上,养成了指导与命令的单向沟通模式,听不到学生和家长的真实想法,自然也达不到沟通的目的,使教育效果大打折扣。

2. 教师心理问题的类型

青岛市一名优秀小学教师,在近37年的教学生涯中,一贯兢兢业业,对学生呵护有加,颇得学生和家长的爱戴。然而,有一天却因一名学生上课时过于调皮而勃然大怒,不能克制自己,对学生连拉带拽,最后竟抓住学生的头在墙上蹭。①

关于教师心理健康问题的主要表现,有研究者从心理问题的典型特征角度,将之概括为焦虑型、抑郁型、狂躁型、思维偏差型和机械型五种。②

(1) 焦虑型

主要表现是对教学中的问题及其他相关问题过于焦虑、恐惧,从而引起工作的紧张和疲劳,以至于经常出现头痛、头晕、惊慌的毛病和强迫性行为倾向,而去医院检查,往往又发现不了什么问题。

(2) 抑郁型

表现为由于工作负担过重及在工作中的挫折而深感自卑,总认为自己无能,处处不及人家,工作因此缺乏热情,主动性不够。这种人生活得很痛苦。与同期毕业进机关的同学相比,觉得社会地位、经济实力相差甚远,就是同没有考上大学、在商海中发迹的"大款们"相比,也觉得"寒酸"。

(3) 狂躁型

由于受到一些不愉快事情的刺激,做事比较神经质,有时近乎歇斯底里,冲动性强,甚至在冲动时经常做一些出格的事情,如体罚学生,从而将小事闹大,不可收场。不少教师经常情绪不稳定,当学生出现调皮、捣乱或过失行为时,常难以控制自身情绪而出现意想不到的、令自己深深懊悔的行为。上面案

---

① 王云娟:《教师心理问题到底有多严重》,载 2002 年 6 月 18 日《中国教育报》。
② 李广水:《谁来扶正失衡的天平——教师心理健康问题形成的原因和对策》,载《湖南教育》2004 年第 3 期。

例中的教师其行为反应就是狂躁型的表现。

（4）思维偏差型

这种教师深感人际关系的微妙和社会阴暗面的丑恶，往往产生孤芳自赏和怀才不遇感，其行为往往比较孤僻，很少和同事交往，对学生也很冷淡，给人的感觉是十分冷漠，思考问题也比较偏执。如果人际关系长期恶化，其心情必然沉重，不仅影响工作，而且有碍心理健康，产生身心失控的现象，导致人格异常。

（5）机械型

由于"应试教育"的存在，年年机械地重复同样繁重的脑力劳动，失去了对工作的热情和活力，变得相当机械，生活也就没有了本应具有的色彩。现在教师普遍感到工作劳累，来自生活、工作的压力巨大。早在1996年，许金更、许瑛国对北京市15所554名小学教师的问卷调查结果发现，有58.46%的教师在工作中烦恼多于欢乐；28.57%的教师在工作中经常有苦恼；33.64%的教师在校内很少同别人交往；40.15%的教师很少同校外人交往。调查对象中有55.98%的教师经常患病或有慢性病。造成教师身体欠佳的原因有工作负担重、工作时间长、有病得不到及时治疗和生活单调等。[1]

三、影响小学教师心理健康的因素

影响教师心理健康问题的因素很多，具体到每个教师的具体因素更是千差万别。霍姆斯（Holmes）和拉希（Rahe）对心理健康的影响因素进行了定量研究，他们引入了一个新概念，即把生活变化中对人的精神产生影响的事件称为压力源[2]。对于教师而言，心理压力的来源是多方面的，既有与社会大众相同的压力源，也有因教师职业的独特性而产生的特殊的压力源，概括地讲，大致可以从社会和教育发展、教师职业、学校管理、教师个人因素四个方面进行

---

[1]《教师心理健康状况及其表现》，http://www.pep.com.cn/200406/ca443135.htm，2007年1月10日。

[2] Holmes, T. H. & Rahe, R. H., The Social Readjustment Rating Scale, *Psychosomatic Medicine*, 1967.

分析。而按照这四个因素影响教师心理健康的作用机制，可以分为外在因素和内在因素。其中外在因素主要包括社会发展和教育变革、教师职业、学校管理三个方面，内在因素即教师个人因素，主要指教师自身的生活事件、教师个人特质等。

（一）社会发展和教育变革带来的巨大压力

有关压力与其后果的研究表明，一个人长期处于高度压力状态，会降低工作效率，影响认知。同时，由于自主神经系统长期处于高度紧张状态，会阻碍免疫系统功能，影响内分泌与激素的协调，当免疫系统失调时，各种生理、心理疾病也很容易随之发生。

1. 社会转型对教师职业提出的新的角色要求等带来巨大隐形压力

改革开放以来，中国的社会转型进入了全面加速时期。当前，中国正经历着多种的社会转型，如经济转型、教育转型、管理方式转型、价值体系转型等，给人们的心理和生活带来了巨大的冲击和震荡，几乎所有的中国人都感受到了心理困扰和困惑。教师作为一个特殊的群体，较高的文化素养，强烈的使命感和忧患意识，较高的期望值、较急迫的心情、较多的理性色彩碰撞现实产生的不如意和幻灭感，强烈的使命意识与个人的能力素质渺小而生的无力感，这些都会导致教师群体的心理危机异常严重。

社会压力还来源于科学技术的飞速发展。科学改变了可利用信息的数量和范围，未来变化的速度还会加快。教师作为知识、信息的传播者，要不断适应变化，迅速学习以充实自己，否则难以满足学生日益增长的文化需要。他们对此有着更深层次的压力和危机感。

文化思想的变化同样对教师们产生了压力。改革开放带来的国外各种文化思潮，对国内主流文化造成直接冲击。为了适应整个世界，人们不得不接受外来的各种文化，其适应过程就给人以压力体验。教师作为文化的传播者，更是承受巨大的压力。他们不但要吸收比常人更多的文化，而且要在接受外来文化的同时，分析其真伪，学习和思考新的文化，以满足学生和社会对文化的需要。在文化变迁中，教师对所接受的信息要进行更多更细的加工，同时，文化氛围及对新型文化的理解与争论,也在无形中加剧了他们的压力。

2. 教育体制改革挑战教师的心理承受力

近年来我国中小学教育改革频繁,新的课程标准相继出台,教材更新速度加快,新的教育理念广泛传播,现代教育技术手段纷纷涌现,这些都对中小学教师的素质提出了更高的要求。广大中小学教师感到前所未有的巨大的心理压力,尤其是经验型、素质低的教师越来越感到不适应教育变革的需要,心理压力更大。

另外,市场竞争机制引入教育领域与原有教育管理体制的矛盾冲突。随着我国教育改革的全面推进,职称评聘、竞争上岗、末位淘汰、按绩取酬等一系列市场竞争机制的引入,使教师同样面临着降职称、转行、失业的危机。确实,"能者上平者让庸者下"的市场竞争机制的引进,增加了教师的危机意识,增强了教师的责任心和敬业精神。但是目前中小学校评估教师的工作绩效体系缺乏科学性和规范性,有时刻板地照搬经济领域中的管理模式,短视和急功近利,忽视了教育是一项长期的、复杂的工作。比如最常见的仅以分数作为唯一的衡量标准,给教师排队、打分、考核、评聘,等等,这样一些片面评估不仅没有发挥激励功能,反而诱发了大部分教师埋怨、愤怒、焦虑、自卑等负面情绪,影响了教师的心理健康。更有甚者,会直接诱发一些教师因压力过度而导致心理危机。特别是一些在改革中面临分流和下岗的教师,心中总是充满了怨气,总想不通为什么自己辛苦教书育人半辈子,最后却落得"这样一个悲惨的结局"!如果又得不到及时的引导和关注,就可能直接导致各种教师施暴行为的发生,甚至会铤而走险,走上犯罪的道路。

(二)教师职业的特殊性决定了教师心理常常超负荷

1. 教师不过是肩负神圣职责的"普通人"

走上教师岗位以来,我深感自己肩上责任重大。十年树木,百年育人,来不得半点马虎。我对自己要求一向很严格,可是近来不知何故我变得脆弱、多虑,有时甚至无端地多疑,思维方式也似乎出了偏差。常常是一件事情还没有开始做,我便事先虚拟出很多后果。上课铃一响,我便开始担心自己会不会稀里糊涂地进错教室；接着担心自己上课时会不会因为紧张而在讲台上卡了壳；更担心自己会不会在分析例题时把解题步骤说颠倒了……总之，许许多多莫名其妙的担心使我惶恐不安、心绪不宁，几乎无法正常地工作和生活……①

教师自古以来就肩负人类灵魂工程师的神圣职责，从社会心理学的角度分析，教师担负着为人师表的社会角色，这种职业的神圣感在客观上迫使教师成为掩盖自己喜怒哀乐的"圣贤"，成为集业务精英与道德楷模于一身的榜样。然而，教师首先是一个普通人，不可能要求他们没有常人的七情六欲、喜怒哀乐。可以说，教师内心永远都在发生着榜样与普通人的冲突。面对学生，教师需要以榜样的、规范化的形象出现。可是，教师不是神，也有与他人意见不同的时候。然而，角色意识和职业道德又迫使他们控制自己，不能随意表达自己的思想和情感。

另外，随着社会和教育发展对教师的期望值越来越高，他们也同社会其他阶层一样，要面临竞争、下岗、学历教育、计算机考级；要面对学校领导以及上级的升学指标压力、繁重的教学任务、批改学生作业、备课、进修学习；面对家长的望子成龙、学校的以升学率论英雄以及社会的沉重期望。这直接导致不少教师难免心理上"载不动许多愁"，如果得不到及时有效的心理疏导，长此以往，势必会不堪重负。

从此角度分析，前文提及的那位青岛市优秀小学教师的"意外之举"其实并不意外。作为一位好教师，其心理上也必然承载了社会、学校、家长们给予的较高的期待；而作为一个普通人，这位教师多年累积的心理疲惫就很有可能在某些情况下诱发进而爆发。再比如，曾经有一位因体罚学生而被学校开除的体育教师，并没有因失去工作而懊丧，反而觉得心里轻松了许多，他说："我终于可以解脱了，我不用再承受社会给予我那么大的重压了，我终于可以为自己而活了！"可以说，教师作为顶着神圣职责帽子的普通人这一特殊的职业角色，是导致一些教师心理健康问题和校园悲剧一再发生的重要原因之一。

---

① 《教师心理健康不容忽视》，http://news.xinhuanet.com/edu/2006-07/10/content_4814214.htm，2006年7月10日。

2. 教师职业显在的超负荷工作任务

我一向不服输，过去工作再苦再累我都能忍受，可近来不知何故我开始变得脆弱、多虑，常常是事情还没开始做，便事先设想出多种后果，老是担心教不好课程，担心教学质量上不去，担心最后考不过人家……总之，考不完的试，做不完的活，操不完的心，压得我透不过气来，整日惶恐不安、心绪不宁，几乎无法正常工作和生活！①

难释的教育、教学重负是令大部分教师身心疲惫的直接原因。即便一位普通的教师，常常要面对几十甚至上百名学生，既要备课、上课、改作业、管学生，又要应付上交报表、迎检查、师资培训、开会等一大堆事务性工作，还要参加学历进修、写论文、研究课题、竞聘上岗等工作，耗费大量的情感和精力。人在生理上有一定的限制，负担过重，长期过多消耗体力与脑力，甚至超过人的生理负荷，就会严重影响人的身心健康。

20世纪80年代后期就有人调查提出，教师日平均工作时间为9.67小时，与8小时工作制相比高出1.67小时，农村寄宿中学则更长。应该说，在升学压力越来越大的今天，9.67小时还只是一个保守的数字。比如近年来福建省的调查显示：只有32.5%的教师"每天工作在8小时以下"，除此之外，41.3%的教师每天工作8—10小时，17.8%的教师每天工作10—12小时，还有8.4%的教师每天工作甚至达到了12小时以上。与此同时，26.5%的教师认为，自己的工作量已经"超负荷"。对于工作的付出，有44.9%的教师认为自己"付出超过回报"②。教师常年处于"超负荷"运转之中，投入大量心力和情感，但又得不到相应的回报，这样必然导致教师的低工作满意感。

3. 教师劳动的特殊性带来隐性压力

教师这个职业，就从打扫卫生说吧，肯定就和别的职业不一样，其他人只

---

① 杨志刚、张莺：《透支"本钱"何时休——中小学教师健康状况透视》，http://www.zjjybk.com/jyxxb/jyxxb_2.jsp?CategoryID1=0002&CategoryID2=00020003&ID=5579，2003年2月19日。

② 李建芳、侯希辰：《教师节特别策划：教师心理健康调查报告》，http://www.ep-china.net/content/psy/c/20040916132308.htm，2004年9月16日。

是身体上的累,可是我们面对的是学生,学生属于特别闹心的那种,现在孩子都那么活泼,肯定还要随时去看着他们。还有课间的时候,虽然我只是一个科任老师,但学生只要走到你的门前了,你肯定就要对这个学生负起责任,这个时候你想要休息会儿就不可以了,你就是在和学生聊天的时候也要眼睛到处看看,看看是不是男同学打闹啊,反正就是精神一直都紧绷着,就觉得真的责任很重啊。①

教师职业的工作时间和生活时间没有明确的界限,教师劳动创造性和常规性的结合,教师劳动成果的滞后性等导致教师工作压力不容易消除,这些教师劳动的特殊性造成的角色模糊、角色冲突、角色过度负荷等,是很多教师感到压力和紧张的根源。

(1) 教师工作时间无边界性

教师工作的时间似乎遵循正常的劳动制度 8 小时工作制,但是事实上,教师职业劳动的特点决定了教师每天实际的工作时间已无法用几个小时衡量。实际上很多课后、校外的工作导致教师工作缺乏明确的工作内外的界限,备课、批改作业和试卷、家访、学生突发事件的处理等,无不挤占教师工作时间之外的大量时间。此外,培训、进修等教师自身发展不能逃避的工作,更是拓展到教师职业生活的各个方面。教师职业劳动的这种无边界性质常常使得教师们感到心理压力极大,没有喘息的机会。

这就是教师职业的一个重要角色特征,即教师的工作"在时空上具有延续、不断扩张的性质,具有无边界的特征"②。和医生、律师等其他专业人员工作界限很明晰不同,教师虽然主要职责是教学,但是教师工作不会随着教学完成而结束,学校中的教师还要在班级管理、学生生活中时时处处负"育人"之责。由于教师工作没有明确的界限,这直接导致了学校生活世界中的教师对于自身的多重角色期待与现实中多种角色扮演所带来的种种压力。如前文中所言的"除了上课还要负责好多其他的事情"就是典型体现。也有国内研究者称这种教师职业角色无限延伸的现象为"角色模糊",认为这是导致教师职业压

---

① 李玉华、魏健:《入职适应阶段教师心理解读——两位小学教师成长的质性研究报告》,载《当代教育科学》2006 年第 6 期。

② 〔日〕佐藤学著,钟启泉译:《课程与教师》,教育科学出版社 2003 年版,第 213 页。

力的一个重要因素。①

(2) 教师劳动性质创造性和常规性兼具

去年校长安排我担任六年级班主任及语文教学。对于已经习惯于教中低年级的我来说，无异于千斤重担，学生年龄大、思想复杂，毕业班又是学校的脸面，如果教不好怎么办？在最初的一段时间我吃不香、睡不着，压得我喘不过气来，满脑子的担心：搞砸了怎么办？然而，越是这样想遇到的烦心事就越多，越觉得无从下手、进退维谷……②

从教师工作的特性来看，一般观点都认为，教师工作实际上是一种带有创造性、长期的、紧张的精神劳动。教学活动往往是个体劳动，需要高度的自觉性和积极性，因此易形成孤独、乖僻和感情抑郁，往往在自豪中产生自赏、在挫折中产生哀怨，进而会导致心理问题。

同时，在教书育人功能的要求下，我们都知道作为促进学生发展的引路人，教师一方面需要引导学生积极进取，这样教师自己就要永葆青春激情，需要引导青少年的探索精神，这样教师自己就要富有创新意识和能力；然而，众所周知的另一方面则是，教师劳动又具有常规性、重复性的特点，这就不可避免导致教师在具体工作中很容易产生单调、乏味、郁闷的情绪体验和心境。

(3) 教师劳动成果的长效性和群体性

"十年树木，百年树人。"学生的成长、成才并非一日之功。教育工作是一项长期渐进的过程，它的成效是需要时间来考验的，是多年累积的，并非一朝一夕能立竿见影。这种长效性或者说滞后性很容易使教师对个人工作价值体验不充分，感受不到足够的工作成就感。这就容易产生职业倦怠。

再次，教师个体的工作对象是学生群体，而对于每一个学生个体的成长，整体上又是一个教师群体在推动，因此，学生的发展、成才很难判断清晰是哪位教师个体之功。因此，教师个体所付出的时间、精力，是否取得效果，效果多大，似乎难以很快得到客观的评价。而且学生是否得到发展、成长是否良

---

① 房建锋：《对教育理论与实践关系的再思考——兼论教育研究的取向与方法》，载《华东师范大学学报（教育科学版）》2003年第2期。

② 《教师职业倦怠之体会篇——教师减压面面观》，http://www.hdedu.org.cn/html/200610/27/20061027081054.htm，2007年1月10日。

好,本身也存在一个评价标准的问题。从这个意义上来说,教师工作的群体性也容易导致教师个体难以获得足够的、更多的职业成就感。

4. 教师职业的"高"付出和"低收入"矛盾引发心理冲突

去年"五一"长假期间,我们同学聚会之后,我心中难以平静。与同学相比,自感能力不差、素质不低,可是工资比人家少,生活质量更谈不上,维持生计而已;面对孩子,我常会因他没有人家孩子的物质条件充裕而愧疚;自己工作量又大,于是心中充满委屈,内心愤愤不平,抱怨时常困扰着我……①

教师职业的"超负荷"付出与工资福利待遇相对偏低之间的矛盾,必然导致部分教师心理冲突。当然,这里所谓的教师工资福利待遇低是相对而言的。比起部分国企职工和下岗职工,教师的福利工资待遇并不低,但若与具有相同学历的从事白领工作的外企、国家公务员相比,则相对偏低。这种主观上的不平衡感觉使部分教师不能安心工作,对教师职业认同感降低。在这种情况下,一些教师的孤独、无助、穷困、焦虑、自卑乃至绝望的不良心理油然而生!比如小学男教师谈朋友,女孩子一听是小学老师,印象就打了折扣。这种反差,往往使得教师的心理压力几近承受底线。

可以说,社会期望高和社会地位低、工作负担重和经济收入低的矛盾冲突必然导致中小学教师心理失衡,产生不满、焦虑、抑郁等不良情绪,从而引发心理问题。

(三)来自学校的压力是小学教师心理健康问题的主要来源

据说有学校竟然将现代化的教学设备——教室闭路摄像监控装备当作监控教师的工具。一位教师批改学生作业时漏批一道题,被领导抽查看到,后来又听到校领导在全校大会上不点名地提到此事,从此一上讲台就非常紧张,唯恐领导突然来听课;批改学生作业效率大减,唯恐再犯错误。后来,因神经太紧张,发展到影响了睡眠,不得不提出转岗请求。②

---

① 《教师职业倦怠之体会篇——教师减压面面观》,http://www.hdedu.org.cn/html/200610/27/20061027081054.htm,2006年10月27日。

② 聂振伟:《做心理健康的教师》,载2002年9月3日《中国教育报》。

在教育变革如火如荼的今天，各个学校为了适应社会的飞速发展和教育变革的要求，着力提高教师素质，改进教学水平，进行了一系列改革。改革使学校成了一个竞争激烈的场所，也使教师的压力迅速增加。

有研究者分析指出，学校压力是中小学教师心理健康问题的主要来源。①因为学校作为教师工作学习的场所，学校的环境优劣、教育资源的多寡、学校的学习氛围、学校管理的方式、教师自主权的大小、教师物质待遇的高低等，都会对教师的心理健康产生直接或间接的影响。所以说，总体上看，教师压力最大的影响因素还是来自学校，具体表现在以下四个方面。

1. 教师的角色冲突

小学教师在社会和学校中因扮演多重角色时常陷于角色困惑和冲突，主要表现为教师的愿望与自身权限的冲突。譬如，教师希望在教育内容和教育方法上有所创新，但在教学方法、教学内容上又缺乏自主权，即使有一定的自主权，还得冒着不能降低升学率的风险；班级管理上，教师都希望自己的班级班风优良，学生成人成才，这自然离不开教师的严格要求，然而现在的学生大多为独生子女，个性强，家长宠，有的甚至养成了唯我独尊、自私傲慢、自由懒散或蛮横任性的不良性情。管严了，担心学生出走、自杀，甚至害怕遭到报复；管松了，班风散漫，学生成绩下降，家长埋怨、告状，领导批评，令教师无所适从，左右为难，特别是社会、家长与教师的教育不同步，更使教师有力不从心之感。

2. 学校的人际关系冲突

相对于其他社会群体来说，中小学教师交际面较窄，基本上局限于校内。因工作的关系，教师与学生交往较多，但师生之间毕竟存在着年龄、阅历、知识层次等众多差异，再加上"为人师表"的师德观念束缚，所以当教师苦闷、忧虑时，不可能向学生倾诉，更无法获得帮助，甚至还得压抑自己正常的情

---

① 王萍：《中小学教师心理健康问题探源及对策》，载《安徽教育学院学报》2004年第3期。

感。同事之间共同语言虽较多，但因工作任务繁重，无足够的时间沟通交流，这些都易酿成教师孤僻、胆怯、抑郁、自负等不良性格。近年来，中小学校的人际关系冲突还有增加的趋势，包括师生关系的冲突、教师之间的冲突、教师与领导之间的矛盾冲突等。这些冲突必然损害中小学教师的心理健康，从而影响教育工作的开展。

3. 学校管理方式失当

当前，我国中小学重教学管理、轻行政后勤管理，在评估教师教育质量的标准上仍以升学率论教绩，忽视了其他方面的考核，且教师的奖金发放、评优评模、评职晋级等都与此挂钩。一些学校把"校长负责制"变为校长"一言堂"，作风专制，校务不公开，制定措施前很少与教师通气，以至于教师认为自己在学校只是被管理的对象而内心压抑、郁闷、沮丧。

4. 教学任务繁重，杂务多

有个谜语"睡得比猫少，起得比鸡早，干得比牛多，跑得比马快"，谜底是教师。这个谜语从一个角度说明目前教师承担着繁重的教育教学任务，许多教师超负荷地工作着，工作负担尤其是心理负担过重是教师职业的特点，这也是影响教师心理健康的因素之一。①

现在的中小学教师除了教学任务外，为了晋职晋级，要搞科研、写论文，还要上名目繁多的各种培训班、提高班，这些对自身学识的提升究竟有多大作用，暂且不论，为此还要应付数不清的杂务，诸如迎检查、开会、开展活动，甚至一些本不属于教师的工作也强加到教师身上，如农村的收税、城市的庆典仪式等。教师一般自尊心、进取心都较强，在各项评比活动中谁也不愿甘居人后，期望能获得他人的价值肯定，因此在各项活动的完成过程中伴随教师的自始至终是紧张焦虑的情绪，假如教师不能客观地分析自己或高估班级学生的水平，一旦没有实现预定目标，必然会产生严重的挫败感。

---

① 李广水：《谁来扶正失衡的天平——教师心理健康问题形成的原因及对策》，载《湖南教育》2004 年第 3 期。

（四）教师个体因素

从教师个体角度分析影响教师心理健康状况的原因，仍可从外、内因分析。教师个人生活事件是外因，而个人自身的教师压力耐受性、态度、信念、人格等则是内因。

1. 教师个人生活事件

我的婚姻生活很不幸福，丈夫经常和我吵架，家里经常"硝烟弥漫"。我心情也总是"多云间阴"。我这个人很好面子，家里的事不愿意让学校的同事知道，平时在办公室与老师们相处时我总是和颜悦色。由于心里的烦恼无处发泄，我有时就会不由自主地拿学生撒气。在教室里我经常板着脸，同学回答问题时要是出了错，就更加勾起我的无名火，我借机连训斥带挖苦，用词越刻薄越解气。我自己也知道这样是不对的，可就是控制不住自己……①

案例中这位教师的婚姻生活不美满，不良情绪无处排解，便选择了学生作为发泄的突破口，以求得一种心理平衡。这种看似"合情合理"的心态和行为其实反映出这位教师的心理偏差和扭曲。

这是典型的教师个人生活事件导致的教师心理健康问题。所谓教师个人生活事件，主要指来源于教师家庭的生活事件或变迁，其实就是从家庭因素来看导致教师出现心理健康问题的原因。前面分析中提到，教师职业劳动性质具有一定特殊性，如工作时间的无边界性、工作量超负荷、高社会期望和较低经济收入冲突等，由此可能导致的一些个人生活问题，如果教师忽略或处理方式欠妥，就会引发家庭冲突，使本已身心疲惫的教师更是心力交瘁。

以前面提到过的青岛市那位优秀小学教师为例，据事后了解，在事发前，爱人久病、儿子成绩下滑等使得这位教师心理压力过大，从而在特定情境下诱发了自己也无法控制的狂躁情绪。当然从对这个案例的多角度分析，我们也应该看到，教师心理问题的产生是多方面原因在综合地起作用。

---

① 《教师心理健康不容忽视》，http://news.xinhuanet.com/edu/2006-07/10/content_4814214.htm，2006年7月10日。

比如，教师本来就工作负担重，每天埋头工作，业余时间有时还需家访或给后进生开小灶，所以很可能因工作忙忽略与家人情感交流；因孩子的教育问题引发的亲子之间的矛盾等。再比如，众所周知，随着社会改革的推进，逐步取消了原有的住房分配制度，改变了以往的医疗保险制度，而教师工资水平并没有明显提高，因此，由于教师的工资不能完全满足家庭的开支，就有可能导致家庭生活质量低造成的心理压力。有些教师为了解决住房、医疗保险问题，为了添补家用，不得不出外兼职，校内校外的工作矛盾使得教师无法全身心地投入到自己的教学中去，教学的时间少了，又担心教学、科研搞不上去，这种担心自然也会使教师更加身心疲惫。

2. 教师个体特征

我是一名教师，从教十几年来成绩还不错，各种奖励证书也有七八个，还发表过若干篇论文，领导和同事对我的评价都很好。可是最近我好像出了问题。虽然我平时上课时挥洒自如、幽默风趣，可是一遇到上大课的时候，一看到有其他教师，特别是有学校领导在场听课时，我就感到恐惧万分。有时甚至从头一天晚上便开始感到不安，似乎觉得什么都不对劲了，虽然手里拿着教案，可我已经什么都看不进去了……①

从教师个人因素上看，个人一些特质如压力耐受性、教师的态度、教师的信念、教师的人格等，也会影响教师个体对压力的知觉与反应。有研究者从个体角度微观地剖析了影响教师心理健康状况的四个原因。②

（1）教师的压力

我们都知道，面临同样的压力，有些教师能化压力为动力，积极应对，创造性地解决面临的各种问题和矛盾，出色地完成工作任务，保持着健康的心态。相反，有些教师则会或无所适从或怨声载道或疲于应付，出现了各种心理问题，甚至在中等压力下精神就崩溃了，因此中小学教师的心理是否健康，也

---

① 《教师心理健康不容忽视》，http://news.xinhuanet.com/edu/2006-07/10/content_4814214.htm，2006年7月10日。

② 周雪梅、俞国良：《教师心理健康问题：类型、成因和对策》，载《教育科学研究》2003年第3期。

取决于教师个人压力的耐受性。

许多关于教师心理的研究表明,教师的心理健康状况与心理压力关系密切。确实,心理压力是教师对教育教学活动中消极情感的一种反应,这种反应常常伴随着由教师职业所引起的潜在的、病理性的生理和生化变化(如心率加快,促使肾上腺皮质激素释放进入血液),从而产生一系列心理—生理症状;另一方面,教师的压力会引起挫折感。来自于工作方面的焦虑,对教师良好的身心状态是一种潜在的威胁。教师所体验到的压力比其他职业的人高很多,主要有时间需要、办公室事务、与学生交往困难、对学生的控制和激励不当、课堂人数太多、经济压力、缺乏教育支持等。

(2) 教师的态度

教师与工作有关的态度涉及教师对学生的态度、教学目标的实现、课堂管理和教学质量。教师的态度是作为教师心理健康的职业维度而存在的,包括教师的工作满意感、士气和动机。

教师的工作满意感。影响工作满意的因素叫激励因素,包括成就感、晋升机会、工作挑战性、担负重要责任、受人赏识,这些因素不足会导致个体得不到满意的体验,但是不会导致对工作的不满意。影响工作不满意的因素叫保健因素,包括工资、工作条件、工作地位与安全、人际关系等,这些因素不足会导致个体产生不满意。

教师的士气。士气是指个体的一种态度,决定于个体的目标,这一目标可能外显或内隐,但是很多时候在个体对环境反应时,是一种内隐的选择。这种选择受群体观念的影响。教师的士气与工作满意感存在相关,较低的士气会让教师的工作满意感降低,工作满意感高的环境下教师的士气也高。

教师的动机。对于一些教师来说,同事间的交往、良好的人际关系、和谐的支持气氛,是工作中最具吸引力的因素,大多数的教师满意感来自于工作中的成就感、成长或自尊的需要以及接纳感的满足。

(3) 教师的信念

教师的信念决定了教师的行为。教师职业存在的众多冲突是教师压力与紧张的根源,当压力和紧张产生后,教师如何看待这些压力和情绪、如何对待冲突、如何选择解决冲突的策略,此时教师的基本信念系统就会影响到压力和冲突的程度，以及教师本人对冲突的认知，从而影响教师对学生的态度、对职业的态度，这些态度和问题解决的方式，反过来又会影响到教师身心健康的状态。

（4）教师的人格

如前所述，教师心理健康问题的产生是在外界压力和自身心理素质的互动下形成的。相同的压力和环境下，并非所有的教师都会出现心理健康问题。有的教师即使在面对压力的情况下，仍然能够保持心理的健康和稳定，这是教师的人格特点发挥了重要的作用。研究发现，不能客观认识自我和现实，目标不切实际，理想和现实差距太大的教师，或者是有过于强烈的自我实现和自尊需求的教师，更容易出现心理健康问题。此外，在个人生活发生变化时，个体的人格特点会影响到个体对自己生活的调整，这种调整如果不能适应新的变化，心理健康问题就会出现。

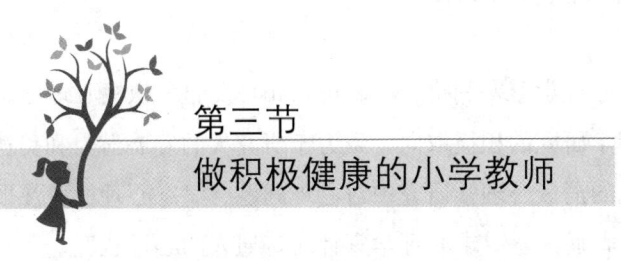

第三节 做积极健康的小学教师

三个打鱼人

三个打鱼人聚在一个河滩边钓鱼，突然发现有人在上游被冲进水潭，挣扎着求救，于是一个打鱼人跳进水中把落水者救了上来，并用人工呼吸等办法对其进行抢救。但是他们又发现被冲下来的又一个落水者，于是另一个打鱼人跳下水把他救了上来。同时他们又发现了第三个和第四个落水者，此时这三个打鱼人已是忙得不亦乐乎，显得难于应付了。忽然，一个打鱼人似乎想起了什么，他离开现场去了上游，想做一种性质不同但意义一样的工作，他认为这些落水者都是从上游落水的，所以他想竖一块警示牌，告诉人们不要在这里游泳。他如此做了，但仍有不少人无视警告跳入水中游泳而被冲进水潭，于是三个打鱼人又身处其中，仍然忙于救人。后来，其中一个打鱼人醒悟了，他去做另一项工作——去教人们游泳，这似乎是问题的关键。因为有了好的水性，像他们三个打鱼人一样，即使被水冲进深水急流，也能独立应付，不至于深陷困境甚至付出生命。

随着社会对教师心理健康问题的关注，如何帮助小学教师提高自身心理素质，在工作中增进职业幸福感成为众多学者、教育管理者以及教师自身关心和研究的话题。有人提出社会要给予教师更多的关注，学校领导要有效释放教师的心理压力、解决教师工作超负荷的问题；还有人提出学校也应为教师配备心理保健医生，定期对教师进行心理辅导……

一、积极心理学带来的重大转向

世纪之交，美国著名心理学家塞利格曼（Seligman）发起了积极心理学运动。积极心理学倡导心理学研究的积极取向，致力于研究人的发展潜力和美德等积极品质。它一反传统的消极心理学研究中对心理问题、病态心理的关注取向，而将研究对象定位于普通人，要求心理学家针对普通人的心理状况，用一种更加开放的、欣赏性的眼光去看待人类的潜能、动机和能力等，指导人们通过发挥自信、爱、美德等积极因素，促进个人和社会的发展，使人类走向幸福。积极心理学相信，每个人都具有积极的因素，人是决策者，不是环境刺激的被动反应者，人有选择、有理性、有智慧。① 如果我们调动了这些力量，就不仅可以预防心理疾病的发生，而且可以培养一个幸福积极的人。

上面"三个打鱼人"故事的第一阶段，即打鱼人下水救人，做的是补救性的工作，这是心理咨询和心理治疗要做的事情；故事的第二阶段，打鱼人在上游竖牌子，这是消极的防御工作；故事的第三个阶段，也就是打鱼人去"教人

---

① Watson, D., *Positive Emotion. Handbook of Positive Psychology*, Oxford University Press, 2002, p. 110.

们游泳"的阶段,是积极的预防性工作,也就是积极心理教育要做的事情,即运用一定的心理教育手段与工具,引导或呼唤出受教育者自身拥有的潜能和力量等积极、正向的东西,增强受教育者自身的力量,以使风雨袭来时他们能以自己的力量积极应对。

积极心理学的思想一经问世,便受到世界各国心理学工作者的普遍欢迎。2007年国际积极心理学协会成立,2009年6月首届世界积极心理学大会在费城举行,来自世界60多个国家和地区的1 200多名积极心理学专家、学者和实践应用人士与会,交流、探索和规划提高全球各地人民主观幸福感的理论和实践途径。积极心理学的思想正在迅速而广泛地传播,也在深刻地影响着我国的教育教学实践。对小学教师的心理健康问题应对策略的研究也从原来的"诊治式"逐渐转向了"预防和发展性"的促进策略。积极心理学取向下的教师心理健康促进模式强调要关心教师的优秀品质和美好心灵,关注其积极的认知加工、情绪体验和社会行为,培养积极健康的人。

拓展阅读:
积极心理学的诞生故事

塞利格曼是美国著名心理学家,也是美国心理学会的主席,他所倡导的积极心理学,在美国引起了轰动效应。

在担任美国心理学会主席数月后的一天,他与5岁的女儿在园子里播种。他的女儿叫尼奇。塞利格曼虽然写了大量有关儿童的著作,但实际生活中和孩子并不算太亲密,他平时很忙,有许多工作要完成,其实种地也只想快一点完事,具有很强的目的性。尼奇却不是这样,她手舞足蹈,将种子抛向天空。塞利格曼叫她别乱来,女儿跑过来对他说:"爸爸,我能与你谈谈吗?""当然。"他回答说。"爸爸,你还记得我5岁生日吗?我从3岁到5岁一直都在抱怨,每天都要说这个不好那个不好,当我长到5岁时,我决定不再抱怨了,这是我从来没做过的最困难的决定。如果我不抱怨了,你可以不再经常郁闷吗?"这对于塞利格曼产生了一种闪电般的震动,仿佛出现了神灵的启示。他了解尼奇的成长,了解了自己和自己的职业。他认识到,培养尼奇不在于矫正她的抱怨,是她自己矫正了自己;培养尼奇意味着看到她心灵深处的潜能,发扬尼奇的优秀品质，培养她的力量。培养孩子不是盯着他身上的短处，而是认识并塑造他身上的最强，即他拥有的最美好的东西，将这些最优秀的品质变成促进他们幸福生活的动力。

这一天也改变了塞利格曼的生活。他过去的50年都在阴暗的气氛中生活，心灵中有许多的不高兴，而从那天开始他决定让心灵充满阳光，让积极的情绪占据心灵的主导。

这种关心人的优秀品质和美好心灵的心理学，就叫积极心理学，它正是由故事的主人翁美国著名心理学家塞利格曼提出并倡导的。

〔资料来源〕刘翔平主编：《当代积极心理学》，中国轻工业出版社2013年版，第3—4页。

二、做一个积极、乐观的"阳光教师"

提到阳光，人们往往会想到光明、温暖、多彩、和谐、热情、有活力等特点。阳光形容人的个性，是主动进取、充满活力、积极向上的象征，是一个人良好品质的体现。阳光教师开朗乐观、充满活力，好奇心强，敢于探索；他们爱思考，有主见，对自己充满了自信，他们富有爱心和同理心，有良好的适应能力，能主动去影响周围的环境和人，与周围的人形成和谐的人际关系。阳光教师并不是没有烦恼，但他们总是以积极的态度去看待问题，且具有很强的自我调节能力，能让自己很快摆脱烦恼。阳光教师内心充满积极体验，在工作、生活中不断学习、探索，品味成长的幸福和快乐，他们像阳光一样明媚、灿烂、自由、快乐，无论走到哪里，他都会把快乐、幸福带到那里。

一年一度，春风秋雨，第24个教师节姗姗而来。当学生的一张张精美贺卡、一束束芬芳的小花献给我们，并道一声"老师，节日快乐！"的时候，我们的心头就会漾起一股浓浓的暖意，感受到做一名人民教师的幸福与自豪。

幸福是一个人一生的不懈追求。作为一名教师，应该如何理解幸福呢？什么才是真正的幸福呢？教师也许默默无闻，没有明星族炫目的星光和嘈杂的浮华，没有大亨们骄人的气派和挥金如土的潇洒，教师所拥有的只有爱——给予的爱和收获的爱。中国有句老话：家有三斗粮，不当孩子王。这句话道出了老师这个行当曾经的辛酸。如今，当教师是光荣的，但是光荣的背后有着不为人理解的付出；当教师又是幸福的，只是这种幸福别人很难感觉到。教师只有在学生中间，在天真的笑脸、童稚的声音和渴求知识的双眼包围着的时候，才会真正感觉到幸福和光荣。这种幸福和光荣不亚于花团锦簇中的明星和志得意满的大亨。

有不少赞美老师的语句："教师是红烛，燃尽了自己，照亮了他人。""教师是春蚕，吐尽了银丝，为他人御寒。""教师是工程师，塑造着他人的灵魂。"也许这只是几句赞美教师的话语，但如果不置身于教师队伍中，是不会理解这些话的真实含义的。校园里，我们经常能看到老教师批改作业直到很晚的身影，尤其是班主任老师，一面是繁重的教学任务，一面要精心地呵护学生，办公室成了他们的家，教室成了他们永久的守望。

十几年的教学生涯让我深切感受到了一个亘古不变的真理——没有爱便没有教育。师爱，好似苍茫大海上的灯塔，明亮而温暖；仿佛是淅淅沥沥的春雨，润物细无声。如果你用爱对待每一位学生，你就会发现：每一位学生都无比可爱，在沉思中潜藏活力，在调皮中充满智慧，在诡辩中迸发灵感，他们会给你无数的惊喜，他们会让你心灵永远年轻。

教师是无私的给予者，是希望与幸福的传播者。我时常为教师无私奉献的精神所叹服，时常被教师这一平凡而崇高的事业感动着！我庆幸自己选择了教师这份职业，选择了默默无闻，无私奉献。如果说黎明的奉献是太阳，黑暗的奉献是群星，那么，教师的奉献就是开启蒙昧，传播文明。

时代在前进，社会在发展，改革在深入，教育在振兴。作为一名平凡的教育工作者，竭尽全力把书教好，这是历史赋予我们的光荣使命。如果我的学生是蜜蜂，我甘当花朵；如果我的学生是花朵呢，我一定做好护花的绿叶；如果我的学生是幼苗，我一定当好称职的园丁；如果我的学生是卫星，我一定当好把他们送上万里征程的火箭；如果我的学生是火箭呢？我一定当好一名火箭兵，用我瘦弱的肩膀，顶着他们踏上辉煌的前程。我们在从事太阳底下最光辉的事业，我们无上光荣！

幸福是春天，因为它拥有了新生；幸福是秋天，因为它已载满收获；而我要说：幸福是付出，因为在付出后我已满载一船星辉回家。我的生命之花在这片土壤中绽放，拥有这片天空，是我最大的幸福。

我幸福，我是光荣的人民教师。①

一些教师在谈论自己的职业时都会大加抱怨：教师的工作又苦又累，压力大，惹人厌烦，不想再干……但从上面的案例中，我们看到的却是一群充满朝气，沉浸于幸福、快乐的工作体验中的年轻人。"阳光教师"就是热爱教育，热爱儿童，内心充满职业幸福感的教师。

那么如何才能获得职业幸福感呢？积极心理学开创者塞利格曼提出了幸福的三大要素：快乐、投入、生活有意义。他认为，要想得到幸福，需要从生活中获得更多的乐趣，更加投入到自己的事业，寻找使生活更有意义的途径。在积极心理学理念中，每一个教师都有自我成长的内在动力和潜力，可以通过自主发展和运用自己的潜力，诱发并增强积极的情绪体验，提升职业幸福感、生活满意度等正性指标。因此，要想让自己成为一个"阳光教师"，一方面要自觉学习积极心理学知识，掌握积极心理学方法，经常回顾学习、工作、生活中的积极情感经验，体会其中的快乐；另一方面要注意激活自身的积极力量，积极参与各项教育实践活动，在活动中自觉关注自己的心理成长，主动解决心理问题，保护心理健康。一个人在主动参与中获得深刻、愉快的主观体验后，内在动机就会更强，从而达到精神上的进步，形成良性循环。

三、做一个不断超越自我，善于自我管理的教师

有人说，生命是一支队伍。迟慢的人发现队伍走得太快了，他就走出队伍；快步的人发现队伍走得太慢了，他也走出了队伍。名师常常要走出队伍，因为他们发现队伍走得过于缓慢，要走得快一点，才能发现更美的风景。他们相信自己，相信自己的理想，不放弃追求；相信自己的实力，不抛弃自己的奋斗；相信自己的个性，不轻易改变。但他们不自恋，不沉溺于自我欣赏中。不自我捆绑，不故步自封，常常有不适感和被追逐感，因而总是鼓足干劲，一直向前走去。自信，坚持了自我，不自恋，又抛却了"小我"；自信，他们不是一味地羡慕别人、仰望别人、崇拜别人，不自恋，又总是向别人学习，总是跨

---

① 王生：《做一名幸福的人民教师》，载《中国人民教师》2008年第8期。

越自己。①

名师的成长对你有什么启发？其实，无论名师，还是优秀教师，他们的成长都源于对自我的正确认识、恰当定位、有效地利用自身及周围的资源，积极地调控自我、超越自我，正是这种高效的自我管理成就了他们。

"人贵有自知之明。"正确的自我认识就是指一个人对自我的认识全面、客观，与自我的实际情况相符合。既能认识自己的外部特点，又能认识自己的内在素质；既能看到自己的优点，也能明确自己的不足；既能悦纳现实的自我，又能用发展的眼光，不断完善对自我的认识；不仅能全面认识自我的特点，还能认识到自我与社会、集体的关系。

要获得全面、正确的自我认识，首先可以通过自我观察、自我反思认识自己。即在日常生活中对自己的外貌、风度和健康状况、自己在所生活的集体中的位置和作用、公共生活中的举止表现及社会适应能力、自己的政治态度、道德水平、智力水平、能力、性格、兴趣、爱好、特长等方面的点滴表现进行反思，总结自己是一个什么样的人，找出自己的优点和缺点。其次也可以通过别人对自己的评价认识自己。"不识庐山真面目，只缘身在此山中。"有时仅凭个人的力量，很难获得对自我全面而正确的认识，而周围人对我们的态度和评价能帮助我们认识自己、了解自己。当然，对他人的态度与评价，我们要做冷静的分析，既不能盲从，也不能忽视。还可以通过与他人比较来认识自己。他人是反映自我的镜子，与他人交往，在交往中与他人对事物的态度、言行进行比对，是个人获得自我认识的重要来源。当然，比较对象的选择、比较内容等也非常重要。

一个善于管理自我的人不仅能对自己有正确的认识，还能够悦纳自我，即无条件地接受自我，坦然地面对自己的一切。既不会因自己获得的一点点成绩、进步而沾沾自喜，目中无人，也不会因自身的缺点、问题而自卑自责。悦纳自我是形成积极自我意向的基础，也是个体自我发展的内在动力。

自我控制是实施自我管理的保障环节。自我控制的目的是使自我管理不断

---

① 成尚荣：《生活在规律中的主人——谈名师成长的方式》，载《人民教育》2009 年第 9 期。

地沿着自我设计的原定轨道运行。但自我管理目标的实现并不是一帆风顺的，在目标实施过程中，往往有很多干扰和破坏因素。自我控制就是以自我设计的目标为指导，适时监控总体目标与分目标的实现，对有利于自我管理目标实现的因素加以鼓励，对有害于自我管理目标实现的因素加以排除和遏制。教师的自我控制体现在在工作中能够克服各种困难，想方设法实现预定目标的坚强毅力中；体现在不受外界环境影响，坚持自己正确的行为中；体现在对难以实现目标的果断修订中；体现在不断给自己提出新目标的自我超越中。教师对自己教育教学行为自我控制的水平越高，越能促进其专业自我的发展并进而实现专业自我的逐步完善。一个人的自我控制能力与其自我反思能力、创新精神等有密切关系。因此，只有在实践中不断地修炼自己，不断抛却"小我"，才能真正实现自我管理，将自己的职业生涯变得丰盈而充实，才能够体会到工作的乐趣与幸福，体会到自我的价值。

四、做一个有"人缘儿"，有良好社会支持系统的教师

人是环境中的人，个人在适应社会环境时会产生特定的心理与行为，使环境产生特定的改变，而个人又会参照环境来评价自己的行为，受到社会环境的制约。积极环境包括积极的个人环境、组织系统与社会环境。积极心理学认为，人的体验、人的积极品质是与环境、社会背景分不开的，是在环境中得以体现的，同时环境又在很大程度上影响个体，一个人良好的环境适应性实际也是一种积极的心理品质。积极心理学非常重视社会背景下的人及其体验的再认，意识到积极团体和社会机构对于个人健康成长的重要意义。尤其在以集体主义文化为背景的国家，人们更倾向于参照集体标准来判断是否快乐，并且在评估生活时，会考虑到家庭和朋友的社会取向。因此，建设积极、健康、和谐的组织系统就尤为必要。

教师、学生、家庭、学校和社会之间是一个互动多维的交叉网络，各个因素间相互制约、相互影响。一个心理健康的教师，应该处理好师生、同事、家庭等各种社会关系，改进自己的观念，平等、合作地对待和接纳学生，给学生树立积极进取的学习榜样；还应学会尊重、感恩、宽恕等人际交往技能，与他

人和睦相处，形成良好的人际关系系统，才能在需要的时候向自己的人际系统求助，获得需要的人际支持，营造和谐的工作和生活氛围。

拓展阅读：
上了一辈子深感遗憾的课

于漪常说："我上了一辈子课，教了一辈子语文，但还是上了一辈子深感遗憾的课。"这是一种永不满足的精神，张志公曾对此感叹："于漪教书简直着了魔！"于漪在1978年就被评为特级教师。在漫长的教学生涯中，她经常会遇到这样的情况：每天都有人去听她的课，所以她说她每天都上公开课，就连早读课也不放过。一位年轻教师从1976年开始，随堂跟踪听了于漪3 000多节语文课，最深切的感受是，于漪从来不重复自己，即使是同一篇课文教第二、第三遍，也绝对不重复，每节课都是一幕美丽动人的人文景观。①

【思考题】

1. 请阐述为什么心理成长是小学教师自身专业发展的内在要求。
2. 小学教师常见心理健康问题有哪些？
3. 小学教师职业的哪些特征可能会直接影响教师的心理健康状况？
4. 深入阅读积极心理学的相关文献，思考小学教师应该具有哪些积极心理特质。

【文献链接】

1. ［美］克里斯托弗·彼得森著，侯玉波、王非译：《打开积极心理学之门》，机械工业出版社2010年版。
2. ［美］马丁·塞利格曼著，洪兰译：《真实的幸福》，万卷出版公司2010年版。

---

① 田明亮：《从学科的角度论教师心理成长》，载《中国教育学刊》2009年第7期。

3. [美]泰勒·本-沙哈尔著，汪冰、刘骏杰译：《幸福的方法：哈佛大学最受欢迎的幸福课》，中信出版社2013年版。

4. 阳志平等编著：《积极心理学团体活动课操作指南》，机械工业出版社2010年版。

5. 刘翔平主编：《当代积极心理学》，中国轻工业出版社2013年版。

第七章

小学教师的形象与礼仪

> 礼仪是在他的一切别种美德之上加上一层藻饰，使它们对他具有效用，去为他获得一切和他接近的人的尊重与好感。
>
> ——洛克

【内容概要】

教师专业化进程的不断推进，对关乎教师发展的专业理念、专业知识、专业能力、专业情感等方面的提升提出了更高的要求。其中，教师的形象构建与礼仪修养也越来越受到人们的重视。由于小学阶段是学生学校教育的第一站，小学教师的形象与礼仪便自然成为成功树立教师"为人师表"专业形象的关键所在。小学教师的形象和礼仪是教师内在修养和外在表现的统一与综合，它们构成了教师与学生交流的重要基础，更是一种重要的潜在教育资源，也是教师自我风采和美丽人生的光彩展现。

【关键词】

小学教师形象　小学教师礼仪　潜在教育资源　模仿

第一节 小学教师形象构建与礼仪修养的重要意涵

 教师非言语语言

美国心理学家艾伯尔·梅博拉曾对语言行为传递信息的效果进行过因素分析,最后得出一个结论:课堂信息传递的总效果等于7%的文字加上38%的有声语言,再加上55%的态势语言(gesture)。由此可见,态势语言在课堂讲授中发挥着重要的作用。因此,教师在教学中,要正确使用态势语言,以增强教学效果。教师仪态的一般要求是:站姿要有安定感和力度,这样有利于学生提高情绪,振作精神;随着教学内容的变化,要求教师适当变化站姿;要用优美的手势正确地表达感情,不能指手画脚,盛气凌人;面部表情要丰富但不做作,要善于运用喜、怒、哀、乐、爱、恨、怨、叹等表情;在与学生交谈时,神态要热情、亲切,即使批评教育学生时,也不能用轻视、蔑视的眼光,因为学生往往可以从教师的神情中看到自己在教师心目中的地位和价值。

小学教师自身形象的塑造、礼仪的修养不仅左右着师生之间和谐关系的构建,而且在一定程度上也影响教育教学的质量,它标志着教师个人综合素质提升的状况,同时也蕴含着诸如引导学生审美,追求美好职业生活,实现优质自我等多重潜在的深刻意义。

一、关注形象与礼仪：彰显优质专业自我

（一）自我形象构建与印象管理的时代诉求

从社会交往的角度看，对于个人形象与礼仪的关注，主要是为了给别人看，让别人觉得舒服，但是从根本上说，对于个人身体的关注，实际上是符合这个时代最具批判性的呼声。我们正处在工业文明与信息时代的快速发展之中，人的各种行为似乎都在被各种各样的机器、设备所替代，从洗衣机到电磁炉等，不胜枚举。与此同时，网络的发达，通信手段的丰富与快捷，使得人与人之间的交流变得更快捷，也更去身体化。实际上这种交流是没有质感的，面对面的交往越来越少却显得弥足珍贵，这一点渐渐地被大家所发现与体悟。所以，一种呼唤"身体的回归"的声音，越来越被人们所认可与向往。"身体的回归"首先要解决的就是重新发现我们自己的身体，它在哪里？它变得怎么样了？由此出现的现象就是，人们越来越关注自己的饮食卫生和身体健康，各种体检活动层出不穷，各种身体保健项目琳琅满目。除了背后强大的经济利益之外，不可否认，人们越来越关注自己的身体，对于健康、美丽、阳光等各种身体状态与形象的追求深入人心。这样看来，对于自我身体形象的构建与印象的管理不仅是为了给别人看，更重要的是成了当代人自我认识、自我发现、自我提高、自我实现的追求方式与实践路径。

（二）教师的良好形象与优质专业自我的彰显

教师的职业生活饱含着对于学生教育的方方面面，在这个专业发展的舞台上，教师通过自身的努力实现着自己的价值与理想。教师职业的特殊性还在于，它是一项关于人的细致而复杂的工作，不同于其他如与机械、技术等打交道的专业领域。教师的施教活动就是一个影响人、感化人、塑造人的积极过程。我国著名教育家陶行知先生提出了"生活即教育"的卓越教育理念，为我们勾勒了教育与生活的密切关系结构，生活充满着教育，教育本身也是一种生活。我们对于儿童的教育，从某些方面来说，就是教会孩子们生活的本领和对生活的情感。教师通过自己的形象树立、气质陶冶、礼仪塑形，为学生展现了

一个优秀成年人对美好生活的追求姿态,这种姿态正是"生活与教育"完美结合的和谐体现。

从教师的自身发展来看,良好的职业形象和礼仪也是实现教师优质专业自我的外在表现和重要途径。教师对于自身的关注是激励自己、悦纳自己的过程,按照最近兴起的生命教育的理论解说,教师的自我实现应该突破"春蚕到死丝方尽,蜡炬成灰泪始干"的凄凉结局,我们既要通过自己的努力,笑看"桃李满天下"的职业收获,也应该活出教师自己的人生色彩——它应该是绚烂的、多彩的、跳跃的、灵动的。教师借助教书育人这个特殊的事业来实现自己无愧于自我的美丽人生。成为优质自己的教师,其本身的生命样态就是一种教育资源。在教育教学的过程中,学生会不由自主地感受优质教师生命样态的魅力,从而促进儿童自己的生命成长。

拓展阅读:

优质自己

所谓优质自己,是指在个体生命之道及所处环境允许的范围内成为最佳自己。其特点是能从自己的生命本身出发,珍惜和利用自己的生命资源,滋养生命,保持自身生命内在的一贯性,不断创造性地适应生存环境,不断超越"当下"的自己。自我价值实现的个体既是生命所是的自己,也是生命所能是的自己,是生命所是的自己与生命所能是的自己相统一的多种可能中的最佳状态的自己。

优质自己具有的品质主要表现在以下三方面。一是具有生命感。所谓生命感,是指对包括自己在内的生命体的生存状态具有较高的敏感性,能够及时恰切地领悟不同生命的不同处境,在生命体之间的关系世界中,具有生命共生—共在、独立—依存、独特—多样、互惠共生、和谐发展等生态意识。真正能与他人建立"人—人"关系。二是具有动态超越性。动态超越性是指一个人具有选择与负责的意识和能力,能够创造性地适应环境,使自我优势潜能在现有条件下不断地得到实现,并能帮助他人实现其潜能,影响与改变环境。三是具有幸福感。即成为优质自己是个体遵循自身生命之"道"成长的最佳状态,是相信生命的产物,是其人性得到肯定、内心自由需要得到满足的状态,具有幸福感。

〔资料来源〕刘慧主编：《小学德育实践》，高等教育出版社2012年版，第250页。

二、为人师表：教师是儿童观察学习的榜样

（一）班杜拉社会学习理论观点下的儿童观察学习

儿童的成长过程也是一个复杂而全面的学习过程，按照经典的行为主义观点来看，人类学习的方式和其他动物之间没有明显的区别，都是通过强化获得的。班杜拉将行为主义的观点运用到人格的发展中，提出了社会学习理论（social-learning theory）。班杜拉认为，人的行为，特别是人的复杂行为主要是后天习得的。行为的习得既受遗传因素和生理因素的制约，又受后天经验环境的影响。生理因素的影响和后天经验的影响在决定行为上微妙地交织在一起，很难将二者分开。班杜拉认为行为习得有两种不同的过程：一种是通过直接经验获得行为反应模式的过程，班杜拉把这种行为习得过程称为"通过反应的结果所进行的学习"，即我们所说的直接经验的学习；另一种是通过观察示范者的行为而习得行为的过程，班杜拉将它称之为"通过示范所进行的学习"，即我们所说的间接经验的学习。在他看来，人，尤其在儿童阶段，是通过观察和模仿榜样的方式来学习的，学习者是主动的个体。

依据班杜拉的观察学习（observational learning）的概念，我们了解到，儿童可以通过他人的行为掌握运动技能、习得态度和其他行为，这一学习又可以称为榜样化（modeling）。一方面，儿童模仿他人的动作、通过观察真实世界中的成人行为或通过看电视，既可以学习到攻击行为，也可以学习到友善和仁慈。另一方面，儿童也会从行为者的行为结果——强化与惩罚中进行学习，班杜拉将这种强化称为"替代强化"（vicarious reinforcement），即当儿童观察到他人的行为受到奖励时，更倾向于自己表现出这种行为；当行为受到惩罚时，倾向于较少地表现这种行为。

班杜拉还提出了内在强化（intrinsic reinforcement），也就是说强化不仅可以来自于外界，还可以来自个体内心。班杜拉认为，个体的任何人格特质，

都是在社会环境中通过耳濡目染地向他人学习获得的，学习的主要途径是观察和模仿。对行为及其结果的观察使儿童做出某些行为，而这些行为本身得到的奖励或惩罚（内在或外在的）又塑造着儿童未来的行为。①

（二）教师是学生社会化成长的"重要他人"

美国社会学家米尔斯（Mills，C. W.）提出了"重要他人"的概念，"重要他人"是指对个体的社会化过程具有重要影响的具体人物。任何一个个体在其成长过程中，都会受到一些重要人物的影响，如家长、同伴、教师、历史上的英雄、现实生活中的典型、偶像等。由于重要他人对学生社会化的影响远大于非重要他人，因此，学生社会化的发展主要取决于其重要他人的类型与特征。学生的重要他人可分为两个层次：互动性重要他人与偶像性重要他人。所谓"互动性重要他人"，是指学生在日常交往过程中认同的重要他人。学生日常交往的对象可能成为也可能不成为重要他人。就学生三重社会中的具体人物而言（家长、教师、同伴），如果他们已成为学生的互动性重要他人，则他们在学生心目中的角色形象将分别为楷模、导师及知心朋友；如果他们并未成为其互动性重要他人，则其角色形象将分别仅是监护人、社会权威及一般的活动伙伴。②

互动性重要他人的出现往往因互动者的年龄而产生不同的影响，小学生正处于社会化成长的重要时期，教师这一重要角色会陪伴小学生成长的大部分时间，所以，在与儿童交流互动的过程中，教师的形象礼仪、行为举止在潜移默化中对学生的行为方式、审美价值取向以及心理成长具有不可忽视的作用。

（三）从教育人类学的模仿视角看儿童的模仿习得

从教育人类学模仿（mimesis）的观点来看，可把儿童的学习过程看成是一个模仿的过程，这种模仿过程具有多重解释，可以自我表现、个人表达，可以是对某个原型的模拟，可以是依据榜样的再组织、再创造。这一过程是儿童

---

① 彭聃龄主编：《普通心理学》，北京师范大学出版社2004年版，第529页。
② 全国十二所重点师范大学联合编写：《教育学基础》，教育科学出版社2009年版，第255页。

内心世界与外部世界沟通、接近、融合的认识与习得的过程。通过模仿这条内部与外部世界的通道，个人获得将来面对各种社会情境与问题的能力。

小学阶段是儿童认识世界、认识他人、认识自己的重要阶段，他们会睁大眼睛、竖起耳朵、张开双手去观察、聆听、触摸外部的世界。各种感官积极地获取外部信息，并通过模仿的途径，选择、加工、贮存、内化为个人内部的知识、能力、情感和价值。而知识、能力、情感、价值的实现是伴随着儿童身体认识与表现存在和发生的。儿童的卫生习惯、衣着打扮、外在气质、言谈举止、内心修养除了通过课堂、活动等外在的具体教育形式以外，还应该通过观察和感受与他们朝夕相处的教师们，受到教师潜移默化的影响。表面上，儿童似乎只是关注于教师的外在形象、衣着打扮、言谈举止，实际上这也是一个发现美、审视美、习得美的美育过程。我们在这里不是一味地强调和夸大教师的个人身体条件、外在着装打扮，而是想通过教师对于自身的关注，更好地将其内在的优秀品质和修养外显出来，达到内外兼修的目的。

拓展阅读：
人类学视域中的模仿

现行的关于模仿的概念仅通过两种方式来界定其范畴。首先，这里所提到的模仿不仅是一般意义上的简单的模仿，而且也可以表示"使自己相似"（making oneself similar），"表现自我"（representing oneself），"表达"（expression），"前模仿"（pre-imitation）等意义。其次，这种模仿不受艺术、诗歌和美学的限制。模仿的能力在人类活动、想象、语言和思维的各个领域都有所体现，因此它对于社会生活至关重要。

柏拉图没有怀疑模仿在教育中的作用。在他看来，模仿是人的条件（conditio humana），它使得教育成为可能，并推动了教育的发展。尤其对于青少年来说，很多获得知识的重要过程都具有模仿性。

〔资料来源〕［德］德克里斯托夫·武尔夫著，张志坤译：《教育人类学》，教育科学出版社2009年版，第60、66页。

第二节 小学教师的形象构建

 "中国最性感女教师"

曼妙的身材、精致的脸蛋、甜美的笑容加上时尚性感的装扮,几乎一夜之间,这位天生丽质的美女就在网络上蹿红,网友疯狂转载她的照片以及视频,而让网友更为惊讶的是她的身份——一名小学语文教师,她也因此获得了"中国最性感女教师"的称号。连日来,她在网络上拥有超高人气的同时,也遭受着非议和质疑。

〔资料来源〕http://finance.591hx.com,2011年10月26日。

小学教师应该具有什么样的形象?随着时代的变化,传统的教师形象是否需要与时俱进?教师的美好形象对于教师工作本身、对于学生的教育影响、对于教师自身发展又会带来哪些影响?带着诸多疑问,我们从小学教师的形象构建和印象管理的具体要求进行梳理、讨论与分析。

简单地说,个人形象也就是一个人的外表或容貌,也是一个人内在品质的外部反映,它是反映一个人内在修养的窗口。社会学者普遍认为一个人的形象在人格发展及社会关系中起着举足轻重的作用。人类容貌的改变有一定的理论可依循,主要取决于人类的遗传基因、年龄和病变等。从心理学的角度来看,他人通过观察、聆听、气味和接触等各种感觉形成对某个人的整体印象,但有一点必须认识的是:个人形象并不等于个人本身,而是他人对个人的外在感知，不同的人对同一个人的感知不会是完全相同的，因为它的正确性被人的主观意识所影响，因此在认知过程中在人的大脑中产生不同的形象。教师，尤其是小学教师不但要承担正常的教育教学任务，而且面对儿童还有养成教育的问题，要帮助小学生养成各种良好的学习和生活的习惯。从教师自身做起，良好的形象构建和管理就显得尤为重要。一般来说，我们可以从教师的仪容、服饰等主要方面进行讨论。

一、教师的仪容

卫生是仪容的基础，教师在日常生活中要注意身体健康，防止疾病，善待和爱护自己的仪容，使之尽可能地整整齐齐、清爽干净，不杂乱无章、邋邋遢遢。这一点对于小学一、二年级的低段教师而言，更具有现实的教育意义，教师自身良好的卫生状态与习惯对于小学生来讲无疑是一个具体而鲜活的榜样。教师的仪容主要包括面容、头发、手等身体部位的清洁、保养与修饰。

（一）教师的面容

教师的职业特点决定教师要保持一个干净清爽的面容。坚持以正确的方法洗脸，可以促使面部皮肤进行良好的血液循环和新陈代谢，使人精神焕发，充满朝气，而且能够有效地清除滞留于面部的灰尘（粉笔灰）、污垢、汗渍等，使人显得清清爽爽。另外，脸上出现了疱疹、疖子等症状时，要立即去看医生，并遵照医嘱进行治疗。不要听之任之，或是乱挤、乱抠，弄得脸上伤痕累累，影响面部美观。

除了保持面容的卫生与健康之外，还可以考虑到仪容的修饰问题。仪容修饰，也就是通过美容、化妆使自己变得靓丽、美好。美容、化妆是对自己的一种尊重，是对个人形象的一种爱护。同时，也是对交往对象的一种尊重，是对自己所从事的事业的责任感的一种表现。所以，建议不论是男教师还是女教师，都要养成自我修饰的好习惯。因为，美容、化妆更多地受到女教师的关注，我们这里主要讨论一下女教师的化妆问题。

女教师在一般场合中（日常工作、休假）应该化生活简易妆，在化生活简易妆时，要注意把握以下几个原则。

1. 淡雅

淡雅，是指要清描淡画。当我们面对他人时，让对方感到我们仿佛只是用了口红（唇彩），而看不到其他修饰的痕迹，从而产生自然大方、朴实无华的效果，这就是淡雅。

2. 简洁

简洁，就是化繁为简，对面容进行简单的修饰。

3. 庄重

根据教师工作的性质和场合，不能随便追求时尚妆彩。像烟熏妆、印花妆、舞台妆、晚宴妆、鬼魅妆等都不适合教师的工作场合，会给人留下不庄重，甚至错乱、轻浮的感觉。

（二）教师的头发

教师不论留什么发型，都不能使自己披头散发、蓬乱不堪。留什么发型，应该考虑年龄与脸型等特点。头发是一种自然的物质，经人很好地清洗、梳理，能产生美的效果。良好的发型可使人仪表端庄，显得彬彬有礼。头发处于人体的"制高点"，其干净、整洁与否往往让他人一目了然，而且也是他人视线最先注意的地方。作为教师，更应该像重视自己的服饰一样，对自己头发的干净与整洁给予高度重视。爱掉头发的人、头屑过多的人，每次出门之前都要对自己的头发加以精心检查与梳理，并且要把头顶上、脸上、衣服上、眼睛上，特别是肩背上从头上散落下来的落发、头屑认真地清理干净。不然就会给人以极其不洁的感觉。另外，当我们从户外进来时，还要对诸如灰尘、树叶、草梗之类飘落在头发上的东西加以防范。

（三）教师的手

除了面部之外，每个人的手部也是为他人所关注的另一个部位。手部需要注意之处，总的说来并不太多，干净仍然是对它的基本要求。教师要自觉地经常洗手，尤其是去过洗手间、外出归来和接触了脏东西之后，更不要忘记洗手。对自己的手还要多加保护。如果自己的双手粗糙、红肿、皲裂、蜕皮，应该及时关注与调理。在教学中，教师的双手用得最多，所以要努力给别人留下好印象。为此，要做到以下几点。

1. 常洗手

每个人身上，手是与外界进行直接接触最多的一个部位，教师就更是突出。

2. 不要刻意蓄留长指甲

在修剪手指甲时，总的要求是忌长，并且要求经常地对它进行修剪。

3. 护理

要及时地除去指甲沟附近的"暴皮"，去除"暴皮"，要用指甲刀，不要用手去撕扯，搞得自己的指甲沟附近伤痕累累。皮肤干燥的情况下，最好使用护手霜进行日常手部护理保养。

二、教师的服饰

服饰，是指人的服装穿着与饰品佩戴，服装被视为人的"第二肌肤"，既可以遮风、挡雨、防暑、御寒，发挥多重实用性功能，又可以美化人体，反映精神面貌，体现生活情趣。现代饰品正确的佩戴对于表现教师的个性特点，增添个人魅力发挥着重要作用。服饰还具有反映社会分工，体现地位、身份差异的社会性功能。它是一种社会符号，也是一种审美符号和情感符号。

孔子说过，人"不可以不饰，不饰无貌，无貌不敬，不敬无礼，无礼不立"。这里的"饰"，指的就是服饰、装饰。作为教师只讲"穿衣戴帽，各凭所好"是远远不够的，在某种意义上，一个教师的服装并不只是表露其情感，而且还显示着他（她）的智慧与修养。教师遵守服饰礼仪是人际交往取得成功的一个前提，更是教师职业道德、职业规范的一部分。教师的服饰不仅对自己起着重要作用,对学生也起着潜移默化的榜样和示范作用。教师的职业服装,应显出端庄、严谨并富有亲和力的特征。

(一) 服饰着装的一般原则

1. 整洁性原则

不管在什么情况下,教师着装都应该整洁,避免肮脏或邋遢,不允许又褶又皱。着装应当完好,不允许又残又破,乱打补丁。着装应当干净,不允许又脏又臭,令人生厌。着装应当卫生,不允许其存在明显的污渍、油迹、汗味与体臭。

2. 情境原则

情境在这里指时间、地点和场合。需要指出的是,同一场合由于身份、目的不同,也可以穿不同的衣服,因此我们认为"目的"比"场合"更重要。

(1) 时间

泛指早晚、季节、时代等。穿衣服要考虑这些因素,注重时间变化。晨练与晚宴着装是不同的,西方还有早礼服、晚礼服之分。冬季、夏季,季节不同着装也不同,既不能"为了俏,冻得跳",也不可在夏天"捂得汗水湿透西服",应顺应自然。着装还要有时代特点,显示出不同时代的不同风格。

(2) 地点

着装要因地制宜,在校园内、校园外、做家访、去郊游、在城市、在农村都要有所区别,人置身于不同的环境、不同的场合时,就应该有不同的服饰穿戴,要注意所穿戴的服饰与周围环境的和谐。公务场合对于服装款式的基本要求是:庄重、保守、传统。符合这一要求,适合于公务场合的服装款式为:制服、套装、套裙、工作服等。社交场合对于服装款式的基本要求是:典雅、时尚、个性。符合这一要求,适用于社交场合的服装款式为:时装、礼服、民族服装,以及个人缝制的个性服装等。休闲场合对于服装的基本要求是:舒适、方便、自然。符合这一要求,适用于休闲场合的服装款式为:家居装、牛仔裤、运动装等。另外,因为不同国家、不同民族有不同的文化背景、地理环境、历史条件、风俗人情,我们在服装上也要尊重对方的思想情感。

（3）场合（目的）

服装的款式、颜色、质地在表现服装的目的性方面发挥着一定的作用。是自尊，还是敬人；是隆重，还是怠慢；是张扬，还是谨慎，都可以从着装上得到体现。

3. 协调性原则

古希腊人认为"和谐就是美"。服饰的美要达到和谐的视觉效果，人们就应恪守服饰穿戴的协调性原则。

（1）与角色相协调

在社会生活中，每个人都扮演着不同的角色。不同的社会角色必须有不同的社会行为规范，在服饰方面自然也有规范。例如，教师在家身为太太时可以自由穿戴；然而作为"上班族"的教师在工作场所，面对同事与学生时，就不能无所顾忌、随心所欲了。例如，男教师穿着类似女士的花衣服，女教师身着男装同样会对学生造成心理上的不良影响，教师应按照教师的服饰规范来装扮自己。

（2）与穿戴者的自身条件相协调

人们追求服饰美，必须充分了解自身的特点，只有这样，才能达到扬长避短的目的。比如，人的身材有高有矮、体型有胖有瘦、肤色有深有浅，穿着应考虑这些差异，扬长避短。体态较丰满的人应选择小花纹、直线条的衣料，最好是冷色调，以达到显"瘦"的效果。在款式上，胖人要力求简洁，中腰略收，后背扎一中缝为好，不宜采用关门领，以"V"型领为最佳；体型较瘦的人应该选择色彩鲜明、大花案以及方格、横格的衣料，给人以宽阔、健壮的视觉效果。

（3）与穿戴者的年龄相协调

在穿着上要注意与年龄相协调，不管青年教师还是老年人，都有权利打扮自己，但是作为教师，在打扮自己时要注意，不同年龄的人有不同的穿着要求。年轻人应该穿得鲜艳、活泼、随意一些，这样可以充分体现出青年人的朝气和蓬勃向上的青春之美。而老年人的着装则要注意庄重、雅致、整洁，体现出成熟和稳重，透出那种年轻人所缺乏的成熟美。因此，无论是青年、中年，还是老年，只要穿着与年龄相协调，都会显出独特的美来。

4. 整体性原则

正确的着装，应当注意服饰的文化内涵，服饰的内在逻辑，风俗习惯，东西方文化与审美的差别，注意着装服饰的系统性，整体考虑，精心搭配。着装时要使各个部分不仅要"自成一体"，还要相互呼应、配合，在整体上尽可能地显得完美和谐，恪守服装本身约定俗成的搭配。例如，穿西装时，应配皮鞋，不能穿布鞋、旅游鞋、凉鞋、拖鞋、运动鞋等休闲类鞋。

（二）女教师的着装

女性的服装比男性更具个性特色，但是要注意自己教师的身份，自己的榜样作用，导向作用，在校园不要穿得过分性感，过分艳丽，过分奢华。服饰价格不求很高，但是要协调，合理搭配，无论是颜色系列还是饰物、手包等要注意细节，体现高雅、大方、端庄的风度。

1. 女教师着装的选择[①]

在学校这种公务场合中，一般要求教师着正装，下面推荐几种女教师可以选取的服装。

（1）经典的西服领套装（裙）

西服领套装的领型是见棱见角的，这种直线以及直角的设计给女教师带来干练、利索的感觉。这款服装适合上课时穿着，更适合学校组织评优课、公开课、教研活动时穿着。西服领套装有大领型和小领型之分，大脸庞的人适合选择大领型套装，小脸庞的人适合选择小领型套装。

（2）无领的女性化套装（裙）

无领套装的领型有"V"字领、"一"字领、圆领、方领等。领型的多样性不但给我们带来了选择的宽泛性，还能使我们显得柔美、有亲和力。所谓的宽泛性选择是指可以根据脸形选择领型。比如"V"字领比较适合圆脸的人，

[①] 吕艳芝编著：《教师礼仪的 99 个细节》，华东师范大学出版社 2010 年版，第 6 页。

方领比较适合尖脸的人,"一"字领比较适合长脸的人,圆领比较适合方脸的人。

(3) 束腰的时装化套装(裙)

这款套装能很好地体现女性的线条美,还能使身材比例显得更匀称,但是,这款服装不太适合上身较短及体型比较胖的人。

(4) 传统的中式服装

中式服装的立领、镶边、盘扣等体现着中国人特有的庄重、谦和与细腻。随着社会的发展,中式服装也产生了很多的变化,比如领型、袖口、衣服的长短变化等。这种变化打破了传统的中规中矩,使人们更乐于接受。

2. 女教师着装的"六不"原则

无论是着正装还是便装,在学校内,在学生面前,女教师的着装都要有所顾忌。

(1) 衣服不允许过大或者过小

在学生面前不要穿低腰裤和露脐装,上衣最短齐腰,裙子既不要短于膝盖上一拳,也不宜长于小腿肚的中部;要合体典雅,体现服饰美。

(2) 不允许衣扣不到位

不能不系上衣口,敞胸露怀。

(3) 不允许不穿衬裙

衬裙颜色应与套裙颜色一致协调,不许内裤为人所见。

(4) 不允许内衣外现

穿吊带衫时,文胸的吊带不论是什么颜色、质地,都不能露出来,更不能出现好几条带子露出来。穿西装时,衬衫不应透明,内衣不能从领口露出,不能不穿衬衫,直接把连胸式衬裙或文胸当衬衫穿在里面,这样非常有失身份。

(5) 不允许随意搭配

套装不能与休闲装混穿,不能与牛仔服、健美裤、裙裤"合作",黑皮裙、黑皮靴也不能当正装来穿。

(6) 不允许乱配鞋袜

套装应穿黑高跟鞋、半高跟皮鞋,肉色丝袜,不要穿花网袜,不能露袜口,也不能穿一长一短两层袜子。

（三）男教师的着装

男教师的着装分为社交服装与职业服装。职业服装即工作服装，应适合职业的性质、工作的环境，要实用又便于活动，能给人整齐划一、美观整洁之感，能振奋人心，增强职业自豪之感。

1. 男教师职业服装的选择

（1）西服

西服有单排扣和双排扣之分，身材高大的男教师适合选择双排扣西服，身材瘦小的男教师一般选择单排扣西装。

西装的袖长以达到手腕为宜，衬衫的袖长应比上衣袖口长出1.5厘米左右，衬衫的领口应高于上衣领口1.5厘米左右。这样有一种匀称感。

在隆重场合穿西装要系扣，一个扣的要扣上。两个扣的只需扣上面的一个，平时可以都不扣，三个扣的还可以只扣中间一个。双排扣西服通常情况下，纽扣全部都扣上。

穿西装时通常不提倡穿毛衣，更不可穿多件毛衣。如穿毛衣，只可穿一件，若穿在衬衫外时，领带应放在毛衣内部，不穿开身或带图案的毛衣，应穿素色毛衣。羊绒衫可穿在衬衫内，但衬衫内不能露出任何衣服的领子。新西服袖口的商标一定要去掉。

西装衣袋的整理十分重要，上衣两侧的衣袋不可装物，只做装饰用。上衣胸部的衣袋可以装折叠好的花式手帕，有些小的物品，如手帕、笔等可装在西装上衣内侧的衣袋里。裤前侧两个兜可放少许物品，不能有鼓鼓囊囊的感觉。裤子后兜是装饰兜，不要装任何物品。

西裤长度以裤脚接触脚背为妥。穿西裤时，裤扣要扣好，拉锁全部拉严。西装坎肩要做得贴身。

（2）中山装

中山装要求穿着上下同色同质料子的服装，配黑色皮鞋。中山装既可以在出席正式场合时穿，也可以在平时穿。穿着时要扣好领扣、领勾、裤扣，穿长袖衬衫要把前后摆放入裤内。袖口不要卷起，衣袋内同样不要放很多东西。

（3）衬衫

长袖衬衫是正式的服装，短袖衬衫虽然被定义为休闲装，但是在炎热的夏季，它已成为男教师教育教学工作的一种服装选择，它既会让自己比较舒适，也不会使自己的形象打折扣。当穿着衬衫时，配上西裤是比较合适的。

（4）夹克衫

作为男教师，在教育教学工作中选择夹克衫也同样能给学生带来亲切、温馨的感觉。夹克衫配上西裤会比较协调。但是夹克衫属于休闲装，不适合于研究课、公开课以及各种正式的教育教学活动时穿着。[①]

2. 其他服饰

（1）鞋子

男教师正式的鞋子是皮鞋。在夏季，要穿前不露脚趾，后不露脚跟的鞋子。

（2）领带

领带是与西装配套的饰物，在正式场合系上领带既礼貌又庄重。在佩戴领带时要注意以下几方面。

第一，穿西装时，打领带时应系好领扣。不打领带时，领扣应打开，要采取合适的领带结法，以配合衬衫领型，产生舒适、协调的效果。

第二，领带的选择。要注意西装、衬衫的条纹与领带质地、颜色的协调搭配。

第三，领带的质料大多为丝绸，图案有水珠、月牙形、方格形等。正式场合必须系领带。

第四，领带颜色要讲究。宴会等喜庆场合，领带可鲜艳明快，参加吊唁活动要系黑色或素色领带，参加商业活动宜佩戴醒目且花纹突出的领带，职业领带往往是素色或深色，多无花纹。

第五，系领带要注意衬衫领围大小，西服内衣有西服坎肩、鸡心领毛背心的，领带要放在这些衣服内，且领带下角不可从这些衣服下端露出。

第六，领带要按规定系好，下端要与腰带齐。

---

① 吕艳芝编著：《教师礼仪的 99 个细节》，华东师范大学出版社 2010 年版，第 9 页。

第七，领带夹要把衬衫和领带一同夹紧，且领带夹夹的位置要适中，一般在衬衫的三四粒纽扣之间。

拓展阅读：
呈现文明教师形象

"衣着整洁得体"、"举止文明礼貌"，既是对小学教师个人仪表的最基本要求，也是小学教师为人师表的基本要求。《中小学教师职业道德规范》（2009年版）已将"衣着整洁得体""举止文明礼貌"作为教师"为人师表"的基本要求，《小学教师专业标准（试行）》中再次提出，既是认同，同时也是进一步强调作为小学教师必须具有这样的行为规范。

〔资料来源〕教育部教师工作司组编：《小学教师专业标准（试行）解读》，北京师范大学出版社2013年版，第52页。

第三节　小学教师的礼仪需要与习得

 小学教师礼仪培训

2012年7月2日上午，龙子湖区师范附小邀请成艳珍副教授为全校120多名教师举办礼仪文化的专题培训。成老师以"内强素质，外塑形象"为核心内容，从办公室礼仪、服装礼仪、仪容仪表礼仪、课堂礼仪、社交礼仪等方面系统地对教师进行了培训。活动中讲解了礼仪教育的重要性，礼仪教育的方法，以及与不同人群交往的技巧，从而帮助小学教师有效地提升自身素质，塑造良好教师形象。

〔资料来源〕http://www.bbjy.com/n32802c10.aspx，2012年7月5日。

一、礼仪与教师礼仪

（一）礼仪的古今意涵

孔子曰："礼，敬也！"荀子曰："人无礼则不立，事无礼则不成，国无礼则不宁。"礼仪，是社会文明的宝贵遗产之一，是自然和谐的美好结晶，它展示了社会成员的文明形象。中国具有五千年文明史，素有"礼仪之邦"之称，中国人也以其彬彬有礼的风貌而著称于世。礼仪文明作为中国传统文化的一个重要组成部分，对中国社会历史发展起了广泛深远的影响，其内容十分丰富。礼仪所涉及的范围十分广泛，几乎渗透于古代社会的各个方面。

古人认为，举止庄重，进退有礼，执事谨敬，文质彬彬，不仅能够保持个人的尊严，还有助于进德修业。古代思想家曾经拿禽兽的皮毛与人的仪表仪态相比较，禽兽没有了皮毛，就不能为禽兽；人失去仪礼，也就是不成为人了。虽说时代不同了，但古人对仪容仪表的重视及整洁仪容要求，是值得今人借鉴的。外在形象是一种无声的语言，它反映出一个人的道德修养，也向人们传递着一个人对整个生活的内心态度。具有一个优雅的仪表，无论他走到哪里，都给那里带来文明的春风，得到人们的尊敬。

毫无疑问，传统礼仪文明对国家、社会历史发展产生积极影响。

如今，我们所谓的"礼仪"，即是在人际交往中，以一定的、约定俗成的程序方式来表现的律己敬人的过程，涉及穿着、交往、沟通、情商等内容。从个人修养的角度来看，礼仪可以说是一个人内在修养和素质的外在表现。从交际的角度来看，礼仪可以说是人际交往中适用的一种艺术、一种交际方式或交际方法，是人际交往中约定俗成的示人以尊重、友好的习惯做法。从传播的角度来看，礼仪可以说是在人际交往中进行相互沟通的技巧。一般说来，社会上讲文明礼貌的人越多，这个社会便越和谐、安定。如果我们每一个人都教养有素，礼貌待人，处事有节，我们的生活就会更多一些愉悦，而国家、社会更多一些有序与文明。从这一点讲，礼仪对社会起着政治、法律所起不到的作用。

在构建社会主义和谐社会的进程中，我们既要摒弃传统礼仪中的繁文缛节，又要把中华礼仪中的精华发扬光大，并与世界接轨，形成有中国特色的现代礼仪文化，以适应现代交际的需要。教师，作为传承和发扬中华优秀文明的重要代表，具备良好的礼仪修养和能力是十分必要的。

（二）教师礼仪的内容及特征

教师礼仪指教师在教书育人的岗位上如何表现教师应有的气质与风度，是教师在工作岗位上待人接物、为人处世的行为规范，是指教师的标准化做法。教师应遵守的礼仪规范，不仅要有社会公民共同的礼仪，更重要的是要有教师的角色身份、地位区别于其他职业的礼仪。

教师礼仪可分为两大部分：校内礼仪和校外礼仪。校内礼仪包括：教师的仪表、仪容、仪态礼仪，课堂礼仪，办公室礼仪，学校集会的礼仪，与学生交往的礼仪等。校外礼仪包括：教师与家长交往的礼仪，通讯礼仪，人际交往的一般礼仪，社交礼仪、涉外礼仪等。

教师礼仪有自己特定的适用范围、特定的使用对象，与其他礼仪相比，教师礼仪具有以下的特性。

第一，教师礼仪具有鲜明的强制性。只要进入这个行业，就必须遵守教师礼仪。教师的礼仪素养将使教师更有魅力、更具力量，给教师带来更大的收获。

第二，教师礼仪具有强烈的形象性。它代表着教师的职业形象、学校的整体形象、教师队伍的整体形象。因此，是否遵守教师礼仪就不再是某位教师的个人行为，而是集体行为了。另外，我们还可以从师德、师心、师技、师表四个方面来认识教师礼仪的基本特点。师德，就是教师的职业道德，就是要忠于祖国，忠于人民，拥护党，热爱教育事业，要遵守法律，爱护学生，要廉洁从教。这一点是教师良好礼仪修养的基础。师心，就是要有爱心，对所教育的学生用心呵护，用心教育。这是教师礼仪的出发点和落脚点。师技，表明教师要有一技之长，要业精于勤，要有自己的人格魅力。这一点说明了良好的教师礼仪是作为一名教师的条件和业务进步的助力。师表，要求教师要语言美、心灵美，同时要仪表美、行为美。这一点是教师礼仪的具体表现，是彰显教师美好形象的外在要求。

二、教师礼仪的育人功能

著名教育家叶圣陶先生说过:"教育工作者的全部工作就是为人师表。"①教师不仅是教授知识的源泉,也是传承文明的力量;教师不仅是教育培养过程中的决定性人物,也是形成国家未来前景的一个因素,因为国家未来在很大程度上取决于今天造就的新人的类型。由此,教师这个职业的重要性和特殊性便不容置疑地突显出来,教师的崇高使命便和其个性、道德紧紧相随,而教师礼仪则作为其个性和道德最直接、最外在的显现而备受重视。教师礼仪是教师在工作岗位上待人接物、为人处世的行为规范,是教师在教书育人的岗位上如何表现教师应有的气质与风度。教师的音容笑貌、文明举止、正派作风、渊博知识、儒雅风度,衣着发式无形中都成为学生和社会学习的楷模。

(一)教师礼仪具有一定的教育示范功能

在学生的心目中,教师是神圣的,尤其是对喜欢和崇拜的教师,学生不仅会认真地学习该教师教授的所有内容,还会不自觉地模仿教师的行为模式和思维方式。因此,教师的知识、眼界、品格及一言一行等,都对学生有重大的影响。古语言"近朱者赤,近墨者黑",教师自身形象能直接影响学生形象的塑造。学生通过对教师形象的观察和模仿,能形成对自己形象的定位。在年龄越小的学生意识中,教师越是值得尊敬和学习的人。即使到了更高的年级,学生视野开阔了,与教师的关系也变得复杂了,但教师仍然是学生生活世界中的重要人物,教师形象仍然是许多学生模仿的榜样,仍然对学生的形象设计起着不容忽视的引导规范作用。

(二)教师礼仪是体现平等与尊重的教育途径

中央电视台"百家讲坛"礼仪课程主讲者金正昆这样解释礼仪:"礼"指的是尊重,即在人际交往中既要尊重自己,也要尊重别人。古人讲"礼仪者敬

---

① 朱永新编:《叶圣陶教育名篇选》,人民教育出版社 2014 年版,第 130 页。

人也",实际上是一种待人接物的基本要求。我们通常说"礼多人不怪",如果你重视别人,别人可能就重视你。礼仪的"仪"字顾名思义,仪者仪式也,即尊重自己、尊重别人的表现形式。在人际交往中,尊重是前提,平等是基础。即使师生之间也是如此。

(三)教师礼仪是对学生审美教育的潜在维度

礼仪文化具有很高的审美价值,教师礼仪的审美性主要是指教师职业的文明礼仪对学生以及他人的感觉、领悟方面的影响。教师礼仪的审美性主要表现在教师端庄的仪容、仪表会让学生赏心悦目。教师的仪容、仪表好比是一名演员,走上讲台,一个亮相,就能对学生产生特殊的影响。作为"人类灵魂的工程师",当其内在的学识修养和外在的服饰打扮和谐地统一起来,让人于朴实大方中见高雅的情趣,于整洁得体中见丰富的涵养,教师就会给学生以美的熏陶和感染。教师优雅的风度也体现了教师礼仪的审美性,风度是直接作用于人的感官,是学生认识教师、评价教师的最重要的因素。美的风度令人陶醉,令人向往。

三、教育教学活动中的礼仪

(一)教师语言礼仪

在教育教学活动中,教师礼貌得体的称呼语可以激发和控制学生的情绪,沟通师生的感情,融洽师生关系,进而增强教育教学效果。

教师能够真诚地叫响学生的名字,意味着对学生持一种尊重的态度。特别要强调,教师在任何情况下都应谨慎称呼学生的昵称或绰号。因为昵称,只会在课堂这一特殊场合增进学生的优越感,削弱其守纪的自觉性,有厚此薄彼之嫌;而公共场所喊学生绰号,很容易伤害学生的自尊心,也影响教师形象,降低教师威信。

另外,当教师忘记或叫错学生姓名时,学生通常心里都会不舒服。须知:教师记住学生的名字,而且很容易地称呼出来,等于给学生一个巧妙而有效的赞美。

(二) 教学组织中的礼仪

教师的气质、涵养往往从他与学生交往的姿态中就表现出来。作为塑造人类灵魂工程师的教师，要注意自己在教育教学活动中，与学生交往的行为举止，做到大方、得体、自然、不虚假。

1. 讲台上的礼仪

(1) 目光与表情

眼睛是心灵的窗户，它可以反衬出一个人心中的一切波澜。在讲台上，教师要善于运用自己的目光，表达自己的思想。讲课时，目光要柔和、亲切、有神。给人以平和、易接近、有主见之感。不能死盯住某个学生，这样不仅不礼貌，还显得咄咄逼人或神智呆钝；无节制地东张西望，又给人以心不在焉、应付差事之感。合理运用目光的要领是：把目光放虚一点，不要聚集于某人，而是将目光罩住全场。还要注意，当教师讲话出现失误被学生打断，或学生中出现突发事情打断你的讲课时，不能投以鄙夷的目光，这样做有损于教师在学生心目中的形象，反映出自身心胸狭隘与无礼。在讲台上，教师忌讳的目光有：对学生不能运用斜视、瞥视、瞪视、眯视等傲慢目光，也不能目光游移不定，看天花板或讲台，表现出惊恐不安、心神不定、害怕见人的神情。

(2) 站姿

一般的教师应该站着讲课，这样更有利于身体语言强化教学效果，也是对学生的重视。站着讲课时，两脚脚跟落地，站稳站直，胸膛自然挺起，不要耸肩，或过于昂着头。需要在讲台上走动时，步幅不宜过大过急。女教师讲课时最好不要穿高跟鞋，以免声音过响转移学生的注意力，一般穿平跟软底鞋较好。持稿讲课时，持稿高度与胸平行，不能掩面或过低，也不能紧靠眼前晃动讲稿。

(3) 坐姿

教师应提倡站着讲课，但在一些讲座课或教师年龄较大的情况下，也可以坐着讲。坐着讲课应注意，坐姿要端正，身体要坐在椅子中间，上身与椅背平行，两腿要并拢，间距不可过大。坐着讲课时切忌斜身、后仰、前趴、侧坐在椅子上。用手抓握话筒，用稿掩面等讲课也是对学生的不尊重和不礼貌，也表现为一种病态，不符合教师的身份。

(4) 手势

教师讲课时，无论站姿还是坐姿，一般都需要配以适度的手势来强化讲课效果。手势要得体、自然、恰如其分，要随着相关内容进行。讲课时忌讳用手指点同学、敲击讲台，或做其他过分动作，忌故弄玄虚，哗众取宠。

(5) 致意

教师在课堂上使用的致意方法大体有以下几种：注目致意、点头致意、微笑致意、挥手致意、欠身致意。

在课堂上，教师的眼睛应该是炯炯有神的，这样的注目致意会使学生感觉到，教师乐于接受、帮助和关注学生。

在呼唤距离比较远的学生时，可以用挥手的方式示意对方。在课堂上，即使面对的是活泼好动的小学生，教师也要尽量避免高声呼唤学生。

在肯定学生时，要一边用语言"对""没错""有道理""很好"等肯定对方，同时还要轻轻地点头。这样做可以极大地鼓励学生，这是语言和体态语言综合运用的好方法。

(6) 板书

整洁清楚的板书应根据所授的内容进行概括，事先有所设计。这也反映出教师对教学的态度和对课程的重视以及对学生的尊重。板书时要求书写公正、整齐，切忌写错别字和不规范的字。板书不能过于潦草、零乱，而应条目清楚，突出讲课重点内容。整体设计要规范、醒目、美观，给学生留下清晰的印象，便于学生记录和复习。

2. 课后的行为举止

教师在课后常常在家访、集会和组织参观游览时和学生交往。在这些场合里，一方面要放下在讲台上严肃、庄严的架子，和家长、学生亲切随和地交谈或听取学生的意见，使学生或家长不感到拘束，这时的举止应随意，言谈要幽默、风趣，努力拉近与学生的距离，切忌板着面孔，故作严肃，引起学生的反感。另一方面也不可过于随便，如和学生拉拉扯扯，称兄道弟，这样容易失去教师应有的尊严，给课堂教学和进行思想教育工作带来不利影响。

在现代社会中，教育是立国之本。教育以人为本，以学生为主导；办学以人为本，以教师为主体。教师不仅仅是传授知识的源泉，而且是传承文明的导师，教书育人的园丁，以身作则的楷模。学生需要学习知识并不断更新，学习做人更是一辈子的事。教师应当努力使自己成为讲究礼仪的典范，言传身教，努力去传承和弘扬光荣传统。

四、教师与学生间的关系礼仪

教师与学生间的关系礼仪构成了教师礼仪的重要一面，教师良好的礼仪修养是教师自尊的表现，同时也体现了教师对学生的尊重和关爱，是教师向学生表达师爱的具体形式，也是构建师生之间和谐关系的有效途径，蕴含着丰富的育人功能。

（一）热情与学生问候

在校园生活中，学生与教师之间的问候随时都会发生。学生完成对教师的问候相对很容易，但是学生问候的质量如何？学生是否乐于问候教师？学生是否通过对教师的问候有所收获？学生能否在毕业后，走向社会时给他人带来恰当的问候？这些问题值得我们思考与讨论。

1. 课前、课后的问候

上课前后最能体现教师对课堂的尊重与热情。教师经常用的问候语是"同学们好"，对于这样的问候，工作了几十年的教师已经进行了无数次，学生们也听了无数次，这不但让教师们已经有些麻木了，也会使学生感觉这只是一种程序。我们可以尝试做一些变化，比如，选择带有实效性的问候，"同学们，早上好"，"同学们，下午好"等，为学生带来新鲜与生动的感受。教师还可以根据学生的精神状态，在上课时选择带有鼓励性质的问候。比如，"大家起立时非常整齐，相信问候时也会做得非常好，让我们互相问候一下，同学们好！"

2. 课外的问候

目前，部分学校会在早上、中午以及放学后，安排学生值周。值周学生的任务是在学校大门口或是学校的各个楼层，迎接或送别教师、客人时，要主动问候对方。但是，有时候，不论是学生的问候还是教师的回应，都显得比较匆忙。作为教师，我们可以这样来改善：

（1）当学生问候时，要放慢脚步，同时，回应的语速也不要太快；

（2）要面带微笑，凝视着学生的面部；

（3）在比较狭窄的地方，如果有必要，要停下脚步。

当我们这样做时，学生会受到启发和影响，他们也会越做越好。

（二）教师与学生的交谈礼仪

教师为了做好学生工作，经常要与学生进行语言交流，谈话时要讲究举止，分清场合。

1. 平时一般性交流

出于关心学生的情感，出于帮助学生成长的需要，教师要经常主动地与学生进行交流，交流时，我们要争取采用开放式的提问方式。比如，同样是学生上学迟到，我们可以问："老师很想知道你迟到的原因是什么？"面对这种提问，学生会告诉我们迟到的原因，教师也就能针对学生陈述的原因给出具体的建议，使问题得到比较理想的解决。

2. 专门的谈话

（1）提前通知，有所准备

谈话最好提前与学生打招呼，这既是一种礼貌，又是对学生的尊重。最好先简要说明内容，让对方有思想准备，然后商定谈话的时间、地点、方式，让对方认可，并对对方的合作表示谢意。

（2）热情迎候，设置平等气氛

要热情迎候谈话学生的到来，在门前热情迎接，不能在屋里站着不动或在门口谈话，这是对学生的不尊重、不礼貌。与学生谈话时，座位安排及距离要适当注意，要让学生坐在与自己平等的位置上。如果自己高坐其上，或坐在办公桌后，会造成学生的思想压力及心理失衡。

（3）举止端正，行为有度

谈话时，语气要平和，目光要注视对方，赞成的内容应点头示意。与犯了错误的学生谈话，对方如果不接受谈话内容，甚至耍态度，教师要有耐心，摆事实，讲道理，不提高音量、不反唇相讥，表现出良好的道德修养。

（4）分清场合，合情合理

教师的表情要与谈话对象、内容协调一致。慰问、安抚类谈话，既要深沉、严肃地与学生分担痛苦，又要坚定自信，给人以力量和鼓舞；反映问题类谈话，既要细心听取，全面了解，不厌其烦，又要把握政策，以理服人，苦口婆心；工作谈话，既要简单明了，讲求效率，抓住实质，又要态度和蔼，有涵养，不失风度；说明问题、批评类谈话，要先消除对方的畏惧心理，缩小对方的感情差距，然后提出中肯批评，表情一般要严肃、认真。教师与学生进行谈话时的忌讳为：忌谈话中言过其实，故意夸大或缩小；忌对学生拉长语调，放慢语速、压低音量；忌传播不利团结或道听途说的事情；忌批评时事实不清，不分场合。

五、教师与家长之间的沟通礼仪

教育工作就是教师不断地与学生、与家长、与同事、与社会的交往中进行思想与文化的沟通与交流。因此，作为一名教师，不可以忽视与家长的交往礼仪。教师与家长之间的沟通礼仪不仅反映教师个人的内在修养，更加代表了学校的整体形象。那么，教师应该如何与家长交往呢？交往时应注意些什么呢？

（一）召开家长会的礼仪

家长会作为一种家长和教师、和学校沟通的最重要方式，也是学校进行教育教学活动的一个主要组成部分，尤其在小学阶段，定期召开家长会也是一项重要的家校合作活动。成功的家长会有助于学校之间建立一种"理解、信任、目标一致"的合作关系。而家长会能否成功举行，这在很大程度上取决于教师与家长交往过程中的礼仪规范。

1. 充分准备家长会

召开家长会，必须做好相应的准备工作。这种准备工作，既包括个人仪表仪容的适当修饰，教室的清洁整理，更重要的是要做好会议的前期准备，使会议开得生动、活泼，富于实效。要有一定的主题，在预定的主题下，也要让家长有发挥的余地。

2. 热情待客

家长是各式各样的，他们的文化程度不同，工作性质不同，职位职务不同。教师在接待家长时要把握好以下原则：任何人只有一个身份，那就是"家长"，一律都热情相迎。这里说的"热情相迎"主要指的是一种态度，是对客人来临的欢迎和尊重，切不可以厚此薄彼。

3. 积极互动交流

召开家长会时，班主任老师要向家长汇报学生的在校表现是必要的，但切不可把家长会开成一讲到底的"一言堂"。家长会必须确定某一主题，但在确定主题的同时，也得考虑留出相当的时间让家长发发言，表达自己的看法，或征求家长的意见。只有真正地做到了尊重家长，听取家长的意见和建议，才能帮助教师做到集思广益。

4. 避免公开批评

召开家长会时，教师应尽量避免公开批评一些品学相对不优秀的学生。这在保护了相关家长的尊严和自尊心的同时，也是教师一种良好的交往礼仪的体现。

在真诚与平等的礼仪原则下，在选择了恰当的方法后，我们会逐渐将学生所谓的"告状"转为"邀请"，逐渐使家长被动来校转为乐于来校。通过我们的努力，教师、家长（学生监护人）和学生三者之间一定会形成互相配合、互相学习、共同进步的融洽关系。

（二）家访交谈中的礼仪

家访是教师与家长进行的重要的一种交际方式，曾经被广泛地使用，但是随着通信技术的不断发展，面对面的家访活动往往被电话、网络等联系形式所取代，但是如果要真切地了解学生的思想与生活，也有必要适时地进行家访。那么如果进行家访，一些必要的礼仪也是教师应该遵循的。

1. 态度诚恳

教师在进行家访时态度是十分重要的。无论教师家访是想要对学生家长表示祝贺或是对其孩子进行批评，都应首先做到态度诚恳、语言中肯。教师应抛弃居高临下的错误心态，用语文雅，理直气和。

2. 事先联系

教师在进行家访活动之前，应选择事先和家长进行联系，从而确定好方便的时间进行沟通和交流。教师应避免做不速之客，因为不速之客实际上是不礼貌的。另外，教师应严格遵守家访的约定时间，不要轻易失约和迟到。

3. 倾听为首

教师在家访中，一定要打破传统的旧观念，认为家访就是教师向家长单向地传递信息。教师应礼貌地尊重家长，以倾听为主，以倾听为首，认真倾听、有意识地倾听家长对于学生的意见。

（三）个别接待家长的礼仪

在学校工作中，教师接待个别家长是经常发生的情况。大致包括由于要和家长沟通某个学生的具体情况，而邀请家长到学校，俗称"请家长"；或者，学生家长需要与相关老师进行交流。教师能否对家长做到以礼相待，这直接关系到接待的效果，也关系到对学生的教育。

1. 请家长到学校面谈

传统形式的"请家长"往往会使学生和家长都处在一种高度紧张的状态，将问题升级处理，最后可能会将学生置于一种"恐怖"的威慑气氛之中，我们可否尝试着改变这种状况，通过努力使"请家长"成为一种与家长积极有效的交流活动。我们可以从以下几方面做出努力。

（1）让学生感到我们是真诚的

"请家长"之前与学生进行沟通，会使学生忐忑的心稍微放松下来，抵触的情绪缓和下来，并让学生感到教师"请家长"是为了自己的进步。比如，可以在邀请家长之前，把一些想法与学生交流一下，包括需要家长来学校的原因、目的等，争取得到学生的认同。

（2）把握平等的原则，使家长乐于接受邀请

不论学生出现什么样的问题，教师都要控制好自己的情绪。如果情绪一时无法平静，就推迟与家长见面的时间。在通过电话或网络与家长事先联络时，是与家长商量见面的时间，而不是通知家长何时到学校。这些做法能使家长心情愉快，感到被尊重，并愿意积极配合。

（3）与家长面谈时，最好让学生一起参与

学生参与老师与家长的面谈，可以避免学生无根据地进行负面的猜测，可以避免家长向学生传达时出现误差。因为邀请家长面谈的主要目的是帮助学生解决问题，促进学生的进步与发展。

2. 接待学生家长

目前，越来越多的家长很关心学生在校的情况，尤其表现在低龄段的小学阶段，家长会主动询问学生在学校的具体情况，甚至有些家长会就一些问题，希望和老师进行沟通与交流，那么，主动约见老师的情况也会发生。在面对老师被约见的情况时，也有一些礼仪方面的事项是需要老师注意的。首先，在收到学生家长的约见想法后，要积极响应，及时安排双方方便的时间和地点；其次，要对家长需要沟通的主要问题有所了解，避免慌乱和不知所措；再次，在遇到比较难于沟通的家长时，要控制好情绪，并合理使用一些沟通的技巧（需要不断地学习和实践）；最后，对于家长关心的问题要给予积极的回复，并将

利于学生进步的主旨贯穿于整个交流过程,避免就一些细碎和次要的问题纠缠和误解。

3. 与家长面谈需要注意的几个问题

(1) 注重家长个性

每一个家长都有自己的独特个性,教师要主动了解家长的这些个性并努力顺应这些个性。比如说,有的家长比较开放,有的家长则比较沉默寡言;有的家长比较爱面子,有的家长则无所谓;有的家长文绉绉的,有的家长则比较粗放。教师应根据不同家长的不同个性特征,采取不同的应对措施,使得接待具有个性化,包括交谈方式等都要有所不同。

(2) 要选择合适的交谈场合

个别接待家长一般不要在办公室中进行。办公室是教师们工作的公共场所,若在此接待家长,容易打扰别的教师的工作。

(3) 遵循平等的原则

接待家长时,教师要遵循平等的原则,万事平等协商,切不可武断,不要责备或训斥家长,要充分征求家长的意见。在具体问题上有不同看法时,更尊重家长的看法。

除了上述我们介绍的关于教师与家长面对面沟通的几种情况之外,目前,很多时候,教师还会和家长通过电话、短信、微信、网络通信平台等手段进行沟通与交流。在进行非面对面的信息沟通时也应遵循相应的礼仪要求,方能达到与家长有效、愉快的沟通与交流。

六、教师的社交、涉外礼仪

礼仪是一种文化,礼仪文化是人格魅力的重要因素,它构成了一个人的形象的重要侧面,是其外在形象与内在气质及素质的综合表现。课堂犹如演出的舞台,教师是这个舞台上的主要角色,教师的礼仪修养水平高低,直接影响着课堂教学效果的好坏,并直接影响学生能否健康成长。而教师作为社会中的一个基本成员,还要面对不同的人际关系,因此也要牵涉必要的社会交往。人如果不与社会交往的话，教师难以实现自我为社会为国家做出贡献，也难以得到社会的认可和接受。教师的工作，主要场合是在学校在课堂，是在为学生服务的过程中实现的；此外教师的社会交往直接地、间接地对他的教书育人、为人师表有影响和制约。所以，一名当代教师，必须正确面对各种各样的社会交往，必须妥善地处理各种各样的人际关系。社会交往不可回避，而且要积极地投入、认真地参加、正确地处理。

教师社交礼仪，是社会组织中的教师在公共关系活动中，为了塑造个人和组织的良好形象而应当遵循的尊重他人，讲究礼节，注重仪表、仪态、仪容、仪式等的规范或程序。

教师社交礼仪主要包括见面礼仪、访送礼仪、交谈礼仪、体姿礼仪、电话礼仪、空间礼仪、服饰礼仪、宴请礼仪等主要内容。

随着教育国际化的不断推进，很多小学已经开始和国外的一些学校和教育机构进行交流与合作，在这些涉外的活动中，作为一名小学教师也有机会与外国同仁们进行交往与合作，一些必要的涉外礼仪显得尤为重要，也需要老师们提前有所意识，有所锻炼，有所准备。

需要指出的是，我们本章所讨论的教师形象和礼仪并不是一味地宣扬所谓的外貌美丽、穿着时尚、生活讲究的"偶像教师""明星教师"。我们希望每一位教师进一步提升自己的专业角色感，进一步增强积极从教的信心与热情，从自身做起，从集体做起，打造出一支更具内心专业追求，同时注重外在形象礼仪的出色的小学教师队伍。

【思考题】

1. 如何理解教师形象礼仪是教师专业发展的时代呼唤？
2. 小学教师为什么要重视个人的形象和礼仪？
3. 教师的形象礼仪对学生的教育影响是如何体现的？
4. 教师形象塑造都包括哪些方面？
5. 教师的礼仪学习与践行从哪些方面展开？

【文献链接】

1. 李兴国、田亚丽主编:《教师礼仪》,华东师范大学出版社 2006 年版。

2. 金正昆主编:《教师礼仪概论》,北京大学出版社 2007 年版。

3. 金正昆主编:《教师礼仪规范》,中国人民大学出版社 2010 年版。

4. 吕艳芝编著:《教师礼仪的 99 个细节》,华东师范大学出版社 2010 年版。

5. 韩红月主编:《每天学点礼仪学》,新世界出版社 2009 年版。

第三篇

入职适应篇——走向合格教师

【本篇概述】

入职阶段是教师专业发展的一个关键期。20世纪60年代以来，美国学者对新教师群体的研究一致表明：初任教师的头两年是教师成长和发展的关键时期，也是一个充满困难和考验的过渡时期。这个时期的经验直接影响教师今后的发展。积极成功的经验可以帮助教师坚定职业志向，而困难和挫折则会使新教师对其工作丧失信心。有学者把教师初入职阶段称为"生存关注"阶段，生存下来才谈得上发展，在这个时期如果不能给予他们及时有效的帮助，将会直接影响到其将来专业发展的质量，进而影响到整个教师队伍素质的提高和教育改革的顺利进行。

我国每年都有大量的新教师加入到教师队伍，其中大部分是于刚刚走出校门的大学生。大学生们进入到教育一线，成为一名新教师，是一次角色的大转换，必然存在着一定时间的适应期。本篇章就新教师在适应期出现的一些主要问题进行阐述和分析，并为新教师在这一关键期内如何成为一名合格教师提供一些建议。

第八章

艰难跨越
——新教师入职适应的主要问题

> 一个师范生的书桌与一位教师的书桌之间的距离,虽然在直线跨度上很短,但是它确是这些年轻人在那么短的时间内所要跨越的一段最长的心理上的历程。
>
> ——卡瑞克·卡兰翰

【内容概要】

本章首先描述了入职适应阶段新教师的心理特点,进而分析了新教师入职适应的概念和四个发展阶段:憧憬阶段、倦怠阶段、调整阶段和分流阶段。在此基础上,结合案例探讨了新教师在教学、职业态度、人际关系、职业生涯发展和个体性方面可能出现的适应性问题。

【关键词】

新教师　新教师入职适应

小学教师专业发展概论

第一节
新教师的入职适应及过程

 给新教师适度的期待——一位校长的反思

学校每年都要引进一批新毕业的教师,新教师有着他们自身的优势:学历高、年轻、有工作热情,但是要让新教师很快地进入角色走上教学的轨道,按照"一年入门,两年过关,七年成骨干"的青年教师培养目标还真不是一件容易的事情。

几年前暑假开学刚过一周,教导处王主任去听一个新教师的课。由于接触学生时间短,加之经验不足,这位教师的课上得很糟糕。王主任着急了。他站起来先维持课堂秩序,然后干脆让新教师离开讲台,自己上去讲课。学生有些茫然,新教师也低下了头。

课后,新教师来到我的办公室,说:"校长,我不能上课了"。话还没有说完,她就伤心地哭起来。问明原因后,我连忙安慰她:"你别着急,我们都在盼你尽快进入角色,完成教学任务。这节课讲得不理想,主要责任不在你,是我们对你的指导帮助不够。这样吧,今天你回去再准备一节,明天我们还听,怎么样?"新教师点点头,欣然接受了这个任务。

随后,我找到了王主任,说:"你希望新教师尽快进步,保证教学质量,想法是非常正确的。但是,不能这样着急,要讲究方法。尤其不能在教师讲到半截时,代替上课,这样教师接受不了,感到在学生面前没面子。况且她刚走上教学岗位,进入教学角色进而成为合格教师还要有一个过程。再说我们把一个班交给她,还需要她去组织、管理。其实每个教师都得走过这个阶段,你说是不是?"王主任也说了自己的想法,并表示找新教师谈谈,教给她一些方法,帮助她进步。之后,我提出了一些新教师培养的建议。

当我又一次和王主任去听这个新教师的课时，说实在的，这堂课上得也不很好。课下，我先让新教师谈自己备课的思路、上课的流程、对这节课的感受。她也觉得不是很成功。我笑着说："你今天抓住了领导给你指导的机会，还是让王主任给你说说课吧。"王主任说完课后，我对新教师进行了鼓励，说："昨天，你能一口答应让我们听课，说明你不怕吃苦，很有上进心。今天你觉得这节课讲得不太理想，说明你对自己的要求很高。其实作为一个新教师你能摸索着做成这样，已经很有进步了。以后咱们继续一起来研究，你一定没有问题的。""校长，我再准备，下周您和王主任还听我课，行吗？"新教师恳求道。

"可以，你好好准备吧！到时候我和教导处的领导都来听。不过，你不感到太辛苦吗？"我真诚地问。

"没事。"她说，又转向王主任说："我想请您给我说说课，行吗？"王主任的脸上露出了笑意。在王主任的指导下，当我们再听这位教师的课时，显然有了明显的进步。几年过去了，昔日的这位新教师，而今已成为学校的骨干。

现在想起来，对新参加工作教师的培养与管理，需要全面了解，正确定位。对于新教师，学校要在全面了解情况的基础上，对他们各方面的能力做出正确的分析。王主任的"急"就在于他对新教师的现状分析不足，对新教师在教学中可能出现的失误估计不足，因而解决的策略就不妥当。让新教师走下讲台，是对新教师的否定。王主任没有想到，新教师虽然课讲得不好，但对于自己在学生心目中的形象非常在意，自然无法接受。如果王主任对新教师有较为全面的了解，对其在工作中可能出现的问题有一定的预见性，那么处理起来就会委婉些，新教师自然会好接受一些。

刚刚走上教学岗位的新教师，各项工作都是一个新的起点，没有经验是他们最大的不足。然而，成长是一个历程，学校既要对新教师提出工作要求，更要多给予人文关怀。作为管理者对新教师的期望应把握一个"度"，期待要适度，期望也要"循序渐进"，多为教师实现理想角色出谋划策。

〔资料来源〕郭永勤：《给新教师适度的期待》，载 2008 年 7 月 8 日《中国教育报》。

新教师作为一个特殊群体，其所处的专业发展阶段——入职阶段——是教师专业发展的一个关键时期。它不仅决定着新教师能否顺利开展工作，还会在教学有效性、工作满意度及职业持久性等方面对教师产生长久的影响。因此，了解新入职教师的需求与问题，并进行有效的入职指导，是帮助新入职教师胜任工作、顺利实现教师角色转变并持续专业发展的重要基础。

一、新教师与入职适应

（一）新教师

1. 新教师的界定

新教师，或称初任教师、新入职教师。在教师职业生涯研究及新教师领域的众多独立研究中，对于新教师的界定说法不一。但归纳起来，主要存在两种观点。

广义上，新教师是指处于从入职任教到变得成熟这一发展阶段内的教师。一般认为，这一发展阶段需要三至五年的时间。

狭义上，新教师是指处于入职第一年的教师。具体来说，是指完成了所有职前教师教育课程，得到临时教师资格证书，受到某所学校聘用，独立担负起教师责任，处在第一年实习期的教师。

2. 新教师的特点

（1）兴奋与忧虑并存

新教师受到学校聘用后的心情是激动与兴奋的，感觉自己的价值被社会所承认，所学的知识和技能将有用武之地，从依赖父母生活变成了自食其力的劳动者。但面对一切新的开始，新教师也常存在忧虑和不安：如何迈好这入职的第一步？我会得到学生、家长、同事、领导的认可吗？种种生活上的困难如何克服？一系列的问题可能会困扰他们。

（2）自信与自负相伴

新教师走上工作岗位时，大多数充满信心、对事业有钻劲和闯劲，但也存在自负心理，认为自己有高学历，学过系统的专业知识和现代教育理论，教育小学生绰绰有余，对可能遭遇的困难估计不足。

(3) 努力与失落交替

新教师对自己有较高预期，学校对新教师也给予较多期望，他们努力工作以争取获得同事、学生及其家长的认可、努力适应新的环境，但由于教育的复杂性、教学的不确定性、学校文化的特殊性以及自身实践性知识的缺乏等等诸多因素，必然会感到遭遇一定挫折，产生失落心理。例如自己的努力在时效性较长的教育工作中难以立竿见影；与经验丰富的教师相比，工作成绩不够突出，学生的成绩与预期相差甚远。

(4) 独立与依赖矛盾

在长期的学生时代，新教师大多已习惯于他人管束、有指导地学习与活动，而工作后不仅要开始自我管理，还要独立肩负起管理学生、教育教学的重任。在生活上，新教师本身大多是独生子女，长期依赖父母的照顾和经济上的资助，而工作后经济上虽然独立，但工资可能仍难以支付生活所需。独立的愿望与生活能力、经济能力之间会出现矛盾。

(二) 新教师入职适应

新教师入职适应是指新教师在步入专业实践之后，不断调整自己对教师的角色认知与教育教学实践，逐渐实现教育信念、教育行为、职业关系等方面成熟的过程。

"教师"是一个庞大的角色集，其中包含了一系列的相互联系、相互依存、相互补充的角色。而关键的是，这个角色集的外延边界何在，迄今为止，鲜有研究者给予说清道明。这是教师角色复杂的第一个主要表现。

"教师"这个角色集，大致可分为三个方面：教师与同事交往的角色，教师与学生交往的角色，教师与学生家长交往的角色。与同事交往，教师至少扮演着同行、同伴、朋友、学习者（非学生）、领导（或下属）等角色；与学生交往，教师至少扮演着教育教学组织者、学生学习指导者、课堂管理者、课程评价者、思想品德教育者、学生学习楷模等角色；与学生家长交往，教师至少扮演着学生教育合作者的角色。教师在其工作环境中，不仅要熟练地扮演某种角色，甚至还要很好地同时扮演多重角色，有时更要娴熟地转化于不同角色之间。这是教师角色复杂的第二个主要表现。

教师角色复杂的第三个主要表现是教师角色集中、不同的角色之间经常发生冲突。由于教师要扮演的角色太多，甚至有时候同时扮演多种角色，导致教师不同角色之间经常出现冲突。例如，教师一方面是教育教学的权威、组织者、管理者、引导者，要对学生的学习负责。同时教师又要尊重学生的学习兴趣，成为学生所喜爱和亲近的知心朋友；或者在课外与学生相处如朋友，却不自觉地把这种"朋友关系"带进课堂，丧失了应有的原则，无法维持课堂的基本秩序。有的新教师尊重老教师、虚心学习，但常常不加辨别地迷失在老教师的经验中，丧失自己的教育信念和个性。新教师与学生家长的交流更是一种挑战，比学生家长还年轻许多的新教师往往不敢在家长面前表现出专业自信，缺乏交流技巧。

面对种种角色及其冲突，新教师往往因为经验和能力不足，不敢妄做决定，但他们又不得不做出选择。角色冲突成为新教师工作压力的主要来源之一，不断学会解决冲突的过程便使得新教师不断变得成熟。

二、新教师入职适应的过程

案例 一位新教师的日记摘录

8月23日报到："一路上的心情很愉悦，想想自己就要正式上班，成为一名教师，真是万分激动！……我想既然选择了它，就应该努力去做好！……只要自己积极上进，再多再大的困难都能克服！"

入职第一周："今天很累，体力不支！""没能连着写心得，实在是太累了。"

入职第二周："总觉得很累，连记日记都没有心情。""累，烦。"

9月22日："有些动摇，不想做老师了，觉得太费心，太费心了。……每天下班就像泄了气的皮球，什么都不想干，觉得很疲惫，身心疲惫，工作效率很低……"

10月19日："我备感压力，备感疲惫！我做老师的观念又动摇了，心想宁愿做一个普通的工作人员,一月挣600元也不愿做老师,因为太累了,压力太大了,这样下去,我会受不了的,怎么办?"

12月7日:"不知道为什么,现在看自己班的学生总觉得不如别班的学生,有点烦他们,有时那些淘气的学生真是让人恼火。"

12月29日:"哎——现在连晚上做梦都是学校的事,希望今晚什么都梦不到!我得喘口气!"

次年3月15日:"虽然每天都很累,但我尽量保持好的心态,我知道有了好的心态一切都会好的!"

4月29日:"虽然成绩不高,但我这样告诉自己:尽力就好!"

5月21日:"这周跨越式(注:一个研究项目)听我的课,听吧!就当锻炼,我好像习惯了!"

6月8日:"放平心态,尽我所能,才能无愧我心!"

暑假初:"通过这次学习和旅游,我觉得我开始喜欢教师这一行业了!"

8月4日:"虽然工资没有某地区高,工作没有某地区轻,但是我很满足,满足于自己一年来的成长经历,满足于自己快速的成长,满足于适应社会逐渐成熟的过程!满足让我淡泊那些名利,只要认真过好每一天就是最大的幸福!"

新教师入职适应的过程因多种因素而有所不同,有人一帆风顺、有人不进则退,但总体上看,新教师大多会经历憧憬、倦怠、调整、分流四个适应阶段。

(一)憧憬阶段

新教师刚刚走出校门、踏入社会时,对于能够将自己的智慧和才能有处施展、对于能够用自己的劳动挣取工资、对于新的工作环境充满憧憬。在这一阶段,新教师充满自信,天真可爱的学生对新教师的好奇和尊敬更增添了他们的自豪感。

(二)倦怠阶段

短时间的兴奋过后,早出晚归的生活、烦琐的工作、领导频频的检查、学生的调皮、家长的怀疑、周末的培训,让新教师逐渐感到疲倦和紧张,体力也有所不支,情绪一落千丈,对学生的喜爱之情慢慢消失,对自己的能力开始丧失信心。

(三)调整阶段

在发现自己倦怠时,新教师开始不断调整自己,经常反思并力图解决自身的困惑。有人虚心向其他同事请教,有人会主动寻找课程资源等,自觉调整心态。

(四)分流阶段

在一段时间的调整之后,感受到改变带来的成就感、获得了学校及同事有力支持的一部分新教师开始放平心态,更全面地分析问题、妥善地解决问题,工作上的成绩和学校、同事、学生及家长的认可增添了其持续专业发展的信心;而另一部分仍不能从负面情绪中走出来、未获得其他人支持甚至受到一些打击的新教师则会彻底丧失希望,或退出教师职业,或开始消极怠工,甚至将一些烦恼和愤怒发泄到学生或他人身上。

拓展阅读:毕业生的职业适应问题迫在眉睫

据统计,2010年高校的毕业生总人数超过630万人,是本世纪初毕业生人数的6倍,创下历史新高,而2011年高校毕业生人数为660万人,预计"十二五"期间平均规模将达到近700万人。毕业人数的不断扩大,不仅给高校毕业生带来沉重的就业压力和负担,并且在应试教育培养下的大学毕业生群体,即使找到工作岗位,在进入职场后也将面临角色转换滞后、职业能力欠缺、人际关系纠葛、期望与现实落差巨大等问题,相当一部分学生反映在从高校进入到职场后,即"从学校到生涯转换"(STC)阶段因无法适应目前的职业环境和工作状况而产生巨大的心理压力,影响他们职业生涯的发展。此外,随着我国教育事业与市场经济关系的日益紧密,分配政策由政府负责统一分配到大学毕业生与用人单位进行双向选择的转变,职场对毕业生的要求也越来越高,用人单位希望员工能够马上适应工作岗位,尽可能避免较长时间的"磨合期",这也对毕业生适应职场提出挑战。因此,对大学毕业生的职业适应问题予以关注,找出集中存在的问题,进而提高毕业生职业适应能力,促进职业生涯的发展,满足个人、职场和社会等多方面的需求是迫切而必要的。

〔资料来源〕就业压力大形势严峻考研寻出路,http://edu.sina.com.cn/kaoyan/2011-11-10/1820317940.shtml,2011年11月10日。

第二节
新教师入职适应的主要问题

案例 我的情归何处?

再过一周,半年的教师生活就要结束了。半年的教师生活是短暂的,却足以令胡老师终生难忘。迷茫、无措、失望、疲惫、伤感,是胡老师现在的状态。与初登讲台时的兴奋、踌躇、希望、欢乐相比,完全就是另一番滋味。

"每天,要做的工作就是那几样:备课、上课、批改作业、与问题学生谈话、向家长和领导汇报和解释……没有多余的时间、没有社会交往、没有业余生活,没有自己学习的时间。完全就是两眼一睁,忙到熄灯。而且工资只有那么一点点,成家、赡养父母、家庭生活成为心头挥之不去的阴影。

"非常想把课堂搞得活跃一些,把课上得别致一些,但已习惯于应试的学生、领导和家长们总是充满各种怀疑,同时也觉得自己'出风头'。每天,还得时不时地接受领导的批评,甚至还有部分家长的抱怨。更可怕的是社会舆论对我们的种种苛刻和责难,如不能打牌、不能说粗话、不能讲报酬、不能抱怨,各种各样的考核和要求,搞得我们一点自由都没有,整天就生活在日复一日的机械与重复劳动之中。

"现在的学生,跟我们那时不一样,难教。很娇气,不能说,不能批评,一搞就是告状。

"现在啊,是课难上,学生难教,同事难处,领导和家长难对付。一句话,教师难当。真的,我完全没有想到,这就是教师的生活。一点都没有乐趣可言,压力太大了,都不知道以后应该怎么办。"①

一、教学方面的适应性问题

新教师在教学方面遇到的问题可能涉及以下几个方面:对教材的理解、对教学重点和难点的把握、现代教学技术的正确运用,以及教学资源的缺乏;此外,还有重要的一点,即如何协调对素质教育的追求与对考试分数的重视之间的关系。对于非师范专业毕业的新教师,这些知识都没有系统学习和提前思考、实践过;而对于师范毕业的新教师,虽然接受过相关课程的学习,对于这些知识的理解仍处于应然状态,缺乏对具体的实践问题具体分析、对教学细节的掌控能力、对学生不确定性表现的应变能力。因此,新教师独立承担教学任务之后往往会出现教育教学经验不足,教学方法死板、缺乏针对性,对教材内容缺乏全面、深刻的理解,对学生的生成回应不当等状况,从而导致教学效率不高,达不到预期效果。

二、职业态度方面的适应性问题

一些新教师是因为热爱教师职业、喜爱孩子而从事教师职业,但也有相当一些新教师会因考虑到教师职业的"稳定性""假期",或仅仅为谋求就业而进入教师岗位。对于前者,教育现实中繁重的职责和压力可能会削弱新教师处于感性层面的热爱,偏理想化的教学观因与实践的脱节而会受到质疑;对于后者,他们本身就缺乏对教师职业的特殊意义和教师职业伟大使命的深刻理解,因而奉献意识和敬业精神会表现得不足。

---

① 鲁子问、靖国平主编:《新教师成长中的困惑与解读》,东北师范大学出版社 2011 年版,第 35—36 页。

三、人际关系方面的适应性问题

新教师要处理的人际关系一般包括师生关系、同事关系、与学生家长的关系以及与学校领导和其他行政人员的关系。新教师在与学生的关系处理上会感到相对容易，因为他们年轻、有活力、有创意，更容易与学生有共同语言、共同爱好，更理解学生的需求，同时学生尤其是年幼的学生向师性强；与同事的相处，一方面在于新教师的个性，另一方面在于学校人际氛围；而与学生家长、与领导的关系相对来说是新教师最不善于处理的关系。新教师入职适应过程实际上也是新教师社会化的过程，如果新教师此时不能够与相关群体顺利地建立起适度的交往关系，那日后在学校环境内不免会感到孤立而不能融入群体。

 我该如何面对同事？

刚来的时候真的也有点不适应，感觉那个时候，自己好像得了自闭症似的，自己只想找小屋（计算机教室），自己待着，干自己的事情。其实也不是不愿意和他们（其他老师）沟通，可总怕自己也许哪句话说不对了，哪句话就招别人不乐意听了，或者不高兴了，觉得不值当的。现在想想，你不和别人沟通，人家怎么和你沟通啊，你越离他们远，也就越不好相处了……

〔资料来源〕就业压力大形势严峻考研寻出路，http://edu.sina.com.cn/kaoyan/2011-11-10/1820317940.shtml，2011 年 11 月 10 日。

拓展阅读：
协作带来共赢

上海知行中学曾经做过一个心理实验。心理专家把一个瓶子放在桌子上，瓶子里边放了七八个拴着绳的乒乓球，而这些绳都在瓶口挂着。心理专家说，假设这个瓶子是一栋大楼，里边的乒乓球是这个楼中的居民，他要求中学生在火灾警报响起的时候，以最快的速度和最好的方式，帮助楼里的居民逃生，也就是说要把乒乓球从这个瓶子中拉出来。

第一次实验的时候，七八个雄心勃勃的男同学走上台，一人拽着一根绳子，火灾警铃一响，大家迅速拉自己手中的乒乓球，结果除了一两个手快的把乒乓球拉出来以外，剩下的六个乒乓球，全部挤在了瓶口，哪个也出不来。

这个时候，心理专家就问，"最快的逃生方式仅仅是看谁的手快吗？还有更好的方式吗？"于是几个学生做了一个很简短的商量，在第二次实验的时候，按照议定的顺序排好，迅速依次拉出乒乓球，结果火灾警铃还未停，所有的人都逃出来了。

〔资料来源〕胡邓著：《人际交往从心开始》，机械工业出版社2008年版，第13页。

四、职业生涯发展方面的适应性问题

新教师普遍没有考虑清楚个人的职业生涯发展问题，没有有意识地，主动地进行职业生涯发展的规划和进一步的行动，造成他们总是在被动地接受工作，缺乏独立、主动的工作行为。

五、个体性的适应问题

新教师还会遇到一些特殊的个体性适应问题，例如：自己任教的副科不受重视，学生学习积极性不高，学校领导却要这些科目也能出成绩；有的体育新教师经常担心会出现意外伤害，于是或降低训练要求或者干脆省略某些内容；有的新教师还会遇到住房、婚恋等问题。

总之，对新教师来说，入职阶段不仅可以提供经济方面的支持，还可提供学习与遵守团体规范的机会，并更好地融入社会生活中去。较高的适应水平，会增强其职业稳定性，使其更好地融入社会生活。相反，若职业适应困难，对新教师个人而言，会导致其生理、认知、情绪和行为的极度疲劳，并很容易诱发其他心理问题，激化人际矛盾，缺少工作的动力；对学校而言，会导致教育质量下降、职业道德缺乏、人员大量流失等不良后果；对学生而言，职业适应困难的新教师会让他们被冷漠无情地对待，难以获得高质量的教育。帮助新教师提高职业适应性，可以促使新教师从理论到实践、从知识到能力进行转化，可以缩短从合格师范毕业生到合格教师的周期，可以为学校今后的发展储备后备力量，进而实现学校的可持续发展。

> **拓展阅读：**
> **成功的教师适应方案的共同特征**

研究虽然发现任何教师适应方案都表达了特定的需要，反映了特定的文化和传统，并在特定的环境下实施，但"成功"的教师适应方案仍有几个基本的、起支持作用的共有条件或特征。

第一，共担责任和相互支持的文化。即方案中存在熟练教师共担责任的文化，即使私人时间发生冲突，经验丰富的教师也必须向新教师传授自己对教师职业的理解，确保其维持高的水准。

第二，新教师和熟练教师的交互作用。即新教师与熟练教师频繁互动，进行访问、观察、评价和建议。

第三，职业发展的连续性和统一性。即新教师适应方案中存在着"发展哲学"，一方面并不奢望新教师与老教师做相同的工作或掌握相同的技能，另一方面又把新教师视为对学校做出了有价值的贡献的专业人员。如果给予适当的帮助，他们会向人们期望的那样不断成长。

第四，对评价的轻描淡写。成功的新教师适应方案并不将评价作为最重要的因素给予关注，以使方案成为没有威胁的、支持性的。

第五，明确的目的和强有力的政策支持。成功的新教师适应方案都离不开政府的政策支持，尤其是来自政府高级官员的强有力的"政策支持"，或者在议员水平上，或者在司法水平上。同时，财政上的资助、时间上的许诺也都是重要因素。

〔资料来源〕金传宝：《环太平洋地区的教师适应问题研究》，载《山东师范大学学报（人文社会科学版）》2002年第1期。

【思考题】

1. 新教师入职适应指什么？

2. 新教师入职适应过程包括哪几个基本阶段？请结合实例分析。

3. 新教师入职适应的常见问题有哪些？谈谈自己的理解。

【文献链接】

1. 程红艳、董英主编：《新教师的专业发展》，华中师范大学出版社 2011 年版。

2. 林海亮、吴忠才：《新教师角色适应的问题及对策》，载《教育理论与实践》2009 年第 12 期。

3. 王小棉：《新教师入职初期所遇困难的研究——兼析传统师范教育的缺陷》，载《上海教育科研》1999 年第 4 期。

4. 赵昌木、徐继存：《教师成长的环境因素考察——基于部分中小学实地调查和访谈的思考》，载《湖南师范大学教育科学学报》2005 年第 3 期。

5. 戴锐：《新教师职业适应不良及其防范》，载《教育探索》2002 年第 4 期。

6. 张彩霞：《新教师入职初期适应现状及对策研究》，辽宁师范大学 2010 年硕士学位论文。

7. 姚红玉：《我的新教师生活》，广西师范大学 2003 年硕士学位论文。

第九章
促进新教师持续发展的建议

古之成大事者,不唯有超世之才,亦有坚忍不拔之志。
——苏轼

【内容概要】

1996年国际教育大会第45届会议提出的建议书《加强教师在多变世界中的作用之教育》指出:"应该对刚开始从事教师职业的教师给予特别的关注,因为他们的最初职位及他们将要进行的工作,对其以后的培训和职业具有决定性的影响。"对于新教师来说,他们能否尽快适应教师职业不仅直接影响到其教学的有效性、工作满意程度以及职业持久性,并间接决定学生的学习结果和学校的发展态势。

新教师在入职适应阶段出现的多方面不适应状况,其影响因素包括教师个人方面的因素和外部因素。其中,教师个人因素包括新教师自我期待过高、教育教学知识和技能不足、对教师职业缺乏正确的认识、没有自我发展规划以及新教师的个性特点等;外部因素包括家人的不理解和不支持、任教学校缺乏对新教师的关心以及新教师发展的良好氛围的营造、职前培养机构重理论而轻实践等多方面的影响。但是,如果新教师能够用一种正确的、积极乐观的态度来面对和解决实践中遇到的各种问题,而家人、任教学校以及职前培养机构能够正视新教师在入职初期阶段的重要性,为新教师的适应和成长提供必要的鼓励、支持和帮助,那么新教师就能够顺利度过这一时期,对教师职业充满信心,实现专业的迅速成长。

【关键词】
新教师　入职适应

第一节
影响新教师发展的个体因素

 启程——自发追求

教师成长固然有赖于好的环境，但更重要的取决于自己的心态和作为。我以为社会是课堂，实践是砺石，他人是吾师，自身是关键。只要务实肯干、积极进取、开拓创新，就会在现实生存的土壤中找到自己的生长点，并以自己的成长影响周围。从这个意义上说，给教师良好成长环境的是教师自己。我来自农村，我坚信，不管放在哪个单位，从事哪门教学，只要埋下头来，任劳任怨，必能做出成绩，显出存在的价值。

1982年，15岁的我走出农村，走进吉林师范学校。四年后，我以优异的成绩毕业留校做文书工作。同学们羡慕，我却不情愿——既然学习了四年的师范，就该成为一名好教师。几经周折，终于改派到吉林市第一实验小学。在这个岗位，我一干就将近五年，先后教过语文、音乐、数学、美术、自然常识、思想品德几门课程。每一次代课，我都全力以赴。但我感觉自己还是喜欢语文，而且语文教学也能更好地丰富自己的底蕴。因此，几年里我没有停止过恳求领导，要求岗位更换。1991年，我终于如愿以偿。"打杂"的五年，使我开阔了眼界，积累了经验，我也会不自觉地把音乐、美术、多媒体、信息技术等形式整合到语文教学中。

通过自己的实践，我认为教师的专业发展首要的是教师要有自我专业追求。正确的信念就是稳定的动力。教师的自我专业追求如果内化为信念，就不会被消解，从而形成坚毅、持久的信念。追求就在自身的土壤中，一旦拥有它，生命的种子就会迸发出无限潜能。

〔资料来源〕窦桂梅：《激情与思想：我永远的追求——特级教师专业成长研究》，载《课程·教材·教法》2004年第5期。

影响新教师成长的个人因素很多，如个人天赋、个人的知识和技能、人际交往能力、对职业生涯的看法和职业发展动机等，这里主要从以下几个方面来分析。

一、新教师对自身的期待

新教师刚刚从事教学工作，思维活跃，具有极大的工作热情，但往往他们的抱负也过高。他们迫切希望将其新思想运用到教学实践中，渴望在教学中做出成绩，能够出类拔萃，实现个人的存在价值，博得领导与同事的认可和尊重。在步入岗位之前，新教师容易忽略自身在能力、机遇与条件方面的局限性，对学校、教学和学生中存在的一些实际问题往往估计不足。而从教师成长过程来看，新教师尚处于关注知识传授阶段，其主要精力用在熟悉、组织与呈现教学内容上，还没有过多的时间和精力去关注自身的教学行为、学生的反馈、情境的创设，更没有充足的时间和精力去管理班级。教学经验的不足，也使得新教师的教学实践性知识储备少、对课堂突发事件的处理和调控水平不高。同时，新教师年轻气盛，对成绩、品行差的学生，怀有"恨铁不成钢"的心理，容易出现过激行为，不仅难以取得良好的教学效果，还容易招致不良的公众评价。急切渴望获得成功的新教师往往会事与愿违，当美好的教学愿望和自我期望的目标遭受严重的挫折，原有抱负无法实现时，他们就会有很强的挫折感，容易背上沉重的"包袱"。失败的阴影让新教师失去进取的信心，这不仅影响到学生的发展，也影响到教师自身的专业成长。

二、新教师的从业知识和技能

新教师走上工作岗位后，往往在教学和班级管理上遇到很多的困难和麻烦，产生诸多不适应，其中一个很重要的原因是他们缺乏相关的知识和技能。新教师的知识和技能，包括学科知识和技能、教育学和心理学知识以及一般知识。

随着人们对如何缩短师范生真正进入教育教学一线适应期问题的关注，教师实践能力的重要性逐渐地突显出来。因此，师范院校在课程设置时加大了教育教学实践这个模块，开展各种活动为师范生各种能力的培养和锻炼搭建舞台，提供见习、实习的机会让师范生更多接触和进入到教学一线中。同时，担任各种社会工作更是为师范生人际交往能力和组织能力等提高提供了机会。但是，也有一些新教师在职前学习阶段，忽视实践活动的参与。因此，当真正进入到教学岗位中，面对复杂的教育教学情境，他们常常出现对学生情况估计不足，把握不好教学难度和进度，班级管理困难等问题，不知该如何开展工作。能够在学生时代抓住这些机会努力锻炼自己的新教师一般会在入职初期较快地适应教师角色，在班级管理方面呈现出比较好的适应状态。随着教师专业化程度的提高，能够在入职之前掌握扎实的知识，具备良好的能力，将影响新教师入职后的角色适应阶段的长短和质量，也影响其今后的专业发展水平。

三、新教师的择业动机和态度

如果说知识和技能决定着个体有没有潜质从事某一职业活动的话，那么，择业动机则决定了个人是否愿意发挥潜力从事该类活动的问题。动机是满足需要而追求特定目标实现的意识，引起动机的内在条件主要是需要、兴趣、价值观念和抱负水准。很多新教师当初在选择教师职业时不是出于自己的需要，或者并未把教师职业作为自己的优先选择，不少师范生之所以入学时把师范性专业作为第一志愿，是当时受到父母和老师的影响，本人对教师职业并无清晰的认识，对做教师不感兴趣。因此，不少新教师把教师职业仅仅作为一种谋生手段，对之并未付出足够的热情与精力。这种择业动机导致新教师对他们的岗位定向不明确。他们怀着无可奈何的心态走上教师岗位，很难保证这种初步职业定向能维持下去，一旦遇到适当的机会或某种诱惑，遇到某种挫折与困难，就会改变其职业选择，另谋他就。

另外，由于缺乏对教师工作的兴趣，新教师从事教育教学活动的积极态度和倾向便受到影响，其自主发展的意识便会减弱。新教师的专业成长和发展最终取决于自主引导和自主发展。缺乏自主发展的意识和动力是阻碍新教师专业发展的一个重要原因。没有工作的动力和发展的意识，其挑战自我、追求最大价值实现的理想抱负也将随之受到影响，解决困难、战胜挫折的信心和勇气也会随之降低。

四、职业规划

有了正确的职业认识和信念，新教师进入到教育教学实践中还需要对自己未来的发展有一个大致的规划，并根据不同发展阶段，将整个职业生涯发展规划划分为一个个短期目标规划。这样，一个个具体目标的实现就会促进新教师整个职业生涯的发展。

但是现实中，新教师从报到那刻起，虽然在形式上已完成了从学生到教师的身份转变，其思想仍未脱离学生的意识和心态，对教师角色的认识还较为模糊。他们步入工作岗位后，一方面，由于面临新的工作、生活环境，需要逐步适应小学工作的特点，同时初为人师，要完成学生到教师的角色转变，会遇到一系列新问题，有待新教师学习解决；另一方面，由于对自身认识的局限性，新教师往往缺乏正确的自我认知，亦不能根据所处环境相应地规划自己的未来发展。

因此，在最初的工作热情消退后，由于教学工作的忙忙碌碌，或在工作、生活中碰到诸多不如意造成理想和现实间的矛盾时，新教师们就容易感到烦恼、紧张、焦虑、不安、压抑、痛苦……心理上缺少归属感，当这些矛盾和困惑长期压抑在心里无力解决时，一些教师就很容易消沉下去，感到对什么都无所谓，工作表现消极、盲目。新教师之所以容易出现上述情况，很大程度上在于其没有制定出明确的发展目标，不知道自己要做成什么、应该做什么、怎么去做。对于职业生涯发展的盲目性，将会影响到新教师对职业的认可和热情，影响到其自身的专业发展。

五、个性特点

除了以上四个方面，教师的个性特点也是影响新教师适应的一个重要方面。50多年前由美国的瑞安斯（1960）进行的一项教师个人特质和其教师有效性关系的调查显示,成功的教师往往是友善的、理解的、温暖的、敏感的、系统的、有想象力的、热情的、积极的、乐观的。具备这些特质的新教师,在入职初期,能有一个比较好的心态,适应来自各方面的变化和压力,积极主动地改进以达到适应课堂教学的目的。相反,呈现负面特质的教师们往往不能轻松、乐观地接受和面对现实,只是消极地按部就班,不能从自己的工作中找到任何的快乐和收获。

拓展阅读:
合理规划

从事教育是一种需要时间的事业,我们不可能一天就实现自己的教育理想。作为新教师,我们要合理规划自己的事业发展和职业发展。一般而言,新教师成长为成熟教师需要三到五年的时间,所以新教师应该制定自己的三年到五年的规划。合理的规划,应该考虑到自己的优势和新教师成长的基本规律,从自己的优势入手,重点发展,然后谋求更全面的发展。若自己的优势在于课堂教学,就可以从教学起步;若自己的优势在于研究,则可以从对教学的研究入手。合理的规划,可以帮助新教师尽快成长为成熟的教师,进而成长为优秀的教师。①

拓展阅读:
反思——自省常新

教师是否愿意花时间反思自己的工作,是教师是否具有专业素养的标志。自己的教育生活就是一种学术行为,我愿把自己一路走来的反思提出来,与广大教师共勉。

第一,激情不老。这应该成为为师品格的重要追求。对教育的激情,应该从现在的外在表象化为内在的精神气质。不因年龄的增长、环境的改变、地位

---

① 鲁子问、靖国平主编:《新教师成长中的困惑与解读》,东北师范大学出版社 2011 年版,第10页。

的升降而改变。

第二，读书一生。好教师的知识结构应当由三块组成，即精深的专业知识、开阔的人文视野、深厚的教育理论功底。必须靠读书学习进行自身的弥补和进修。

第三，宁静致远。一个好教师不全是靠培训成长起来的，更不是靠检查、评比造就的。教师应在浮躁的现实中寻求一份属于自己的宁静心境，并置身其中，朝着理想的目标默默地努力，静静地成长。

第四，以写促思。写作不仅是积累经验的一种方式，更是逼迫自己勤于阅读和思考的强劲动力。

第五，伸展个性。随波逐流、循规蹈矩是自己成长的最大敌人。我想对自己说的是，人云亦云的尽量不云，老生常谈的尽量不谈，要学会独立思考。

〔资料来源〕窦桂梅：《激情与思想：我永远的追求——特级教师专业成长研究》，载《课程·教材·教法》2004年第5期。

第二节
影响新教师发展的外部因素

 不同的学校，不同的氛围

1989年师范毕业，我回到了母校工作。当年年底，市里的一次教研活动安排在我校进行，需要一位教师上节课。经大伙儿研究，我被推到前面。才上讲台两个月的我，对教研课似懂非懂。为了不至于丢脸，我请教了学校的很多位教师。但令我惊奇的是，除了学校给我指定的师傅外，谁都没有给我提出有价值的建议，"蛮好的""不错"是他们的一致意见。在母校，我工作了五年，上过十几节公开课，但是除了师傅外，几乎没有人开口指导过我，给我提出过

缺点与建议。

十年前，我调离了母校，到了另一所小学，在那里，我体会到教研氛围对一个人成长的巨大作用。在这所小学，不管谁上公开课，听课老师都会直言不讳地谈自己的想法。年轻人在这里成长飞快，我觉得两所学校的差别实在是太大了。

〔资料来源〕池春燕主编：《切磋：教师如何做教研》，中国人民大学出版社 2008 年版。

新教师入职后的适应过程、其专业发展和成长的过程除受自身因素的影响外，还受到学校等多种外部环境的制约。许多新教师在从教之初，家庭对其职业的不认可或是不支持，职前师范教育重理论、轻实践的传统思想，以及任教学校对入职期在整个教师专业发展过程中的地位认识不足，没有为新教师提供必要的支持等，导致新教师缺乏工作的热情，甚至遭受到强烈的"现实冲击"。因此，新教师的专业成长需要良好的环境条件，没有良好的外部条件，新教师的专业发展同样也会受到阻滞。

一、家庭环境

教师的家庭生活是环境的重要组成要素，家庭对新教师的最大影响就在于教师职业的选择和职业态度上。一方面，新教师家庭中是否有亲人做教师，会影响其在职前对教师职业的认识，同时也会影响到新教师对于"专业发展"的认识和态度；另一方面，家庭成员，特别是父母对教师职业的认识将在很大程度上影响新教师是否选择教师职业以及新教师进入到教学一线中对待工作的态度。父母和家人的鼓励与支持，会对新教师的职业选择和职业态度产生积极的影响，而且这种影响会一直持续到新教师的工作之中。当新教师在入职初期遇到困难的时候，来自家人的关心和帮助会降低他们的焦虑，帮助他们更快地度过适应期。但是，如果家人对教师职业没有一个清楚的认识，或是不支持的态度，那将会给新教师增加更大的心理负担和压力。

二、任教学校环境

任教学校环境方面的因素包括学校的办学思想、学校风气、文化氛围与人际关系、校长对教师的成长是否关怀及管理水平等,它们与新教师的成长息息相关。在所有影响因素当中,任教学校环境的影响是最关键的。换句话说,新教师能否顺利适应教师职业,其任教学校起着至关重要的作用。

(一) 学校领导的关怀和信任

在学校环境因素中,校长是非常关键的因素,"一个好校长便是一所好学校"。有了一个好校长,自然能创造出好的学校环境。一个好的学校环境能锻炼人、培养人,给人一种积极向上、蓬勃发展的激情。人在这种环境下,心情舒畅,容易创造出"奇迹"。反之,便会产生消极影响,不利于新教师的角色适应。所以,要使新教师得以健康、顺利地成长,就必须创造一个良好的学校环境,最关键的是要配备一个能创造良好学校环境的好校长。除了校长之外,教学主任是与教师接触最直接、最频繁的人,他们对新教师的信任、宽容、帮助和提携可以让新教师的角色适应过程更加顺利,他们也是决定新教师能否进一步成长的关键人物之一。反之,如果教学主任以成熟教师的标准要求新教师,对其在适应过程中出现的问题不包容,不能在适当的时候给予鼓励,也不能给新教师创造一些锻炼自我、展示自我的机会,新教师将在很大程度上产生挫败感,直接影响其下一步的工作态度和行为。

(二) 工作任务的分配

新教师的工作岗位是否相对稳定,执教科目是否相对集中以及工作量的多少等对其角色适应具有影响作用。教师在成长初期的适应能力相对比较差,作为学校教师中的弱势群体,分数和教学任务的压力对于新教师而言要大得多。如果新教师执教的科目过多,工作岗位经常变动,就会让新教师一时之间面临太多的困难和挑战,为其角色适应增加了障碍,而且也不利于教师专心地从事本专业教学的研究。只有工作岗位相对稳定,执教科目相对集中,新教师才能有时间和精力集中于一门学科,在教育与教学中积累经验,摸索规律。当然,稳定是相对的,新教师如果长时期在一个年级、一个班级上工作,很容易产生思维定势,等他们度过适应阶段后,不利于其进一步的成长。另外,新教师的工作岗位与其所学专业的相关性也影响其角色适应的状况。有的学校给新教师分配的岗位不是其原专业,比如在校学习计算机的师范生,入职后学校分配其教语文,由于没有中文专业背景,必然会遇到很多原专业学习教师所没有的困难,这在很大程度上增加了新教师入职适应阶段的难度。

(三) 师徒制度

我国的师资培养历来有"以老带新"的传统,许多中小学都采用为新教师指派经验丰富的老师为"带教教师"的方法来引导新教师上路。新教师到校后,学校会指派一名业务优良、经验丰富、资历深的老教师与他们结成一对一的师徒关系,定期听课、评课、相互交流、共同研讨,老教师的示范、点拨和指导为新教师架起理论与实践的桥梁,使新手教师少走或不走弯路,因而会大大缩短他们适应教学工作的周期。

(四) 教师文化

新教师的成长也会受到教师群体文化的影响和熏陶。"教师文化是指在学校教师群体内形成的独特的价值观、共同的理想、作风和行为准则、规范等"[①]。教师文化是学校文化的一种亚文化,是教师成长的"小环境""小气候",它就像土壤之于植物生长,直接影响着教师专业发展。教师文化对新教师的影响既有积极的也有消极的,假如学校或一个年级组形成的是一种封闭、保守的教师文化,会极大阻碍新教师的专业成长,而且会使新教师因为人际关系的不适应而产生一定的心理压力和精力的分散。教师团体形成的文化氛围不仅影响着新教师的教育信念,还影响到他们的教学行为和师生关系。所以,营造一个积极向上、民主、团结、共享的和谐教师文化,将会更好地帮助和促进

---

① 王小棉:《教师入职初期所遇困难的研究——兼析传统师范教育的缺陷》,载《上海教育科研》1999 年第 4 期。

新教师的职业适应。

（五）入职培训

入职培训对于一个新教师的角色适应具有推动、促进与导向的作用，因此是必不可少的。但只有当入职培训的内容符合新教师的专业发展需求时，入职培训才具有针对性、实用性和实效性。因此，在开展入职培训之前，首先必须了解新教师在工作中常遇到的困难是什么，他们迫切需要得到哪些方面的帮助。根据相关研究，我们可以看出新教师职业适应过程中遇到的困难主要集中于对教育教学、班级管理以及对学校系统的适应，所以教师入职培训应该以解决这些困难为目的。然而，现实的状况是，有的学校因为急需教师马上投入到工作中，所以新教师在未接受入职培训的情况下就投入到紧张而繁忙的工作中。即使有的学校开展了新教师入职培训，但培训的时间较短，培训的重点也大都集中在教育教学理论、师德修养、班主任班级管理、新课程基本理念与教学策略等理论知识的学习上，而没有安排指导新教师如何适应学校系统的内容，如学校规章制度讲座、心理调适、人际关系协调等，而这些恰恰正是新教师迫切需要获得的帮助。

三、职前的培养

有关调查表明，师范生的知识结构存在着不合理的地方，主要表现在[①]：(1) 学科课程过深、过剩、过专；(2) 基础学科方面的知识过窄、过陈，缺乏人文科学基础，也即重专业轻基础，重科学轻人文；(3) 重学科课程知识而轻教育理论课程，教师普遍缺乏现代教育理念，很多人对教育的本质和价值不理解。现行的师范教育仍然是更注重专业学科的学习，而忽视教育学科学习的重要性。师范院校的教育教学课程开设较少，新教师的教学经验和情境知识比较贫乏，这使得他们在教学中经常捉襟见肘。而且教师教育者在课堂上扮演的是

---

① 张千红：《新课程改革对师范生素质的新要求及师范教育的应对》，山东师范大学2005年硕士学位论文。

一个"知识的传授者",甚至只是一个"知识的灌输者"。师范生在课堂上仍然以被动接受学习为主,没有学会学习。"上课记笔记,考试背笔记,考完扔笔记",这是许多新教师对自己师范生学习生涯的描述。接受这种形式教育的师范生走上工作岗位后,最终也将像他们的老师一样成为一个"知识的传授者",不知如何引导学生质疑、调查、探究、在实践中学习,也不知如何发展学生的认知策略、学习策略。① 凯特勒(Kettle)就曾说过:"教师如何被教,就怎样教别人。"②

因此,从某种意义上,新教师教学技能的缺乏与大学所接受的教育方式和教育内容有着很大的关系。而这一切的改观则需要现行的师范教育做出变革,使师范生在校期间就学会必要的教学理论知识,具有一定的教育教学实践能力,为其将来走上工作岗位尽快适应教师工作提前做好准备。

拓展阅读:澳大利亚新教师的入职教育

近年来,澳大利亚在借鉴英国经验的基础上,结合本国的具体情况,开始实施新教师指导计划。该计划分为四个部分。一是校外活动。它包括:上岗前会议,即有关部门在新教师上岗前举行的会议,时间短为3天,长则2周以上;第一学年会议,即地方教育当局在新教师上岗后第一年举行的会议,时间至少为3—4天;对新教师的教学工作进行评估,以帮助新教师克服教学上的不足,提高教学水平;制定倾斜政策,主要是减轻新教师工作量和为新教师提供观摩邻近学校教学的机会。二是书面材料。新教师上岗前会收到有关学校信息的小册子,以帮助新教师了解学校的办学思想、管理政策、课程设置等信息;上岗后,马上就可以领到有关校内详情的专门手册,携带方便,可以随手翻阅。三是校内活动。它包括:预先参观学校;开学前举行会议,以帮助新教师做好上岗前的准备工作;举行讨论会,每周一次,内容有课堂管理、提问艺术、板书设计、后进生的原因分析等;建立听课制度,观摩优秀教师上课。四

---

① 方方:《中学化学教师专业发展的个案研究》,南京师范大学2006年硕士学位论文。
② 姚红玉:《我的新教师生活》,广西师范大学2003年硕士学位论文。

是其他活动。指地区教师中心、学科协会及师范院校参与的新教师指导活动。

〔资料来源〕饶从满、杨秀玉、邓涛著：《教师专业发展》，东北师范大学出版社 2005 年版。

第三节
促进新教师持续发展的建议

 在名师的带领下成长

刘军，小学语文特级教师，南京市小学语文学科教学带头人，江苏省优秀教育工作者。自 1970 年从教以来，成功承担了全国、省、市各级示范课、教研课，接待了来自全国各地及境内外的教育同行，进行公开教学上百次，多次应邀前往全国各地进行教学交流。她的课充满激情，师生互动性强，注重在具体的语言环境中识字，重视思维和语言训练。

记者与刘老师曾有过这样一段对话。

"你是在王兰老师一手栽培下成长的，她对你的教学以及工作一定有着较大的影响吧。"

"是的。她的教学思想、教学方法对我的教学生涯产生了极大的影响。特别是从她的身上，我体悟到一位名师对教育智慧的追求。1985 年，我调到长江路小学后，就荣幸地成为王兰老师的徒弟。恰好，那时学校开展'创设最佳教育环境，探索最优化的教育教学过程'的教改实验。我带的班被学校确定为试点班，王兰老师是班级整体改革实验组的组长。从那时起，我跟着王兰老师，逐步进入了小学低年级语文教学改革的新天地，一直到今天。"

看来，刘军老师之所以成为一名特级教师，与其刚入职时与名师王兰结为师徒并在她的带领下开始高水平、高质量的专业发展不无关系，"成为名师弟子"的良好机遇,对她的专业发展以及最终成为专家教师起到了重要的促进作用。

〔资料来源〕周赞梅著:《专家教师研究》,知识产权出版社 2006 年版,第 129—130 页。

从专业成长的角度看,入职适应期是新教师必经的阶段,至于适应期的长短则因人而异。为了促进新教师的持续发展,需要新教师和任教学校的共同努力。此外,家人以及职前教师培养机构等社会性的支持对新教师的职业适应也将有巨大的帮助。本节主要从新教师、任教学校和社会支持三个方面提出几点建议。

一、对新教师的建议

(一) 合理期待,量力而行

新教师应了解教师发展的阶段理论,对自己刚开始的工作要有合理的期待,对工作中可能出现的困难在心理上要有所准备。教师发展阶段理论对于新教师专业成长的指导意义在于:有助于新教师认识到教师的成长是一个循序渐进过程,是一个由量的积累到质的飞跃的渐进变化的过程,新教师明确自己在专业发展过程中的位置,就会淡化急于求成的心理;同时新教师认识到在工作之初,都要经历一个"求生阶段",这是大多数新教师必然要经历的一个阶段,在这一阶段,新教师所遇到的挑战和艰难比其他阶段更多,因此,遭受不同程度的挫折和失败是非常正常的事情,而不是自己在教学上的无能。认识到这一点,挫折对自己来说,就不那么可怕了,这样有利于新教师在心理上自我调整;更为积极的是,新教师了解生涯发展特质、阶段与内涵后,自然会主动探讨生涯发展的影响因素,寻找适合自己的生涯发展模式和途径,制定长远的专业发展规划。在充分掌握了教师发展阶段理论后,新教师在不同的阶段拥有不同的期待,完成不同的任务,从而避免出现"希望越大,失望越大"的心理落差。当然,对自己发展有合理的期待,并不是消极地对待工作中所遇到的困难,顺其自然,而是要调整好心态,积极主动地促进自己的成长。

（二）精心规划，积极发展

新教师要对个人的职业生涯进行精心规划，如果在上岗之初就能根据自身特点建立清晰明确的职业发展目标与发展道路，将会提高工作的主动性、积极性和针对性，从而促进教师更好地成长。新教师应以自己的最佳才能、最优性格、最大兴趣、最有利的环境等信息为依据，制定出切实可行、明确具体、与学校目标协调一致的个人职业生涯发展的目标。目标的制定要高低恰到好处，长短配合恰当，并且与生活目标结合考虑。比如，短期目标可以是一两年内成为合格的教师；三至五年内逐渐发展成为业务扎实、有一定科研水平的骨干教师，取得二级职称；然后再经过五至十年的实践和提高，成为学科带头人，取得一级职称；进而取得高级职称，最终成为专家型教师等。同时，教师职业生涯发展是一个有机的、动态的、逐步展开的过程，新教师在进入教育教学工作之后还应根据具体问题和精力，适当调整自己的职业规划，以求获得全面的发展。当然，学校也应该给予新教师充分的发展空间和时间，不要急于要求新教师出成绩，指导新教师根据职业规划有目的、有规律地发展。

（三）新教师要努力提高自身素质和水平

对职业生涯精心规划后，新教师就要积极地发展。"求知、实践、反思"是新入职教师成长历程中的三个重要环节。"路漫漫其修远兮，吾将上下而求索。"作为新教师，要做到坚持不懈，以良好的心态对待成长中遇到的困难和挫折，不断求知，善于实践，积极反思，才能不断地丰富自己的教育教学知识和技能。

1. 不断求知

新教师在入职初期，无论从教学还是从教育的角度出发，都应具有"求知若渴"的积极心态。新教师虽然具有较全面的专业知识，但也应该继续拓宽自己的知识领域并在知识的联系和纵深上下功夫。因此，新教师要做到：在集体备课和教研活动中，要多向老教师学习他们的教学经验，然后能汲百家之所长，为我所用；在与学生的交流互动中，了解学生喜好，洞察学生心理，成为学生的良师益友；在参与班级和学校的各种活动中，虚心学习他人管理组织学生的"灵丹妙药"；在学校为教师提供的每一次培训中，把握机会，迅速提升自己。

2. 在实践中发现经验，弥补不足

教育教学的实践性很强，班级管理工作、课堂教学工作、课外活动指导等都是很好的"试验场"。新教师必须积极、主动地投身到教育教学实践中去，在实践中磨炼意志、积累经验、增长才干，在实践中不断成长。

3. 新教师要不断地反思、调整与完善

在入职初期面临教育教学和环境适应中的种种困难，是新教师中普遍存在的现象。处于适应阶段的新教师，一定要有坚强的意志力，在长期的坚持中，从每一件普通的日常事情中，不断地反思和调整自己的看法与行为，日积月累地完善自己。一方面，根据学生的需要和对课堂教学的反馈及时地补充自己的教学业务知识。新教师的知识结构也要随着学校的需要与科学的发展不断地进行更新，保持自己与时代同进步。另一方面，在每一天的课堂教学和班级管理中认真总结，记录自己的收获和遇到的困难，得出自己的不足之处，分析更好的方法，用在下一次的教学中，在坚持中不断地取得进步。"不积跬步，无以至千里；不积小流，无以成江海。"只要长期坚持，从细微处入手，日积月累，终究会有惊人的质的飞跃！

（四）培养自身良好的个性品质和工作态度

新教师想要很好地适应工作和所处的学校环境，得到进一步的成长发展，一定要保持良好的心态。在面对挫折和困难的时候，要静下心来，积极地反思，调整自己的行为，在实践中逐渐完善自己。首先，保持良好的心态。新教师一定要有良好的心态，快乐地工作，积极乐观地面对自己在工作中遇到的困难。其次，新教师要有对工作负责、主动的态度。教育的对象是一个生动活泼的人，所以新教师从踏入教育教学这个领域开始就要秉着认真、负责的态度来对待自己所从事的工作，尽自己最大的努力和热忱来帮助每一个学生健康成长。第三，要有主动求发展意识。入职初期，新教师往往对教学和环境都不熟悉，这就需要新教师主动询问，请教有经验的教师，使自己对工作越来越熟悉。新教师步入工作岗位，也就意味着自己已由学生踏入成人行列，大家都忙各自的工作，很少有人会主动来告诉你要怎么做。因此，遇到困难就需要你虚心诚恳地、主动地向有经验的教师请教，而不能被动地适应这个过程。

二、对任教学校的建议

（一）给新教师安排适量的工作

学校在分派任务和工作时，应该考虑新教师在适应环境过程中承受的诸多压力，要避免为新教师分配过多的、过难的教育教学任务，以确保新教师有时间和精力钻研教学，逐步建立自信心，形成正向的积极的工作态度。为了使新教师能实现自主专业成长，任教学校需要为他们提供自由支配的时间，使入职第一年应当成为名副其实的见习试用期，不能将他们当作合格的胜任教师而给予满负荷的工作量；需尽可能给予新教师充足的时间钻研教材，了解学生，研究教法，有足够的时间反思自己的教学工作和调适自己的心理压力；需要为新教师观察资深教师的教学提供机会。如有可能，尽量将新教师分配在便于向师傅和其他有经验教师请教的办公室里。总之，学校应把减少新教师事务性的工作，减轻他们的工作负担视为促进他们成长的必然选择。

另外，学校常见的一种做法是分配新教师做班主任，不管学校出于什么考虑，这样做并不是明智之举。首先，新教师普遍存在热情高涨但缺少经验、精力旺盛却缺乏耐心的不足，过早担任班主任既不利于班级管理，也不利于新教师个人成长。新教师由于刚刚走上工作岗位，对教育教学、对学生都有一个逐步熟悉与适应的过程。如果做班主任，教学与班级工作两副重担会使他们感到力不从心。其次，新教师刚刚由一名学生转变为一名教师，在性格和工作作风乃至言谈举止上，都或多或少带有学生时期的习惯。如果过早担任班主任，这些习惯很容易影响新教师在学生心目中的教师形象，从而削弱教育教学效果。

（二）完善"师徒帮带"制度

师徒制的积极之处在于大大缩短了新入职教师熟悉教学常规、教学过程的周期，使他们少走弯路，尽快适应角色。局限之处在于，师傅在传给经验的同时，如果不对经验进行合理的解释，也很可能窒息新教师思考的空间，不利于他们形成教育自觉。因此，学校需要建立更为科学、高效的师徒制。

第一，慎重选择指导教师。能不能"带新"是水平问题，愿不愿意"带新"是态度问题，任职学校要选择既能"带新"又乐于"带新"的指导教师，指导教师不但有丰富的教学经验，还要富有爱心，愿意与新教师进行沟通，更重要的是要有责任心，愿意与新教师分享经验与教训，切实关注新教师的成长，同时把对新教师的指导当成自己专业提高的一种途径。

第二，"带教"任务要明晰，确保指导得到落实。为促进新教师的专业发展，指导教师可以解释他们所使用的教学常规与策略，也可以向新教师指出他们用来调整教学的非言语线索。

第三，学校要制定相配套的监督、评价和奖惩制度，定期考核"带教"效果。同时减少指导教师的工作量，对指导效果好的教师给予适当的物质或精神奖励，并在年终考核或在评优选模中有所体现，以激发指导教师的带教热情。

第四，在安排课程表时，要注意协调好师傅和徒弟的课，把他们授课的时间和节次相互错开，以避免师徒听课时发生冲突，尽可能为他们相互听课和交流讨论提供方便。

（三）营造开放的学校氛围

"学校氛围是一所学校内部所形成的，对其成员的价值观念、态度、信念、道德规范和行为产生潜移默化影响的心理环境。"[1] 有调查表明，教师理想中的"更好地发挥教学潜能的学校氛围"是（依据教师回答问题出现的频率排序）：①学校人际关系和谐；②开明、民主、开放；③团结、协作、互助；

---

[1] 赵昌木、徐继存：《教师成长的环境因素考察——基于部分中小学实地调查和访谈的思考》，载《湖南师范大学教育科学学报》2005年第3期。

④严而不死，活而不乱；⑤良好的竞争、激励氛围；⑥发展性的、充分尊重教师劳动的评估机制；⑦严谨、规范、催人奋进的教风和学风；⑧倡导并鼓励教育科研；⑨学习化的学校等。舒适、融洽而和谐的校园氛围可以使教师感受到一种亲切感，可以使教师放下其他的顾虑，积极而全心地投入到工作中。一所学校拥有何种氛围，与学校管理者的行为密切相关，学校管理者应该摒弃那种专制型的管理方式，放弃完全以教学成绩来评定教师优劣的终结性评价标准，采用民主参与式的管理方式，运用发展性教学评价等多种评价方式，充分尊重学校教师的感情和人格，特别要关心新教师的工作困难，在学校中努力营造一种人与人之间联系密切、相互信任的学校氛围，充分调动新教师的积极性和主动性，促进他们的专业成长。

（四）创建自然合作的教师文化

由于教师的教学具有个体性、独立性等特征，再加上学校管理中的一些人为因素，很容易导致教师间的不良竞争和相互排斥，很容易在教师之间形成相互孤立和封闭的个人主义文化。这种个人主义文化会极大地阻碍新教师的专业发展。学校应倡导同伴互助的教师文化理念，鼓励教师打破个人主义的藩篱，形成共享合作与相互支持的教师文化，实现个人和集体的共同发展。合作的教师文化有助于形成良好的同事关系，使教师之间能够在知识和经验上充分交流、共同分享和共同进步，在思想、信念、态度方面相互影响和促进。教师间和谐的协作关系有助于培养浓厚的研究氛围和愉快的工作环境，这种富有建设性、支持性的气氛和环境对于新教师个人的顺利成长是不可或缺的。

三、对社会给予支持方面的建议

（一）家人的理解与支持

由于教师大部分时间都在学校内，如不能得到家人的支持和理解，不仅影响新教师工作时的心情和态度，也会影响其与家庭成员之间的关系。因此，作为教师的家人，尤其是在新教师入职适应阶段，应给他们更多的宽容、理解和帮助，为他们减轻生活上的负担，让他们可以全身心地投入到工作中。在新教师遇到困难、丧失信心和工作热情的时候，家人应鼓励他们，让他们勇敢地面对和解决困难，顺利地度过适应期，实现更好的发展。

（二）增强职前培养的实践性

"师范是教育之田"，尽管现在教师的来源日益多元化，但师范院校的毕业生仍然是最主要的来源。发展优质教育，培养教师成才，从根子上讲，从源头上讲，还是要大力发展我们的师范教育，故对师范院校也提出一些建议。

我国的师范教育无论是在课程设置方面，还是教师教育者的教授方式方面，仍主要呈现出"重理论，轻实践"的特点，一定程度上抑制了学生的主动创造精神和潜能开发，以及实践能力的培养。师范生毕业进入教学实践中后会发现，自己在面对复杂、多变的教育情境时不知该从哪里着手去解决这些问题。因此，新教师进入到教学一线中，需要用很长的时间来学习各种实践经验。那么为缩短新教师的适应过程，职前培养机构需要做到以下几点。

首先，在课程设置方面要增加实践性课程的比重，例如增加实习见习的时间和指导，增加一些能够帮助师范生认识基础教育现状和特点的课程等，从而更好地培养师范生的教育教学实践能力。

其次，教师教育者在讲授教育理论知识时不仅要帮助学生更好地理解理论知识，更要致力于引导学生学会如何在实践中来利用这些知识，从而达到理论与实践结合。教师教育者做到这一点的关键就是加强和小学的联系。教师教育者只有不断地深入到小学一线中，才能了解到真实的情况，才能用这些实践中发现的问题和鲜活的经验丰富自己的教育教学理论。

促进新教师更好地持续发展，除了以上两个方面，学生家长方面的影响也不容忽略。学生家长要对处于过渡期的新教师出现的各种问题给予理解和宽容，留出一定的时间来，让他们去完成适应的过程，尽可能地支持和帮助新教师尽快成长为一名合格教师。

拓展阅读：
多与人交往

心理学研究表明，如果一个人长期断绝和他人的交往，或者减少与他人交往的频率，那么这个人在遇到挫折的时候，抗逆力相对于社会交往良好的人来说就会弱很多。为什么会这样呢？因为他可利用的人际资源非常少。

曾经有人做过一个实验，把七八只强壮的大黄蜂同时关进一个密封的小木箱里，几天后打开木箱，发现木箱的四壁多出了七八个小洞，每个洞里各有一只死去的大黄蜂，而这些小洞的深度都已经超过了木板厚度的一半。又有人发现这样一个现象：当洪流袭来的时候，可以看到湍急的水面上漂浮着一个巨大的黑球，仔细看原来是一个蚂蚁团。虽然一路上外层的蚂蚁不停地被水冲走，但绝大部分的蚂蚁还是平安上岸了。靠岸后的蚂蚁团，才一层层分开。小小的蚂蚁抱在一起，以很小的损失奇迹般地战胜了洪流。与蚂蚁相比，大黄蜂可谓强壮，却败给了木箱。反观小小的蚂蚁，因为成功地依靠了团体的力量，最终在绝境中开出了一条生路。这给我们新教师带来的启示就是，没有与同事、朋友的交往，就会像那些大黄蜂一样，自绝于绝境之中。新教师要学习蚂蚁精神，多与同事、朋友、学生交往，把自己的想法或者困惑告诉他们，倾听他们的意见。

〔资料来源〕鲁子问、靖国平主编：《新教师成长中的困惑与解读》，东北师范大学出版社2011年版。

拓展阅读：
美国"新教师入门指导计划"的组织形式

美国"新教师入门指导计划"最基本、最直接的目的是为刚出校门、初次任教的教师提供支持和帮助，以减轻他们在过渡阶段可能遭遇到的挫折与孤独感、减少教师流失、稳定教师队伍。其组织形式主要有导师制和"指导小组"制两种。导师制是为新教师指派一名经验丰富的教师作为"导师"。导师必须是公认的成功教师。导师最基本的责任包括介绍情况,帮助新教师熟悉环境,提供精神方面的支持和鼓励,帮助解决教育教学方面的问题。听课、评课、示范教学是最常采用的方式。很多学区不仅给导师增加津贴,而且减少他们的教学工作量以保证他们有充分的时间来实施指导。"指导小组"制即除了导师,这些小组还包括校长或分管教学的副校长,学区中心办公室教学专业人员,或者从大学教育学院聘请的教授。大学教师不仅每月到学校听课,直接指导新教师理论联系实际,改进教学,而且培训指导教师。同时,大学还免费为指导教师开设硕士研究课程。这些课程旨在帮助指导教师明确他们的责任和作用,发展听课、咨询与指导的方式方法,同时帮助他们提高理论水平。

〔资料来源〕饶从满、杨秀玉、邓涛著:《教师专业发展》,东北师范大学出版社2005年版。

【思考题】

1. 结合实际,谈一谈影响新教师发展的个人因素、外部因素有哪些。
2. 试着阐释外部因素对新教师发展的重要性。
3. 简述如何才能使新教师得到持续、健康的发展。

【文献链接】

1. 叶澜主编:《教师角色与教师发展新探》,教育科学出版社2001年版。
2. 程红艳、董英主编:《新教师的专业发展》,华中师范大学出版社2011年版。
3. [苏]苏霍姆林斯基著,杜殿坤译:《给教师的建议》,教育科学出版社1984年版。
4. 孙朋:《教师专业发展需求研究——对不同专业发展阶段教师的调查与思考》,华东师范大学2007年硕士学位论文。
5. 马顺林:《初任教师教学能力发展状况及其影响因素研究》,华东师范大学2008年硕士学位论文。

6. 李良：《中小学新手教师适应问题研究》，山东师范大学 2006 年硕士学位论文。

7. 邓艳红：《小学新教师入职适应影响因素研究》，载《中国教育学刊》2011 年第 3 期。

8. 任学印著：《教师入职教育理论与实践比较研究》，东北师范大学出版社 2005 年版。

9. 戴锐：《新教师职业适应不良及其防范》，载《教育探索》2002 年第 4 期。

10. ［丹麦］贝尔等著，郭华等译：《教育现场的专业学习》，人民教育出版社 2010 年版。

第四篇

在职成长篇——
走向专家教师

【本篇概述】

在教师个体漫长的职业生涯中，尽管每个人实际状况、发展方向的选择与转换等各不相同，但是，实现专业发展应该是在职教师的共同追求。根据教师职业生涯发展理论，在个体教师的职业生涯发展历程中，教师生涯发展的表现有内外之分：内职业生涯发展指从事教师职业应该具备的知识、观念、心理等的自我发展；外职业生涯发展主要指工作单位、内容、职务、工资待遇等外在客观条件的发展。内职业生涯的发展是外职业生涯发展的前提，内职业生涯发展带动外职业生涯的发展。它在人的职业生涯成功乃至人生成功中具有关键性的作用，也可以这么说，内职业生涯方向和路径的确立，是引导教师职业生涯走向成功的前提。

内职业生涯的发展主要表现为教学专长的获得与专业自我的建构。教学专长是教师专业发展的核心，教师个体追求专业发展的过程，就是逐渐获得教学专长的过程。大量优秀教师走向自我实现的专业发展历程告诉我们：每一位最终走向职业生涯金字塔最高阶梯的成功教师，正是因其对个人内职业生涯的反思，在不断超越自我的职业追求中，逐步完成了一个增进专业认同感、增强自我效能感并且收获职业幸福的建构专业自我的成长过程。

第十章

发展教学专长

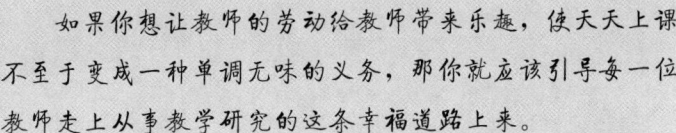

如果你想让教师的劳动给教师带来乐趣,使天天上课不至于变成一种单调无味的义务,那你就应该引导每一位教师走上从事教学研究的这条幸福道路上来。

——苏霍姆林斯基

【内容概要】

早在1966年,《联合国教科文组织和国际劳工组织关于教师地位的建议》报告已经明确提出:"应把教育工作视为专门的职业,这种职业要求教师经过严格地、持续地学习,获得并保持专门的知识和特别的技术。"所谓教师职业的专门知识和特别技术,即教师职业专长。

自从20世纪60年代国际劳工组织与联合国教科文组织正式将教师列为一个专业化的职业以来,欧美各国心理与教育专家对教师职业专长的发展进行了大量的研究,其中教学专长是教师职业专长研究的核心问题。

作为一名专业人员的小学教师,在从一位新教师走向专家教师的职业生涯发展过程中,获得教学专长是其专业发展的关键内容。认知心理学视野下,教学专长研究主要通过对新教师和专家教师的行为特征进行比较研究,探索专家型教师教学专长的构成和发展轨迹。

【关键词】

专长　教学专长　学科教学知识

第一节 教学专长

 棋手怎样思考

德格鲁特（DeGroot）是荷兰心理学家和国际象棋大师，被称为"象棋心理学之父"。他是研究"棋手怎样思考"的先锋，1938年他曾做过一个实验来进行他的研究。他摆出棋局，要求参加实验者找出最佳棋招，并要开口思考，即边思考边说出想法（请人速记下参加者说的话）。参加实验者包括当时的几位特级大师、大师和专家棋手。他发现特级大师、大师和专家棋手计算的深度相差无几，思考过程也没大分别。主要的分别是：高手会计算较好棋，低手花时间去计算劣招。因此，他认为计算能力不是高低手的主要分别，大师不会比专家算得多，只是"看"得更多。

1965年，他的另一个实验，是摆出棋局给实验者看2—10秒，然后要实验者凭记忆在空棋盘上重摆。他发现棋艺越高，重摆的棋局越准确。特级大师和大师的成绩是91.4%，专家棋手为69.6%，普通棋手只有52.5%。但若给他们看的不是实际棋局，而是随便放置的棋子，那么大师与普通棋手间就没有区别，都是四五个棋子了，这与人类短时记忆的有限容量颇为一致。

〔资料来源〕http：//baike.baidu.com/view/299402.htm，2013年8月23日。

一、专长研究范式下的教学专长研究

在认知心理学的专长（expertise）研究领域中，专长的内涵和领域专家紧密联系。从以下有代表性的几种界定

中可见这种关联。比如,专长指"专家在其领域具有的胜人一筹的杰出能力"①;专长指"特定领域的专家所拥有的知识及其组织等"②;专家是"具有领域专长的人,是在特定领域具有专业知识和能力的人,他们能够有效地思考和解决该领域的问题,从而表现出良好的专业行为"③。

荷兰心理学家和国际象棋大师德格鲁特早在1938年做过一个著名实验研究"棋手怎样思考",正是这个实验开启了采用科学心理学研究方法分析专长实质的先河,同时也确立了专长研究最经典的研究范式:"新手—专家"比较研究。这一研究范式包含三个基本步骤:选择特定领域的专家和新手;给专家和新手呈现一组相同的任务;比较专家和新手是如何完成任务的。

20世纪50年代以来,众多研究者在不同领域(如国际象棋、医学诊断、编程、打字等)对专家和新手的任务进行了大量比较研究。在专长研究的启示下,90年代开始有研究者关注教学领域的教学专长研究。

我国研究者早期将国外关于教师教学专长研究归结为两类④:一类关注于教学专长的构成,代表性理论是斯滕伯格(Sternberg,R.J.)提出的专家型教师教学专长的原型观;另一类关注从教学专长发展的角度对教师专业发展阶段进行研究和划分,代表性的理论包括伯林纳(Berliner,D.C.)的教学专长发展五阶段理论和亚历山大(Alexander,P.A.)的三阶段论。近年来,随着教学专长研究进展和深入,有研究者则将教学专长研究的发展概括为对专长实质的探讨,对专长发展轨迹的描述和专长获得方式的试验三个阶段。⑤

二、教学专长的构成

美国著名教育心理学家斯滕伯格提出了解释教学专长的原型观,他以专家

---

① 郝宁、吴庆麟:《试析教学专长的发展》,载《上海教育科研》2008年第6期。

②⑤ 杨翠蓉著:《教师专业发展:专长的视野》,教育科学出版社2009年版,第13、17—19页。

③ 连榕主编:《教师专业发展》,高等教育出版社2007年版,第101页。

④ 张学民、申继亮:《国外教师教学专长及发展理论述评》,载《比较教育研究》2001年第3期。

型教师群体的相似性特征为原型，建立专家型教师模型。他认为新教师与专家型教师的主要区别体现为知识、效率和洞察力三个方面的差异，而知识和经验在专家型教师教学专长发展的过程中起着非常重要的作用。

（一）知识

教师的知识应包括内容知识（即学科知识或本体性知识）、教学法知识（即条件性知识）以及实践性知识（包括外显的和内隐的）。专家型教师不仅应具备丰富的本体性知识、条件性知识和实践性知识，而且还应具备丰富的关于社会政治和文化背景的社会知识，以及通过内隐学习过程获得的经验性知识，并能够将上述各种知识广泛、充分地整合在一起，运用到教学实践中去。

（二）效率

包括教师教学技能的认知自动化、执行监控（包括计划监控和评价）以及认知资源的再投入。专家型教师与教学有关的认知技能自动化过程，是以其丰富的知识和经验为基础的。丰富的知识和经验使专家型教师处理问题时具有如下特点：

1. 在相同的时间里比新教师处理更多的信息；
2. 处理相同的信息量，较新教师付出较少的意识努力。

由于专家型教师具有在知识、经验和元认知水平等方面的优势，因而他们在教学领域解决问题时具有较高的效率，并能够对教学行为进行有效的计划、监控和调整。

（三）洞察力

洞察力是指对问题深入透彻的分析能力和创造性地解决问题的能力。专家型教师在解决问题时，对问题的分析通常更为清晰和透彻，解决问题的方法也具有独创性、新颖性和恰当性。

在提出专家型教师应该具备上述特征的同时，斯滕伯格也明确提出，专家型教师是一个多样性的群体，在这个群体中不一定有一个统一的用于评价专家型教师的标准或规范。专家型教师这个群体可以看作是一个类目的原型。专家型教师的特征与原型的核心特征具有相似性，而不一定必须符合统一的标准。也就是说，专家型教师群体的特征变化具有多样性，在某种意义上说可能具有个性化的特点。

三、教学专长发展的轨迹

（一）伯林纳：专长发展五阶段理论

美国亚利桑那州立大学的伯林纳在大量的定性与定量研究基础上，将教师的教学专长发展划分为新教师、熟练新教师、胜任型教师、业务精干型教师和专家型教师五个阶段，并描述了在不同阶段的具体发展特征。

1. 新教师（novice）

新教师是经过系统的师范教育与学习，刚刚从事教学工作的教师。新教师教学专长的特征主要表现在三个方面：（1）新教师是理性化的，在分析和思考的基础上处理问题；（2）新教师处理问题缺乏灵活性；（3）新教师处理问题时，刻板地依赖特定的原则、规范和计划。在这个阶段，他们需要了解与教学有关的一些实际情况和具体的教学情境，对于他们来说，经验积累比学习书本知识更为重要。

2. 熟练新教师（advanced beginner）

主要表现在以下四个方面：（1）实践经验与书本知识逐渐整合，并逐步掌握了教学过程中的内在联系；（2）教学方法和策略方面的知识与经验有所提高，处理问题表现出一定的灵活性；（3）经验对教学行为的指导作用提高，但还不能够很好地区分教学情境中的重要信息和无关信息；（4）对自己的教学行为还缺乏一定的责任感。

3. 胜任型教师（competent）

具有以下四个方面特征：（1）他们的教学行为有明确的目的性；（2）能够

区分出教学情境中的重要信息,并选择有效的方法或手段达到教学目标;(3)他们对自己的行为结果表现出更多的责任心,对于成功和失败表现强烈的情绪情感反应;(4)胜任阶段教师的教学行为还没有达到快捷性、流畅性、灵活性的程度。

4. 业务精干型教师(proficient)

该阶段教师的最突出特征表现在以下三个方面。(1)具有较强的直觉判断能力。由于在长期的教学实践中积累了的经验,他们对教学中出现的与以往教学情境类似的情况能直觉地观察与判断,并做出相应的反应。(2)教学技能方面接近了认知自动化的水平。在教学活动中,业务精干型教师无需太多的意识努力便能对教学情境做出准确地判断和有效地处理,尽管如此,仍未达到完全的认知自动化水平。(3)业务精干型教师的教学行为已经达到了快捷、流畅和灵活的程度,这是他们在教学实践中积累了丰富知识和经验的结果。

5. 专家型教师(expert)

从新教师到胜任型教师阶段,教师处理问题都是理性化的,业务精干型教师是直觉型的,而专家型教师处理问题则是非理性的。专家型教师对教学情境的观察与判断是直觉性的,不需要进行仔细的分析和思考,凭借他们的经验便能准确地发现问题,并采取适当的解决方法。他们对教学情境中问题的解决不仅达到了快捷性、流畅性和灵活性的程度,而且已经达到了完全自动化的水平,在没有意外发生的情况下,不需要有意识的努力就可以处理遇到的各种教学问题。在一般情况下,他们很少表现出反省思维,一旦问题的结果与预期不一致,他们才会对问题进行反思和分析。在教学专长发展的过程中,只有业务精干型教师中的一部分发展成为专家型教师。

(二)连榕:熟手是从新手型教师成长为专家型教师的关键阶段

我国学者连榕在对 3 000 多名新手型、熟手型和专家型教师的成长心理进行实证研究基础上,提出了新手—熟手—专家的教师教学专长发展历程。而在这一成长过程中,从新手到熟手的变化主要是常规水平的胜任,从熟手到专家的变化主要是创新水平的胜任,而熟手是从新手型教师成长为专家教师的关键阶段。①

大量的理论研究和实践经验都表明,从新手到专家的形成是一个长期的过程,需要在特定领域长时间的学习和不断的实践。在国际象棋、物理、数学、音乐、历史、医学等领域,对于专长形成的研究都证明了所谓"十年规则"②,即任何一个专业活动领域内的新手要成长为专家都至少需要十年的工作经验。在教学领域,大量的教学实践经验是教学专长形成的必要条件,由于教学问题的高度复杂性,教学专长的形成甚至需要比十年更长的时间,不经过大量的课堂教学实践是不可能成长为专家型教师的,而这个成长过程就是一个从新手型教师成长为熟手型教师,再从熟手型教师成长为专家型教师的教学专长发展历程。

前人的大量研究证实,新手从教后的第五年左右是一个重要的变化时期。进入这个阶段的教师被称为熟手型教师,即已经能够按常规熟练地处理教学问题但教学创新水平不高的教师。熟手肯定是昨天的新手,但不一定是明天的专家。实际上,许多教师的专业发展往往停滞在这一阶段,习惯于熟手的角色,直至教师职业生涯结束也未成长为专家。因此,熟手是从新手型教师成长为专家型教师的关键阶段,教学专长能否在成熟的水平上不断得到新的提高是教师专业发展问题的核心所在。

拓展阅读:
专家与新手课堂教学中的差异

1. 课堂规则的制定与执行

专家教师制定的课堂规则明确,并能坚持执行,而新教师的课堂规则较为含糊,不能坚持执行下去。专家教师集中关注于学生应该做的和不应该做的事情。同时,专家教师知道许多课堂规则是可以通过练习与反馈来习得的,是一

---

① 连榕:《教师教学专长发展的心理历程》,载《教育研究》2008年第2期。
② [英]罗伯逊著,张奇等译:《问题解决心理学》,中国轻工业出版社2004年版,第243页。

种可以习得的技能。而新教师却不会这样去做,在阐述规则的时候,新教师往往是含糊其辞的。

2. 吸引学生注意力

专家教师有一套完善的维持学生注意的方法,新教师则相对缺乏这些方法。专家教师在课堂教学中运用不同的"技巧"来吸引学生的注意力;预先计划好每天的工作任务,使学生一上课就开始注意和立刻参与所要求的活动;在一个活动转移到另外一个活动时,或有重要的信息时,能提醒学生注意。而新教师往往在没有暗示前提下,就要变换课堂活动;遇到突发的事情,就会自己停下课来,但却希望学生忽略这些干扰。

3. 教材的呈现

专家教师在教学时注重回顾先前知识,并能根据教学内容选择适当的教学方法,新教师则不能。在教学内容的呈现上,专家教师通常是用导入式方法,从几个实例出发,慢慢地引入要讲的教学内容。而新教师一上课就开始讲一些较难的和使人迷惑的教学内容,而不注意此时学生还未进入课堂学习状态。

4. 课堂练习

专家教师将练习看作检查学生学习的手段,新教师仅仅把它当作必经的步骤。在学生做练习时,专家教师最关心的是学生是否学会了刚才教的知识。而新教师把维持课堂纪律看作是最重要的事情。

5. 家庭作业的检查

专家教师具有一套检查学生家庭作业的规范化、自动化的常规程序,所花费时间短,效率高,而新教师花费的时间长,效率低。

6. 教学策略的运用

专家教师具有丰富的教学策略,并能灵活应用。新教师或者缺乏,或者不会运用教学策略。在提问策略与反馈策略上,首先,专家教师比新教师提的问题更多,从而学生获得反馈的机会就多,学习更加精确的机会也越多。其次,在学生正确回答后,专家教师比新教师更多地再提另外一个问题,这样可促使学生进一步思考。再次,对于学生错误的回答,专家教师较之新教师更易针对同一学生提出另一个问题,或者是给出指导性反馈。最后,专家教师比新教师在学生自发的讨论中更可能提出反馈。在对学生发出的非言语线索上,专家教师常利用这种线索来判断和调整教学。而新教师往往只注意课堂中的细节,也难以解释他们看到的事情间的联系。而专家教师则试图从这些活动中做出推论。

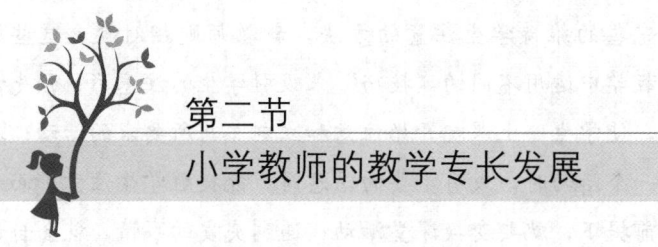

第二节 小学教师的教学专长发展

教学专长的发展是教师专业发展的核心,每一位在职教师都希望在教学实践中逐渐积累经验,获得教学专长,走向专家型教师。那么,小学教师教学专长的核心要素究竟是什么?其教学专长获得实质上是一个怎样的过程?专长获得又与哪些影响因素有关系?对这些问题的思考和认识有助于小学教师更好地反思自身发展并合理定位发展方向。

一、小学教师教学专长的核心要素

作为从事专门性职业活动的小学教师,具备专门的知识和技能是其成为专业人员的前提和核心。那么小学教师应该具备的专业知识和技能应该包含哪些要素?其中最核心的要素又是什么呢?对这个问题的认识经历了一个发展的过程。

19世纪以前,教师需要具备的知识基本上等同于教师所教学科知识,其中主要的原因在于"在当时,教学如同爱护孩子,是一个不需要任何特殊能力的职业,而且教学主要作为一种女性从事的职业"[1]。

从19世纪早期开始,"人们开始同意这样的一个原则,即小学教师应当不

---

[1] Berliner, D.C., *The Development of Expertise in Pedagogy*, Washington, D.C.: American Association of Colleges for Teacher Education, 1988.

仅知道他们所要教授的科目的知识，也要知道他们进行教学的艺术"①。也就是说，除了学科内容知识以外，小学教师还需要关于教学的知识。这也是教学专长研究关注教学法知识的起点。

将学科知识与教学法知识作为教师知识的两个核心成分，这种状态一直持续到 20 世纪 80 年代。直到美国学者舒尔曼（Shulman, L.）开创性地提出教师应该具备学科教学知识（pedagogical content knowledge，PCK），他认为，PCK 最能区分学科专家与教学专家、高成效教师与低成效教师间的差别。

学科教学知识即"将特定学科内容与教育学知识融合为这样一种理解：如何将特定的主题或者问题进行组织和重新表征，以适应学习者的能力与不同的兴趣需要，因为学生在能力、已有知识水平、学习方式上表现出明显的个体差异，因此教师在教一个概念时，应该能够用 150 种不同的表征方法"。可以看出，PCK 实质上就是教师将所教学科知识按照学生的学习特点重新组织，以适合于学生理解的方式予以表征的一种知识形式，反映的是特定学科知识与一般教学法的一种整合。②

也可以这样理解，PCK 强调教师如何将学科知识按照儿童容易理解的方式表达出来，实质上就是将学科知识"心理学化"③，即教师需要考虑到适合儿童思维和学习特点来表征学科知识，并且按照儿童思维特点来表达和传授。PCK 知识包括教师讲解某一主题表征内容的有效方式、所运用的恰当例证、解释、演示、示范和类比等，以及不同年龄阶段、不同背景学生对这一主题学习的理解，可能遇到的困难和可能产生的错误理解等。

正是因为教学活动的本质就是将学科知识转化为学习者可以理解的学科知识的过程，所以自从舒尔曼提出以来，PCK 知识就被众多学者视为体现教师职业独特性的一种专门知识。我们认为，PCK 更是体现小学教师教学专长的

---

① Monroe, P. (Ed.), *A Cyclopedia of Education* (Vol.4), NY: Macmillan, 1913, p. 622.

② 李琼著：《教师专业发展的知识基础——教学专长研究》，北京师范大学出版社 2009 年版，第 40 页。

③ 李琼、倪玉菁、萧宁波：《小学数学教师的学科教学知识：表现特点及其关系的研究》，载《教育学报》2006 年第 4 期。

核心要素，因为小学教师教学对象是6—12岁的小学儿童，这一特定年龄阶段儿童的思维、认知、语言发展等发展阶段和特点决定了小学教师的教学成败，更加有赖于其PCK知识的丰富程度（相比中学老师和大学老师而言）。

小学教师的根本工作职责就是在师生互动中促进小学生身体和心智的发展，而师生互动能否发挥作用受制于小学儿童身心发展水平和特点。这直接决定了小学教师不仅要自己掌握特定的学科知识，同时还需要考虑到小学生及其学习特点，将自己掌握的学科知识转化为小学生可以理解的知识，进而达到促进其发展的目的。而且小学阶段儿童认知、个性与社会性发展均尚处于起步阶段，小学生对各学科的学习也都处于启蒙和入门阶段，小学教师工作的独特性和复杂性也恰恰在于如何将各种知识按照学生的思维和语言特点来表达，进而实现学科知识的转化。

二、小学教师教学专长的获得

（一）专长发展是一个"进步性问题解决"过程

贝莱特认为[1]，专家总是频繁从事某些常规的学习活动，以使自己成为专家并保持专家水准；专家总是持续地将认知资源用于解决复杂度递增的问题，总是寻找解决复杂问题的新方法，而不是依赖常规方法解决新问题。专家的杰出能力及造就杰出能力的领域知识是通过"进步性问题解决"（progressive problem solving）获得的。

基于此理论，有学者指出：教学专长发展可认为是教师持续在教学领域进行"进步性问题解决"而达成的：有些教师善于利用已有知识解决问题，从问题解决中获取知识经验，尔后采用更优化的方式解决原有问题或解决新的更复杂的问题，如此反复，不断提高能力；另一些教师却总是采用惯常手段解决问题，从而无法获得进步并最终归于平庸。[2]

---

[1] Bereiter, C., Scardamalia, M., *Surpassing Ourselves: An Inquiry into the Nature and Implications of Expertise*, Chicago: Open Court, 1993.

[2] 郝宁、吴庆麟：《试析教学专长的发展》，载《上海教育科研》2008年第6期。

(二)专长发展通过教师在"行动中反思"获得

舍恩（Schon，1987）认为①，个体发展专长的关键是在实践过程中始终持有反思性、批判性的态度，形成多角度审视问题并力图易化问题解决方案的能力。舍恩称之为"行动中反思"（reflection-in-action），并与"对行动的反思"（reflection-on-action）做一区分，他认为后者是对行动的追溯性分析，而前者是伴随行动过程的解释、思考与探索，是个体与活动的直接互动。依据舍恩的观点，教学专长是教师通过持续有意识地"行动中反思"发展而来的。

三、小学教师教学专长获得的影响因素

(一)教学经验并非获得教学专长的充分条件

毫无疑问，教学专长的获得需要教师在教学实践中长期历练方可成就，但绝不是长期从教经验可自然造就教学专长。大量研究表明，教学经验的积累是获得教学专长的必要条件，但不是充分条件。②

一方面，成为教学领域的专家必须具备在该领域的长期经验，这一点已经得到很多实证研究的证实。特纳（Turner，1995）研究发现，普通教师认为需花费 2.5 年来学习教学，而优秀教师认为学习教学至少需用 4.5 年。伯林纳（Berliner，2004）也发现，许多教师认为至少需要 3—5 年时间才能熟知学校及课堂中发生的事件，且不再对这些事件感到"惊奇"；这种对工作环境的熟悉和游刃有余，被认为是获得教学胜任力的基本标志。目前得到研究者普遍认同的观点是，如果教师足够努力，获得教学专长成为教学领域的专家至少需要5—7 年的时间；而如果仅达到胜任教学工作的水平，教师可能最少只需 2 年时间。

---

① Schon, D. A., *Educating the Reflective Practitioner*, SanFrancisco, CA: Jossey-Bass, 1987.
② 郝宁、吴庆麟：《试析教学专长的发展》，载《上海教育科研》2008 年第 6 期。

另一方面，具备长期从教经历却不能保证教师可成为教学领域的专家。这一点仅凭现实生活经验也不难发现：很多执教多年的老教师直至退休依然平庸无奇，甚至只可勉强称为胜任水平的教师。长期从教的经验何以不能确保教学专长获得呢？美国心理学家波斯纳（Posner，G. L.）1989年提出一个著名的公式：教师成长＝经验＋反思。这一公式揭示出经验与教学专长获得的联结在于教师需要成为反思性实践者，只有通过基于经验的反思性学习过程，教师才能对自身教学实践进行检验，同时不断丰富、修正和完善教学经验。我国著名小学语文特级教师窦桂梅也曾经有过一个有趣而且深刻的表述："20年教龄不等于20年的教学经验，可能有很多老师的确工作了20年，但也许只是她一年工作的20次重复。一位教师如果不能善于从经验反思中吸取教益，即便她有了20年教龄，我们只能说她有一年教学经验，也就不可能有什么改进。"

（二）职业兴趣

21世纪之初，有些教学专长研究者将反思的视角指向一个现实问题："具有相同工作经历的个体，有的能成为专家，而大多数不能成为专家。"他们认为对此问题的一种解释就是教师个体的兴趣、动机和情感等因素深刻影响着教师的成长。

代表性观点是亚历山大2003年提出的领域学习模型（model of domain learning，MDL）。① 亚历山大在此模型中提出专业知识、认知策略和兴趣这三个因素影响着教师个体教学专长的获得，在不同的专长发展阶段，这三个因素间相互作用不一样。根据个体的领域能力发展水平，教学专长的发展可划分为新手、胜任者和专家三个标志性阶段。

1. 适应阶段（acclimation）

主要指新教师，处于专长发展的第一阶段。在新手阶段，个体的知识是有限和零碎的领域知识，难以准确分辨信息的准确性和相关性；这个阶段通常使

---

① Alexander，P. A.，The Development of Expertise：The Journey From Acclimation to Proficiency，*Educational Researcher*，2003，32（8）：10-14.

用表层水平策略（如模仿）来解决教学中遇到的问题；情境兴趣对此阶段教师发展非常重要，相反个人兴趣无能为力。

2. 胜任阶段（competency）

胜任阶段是专长的转变阶段。在这一阶段，教师显示出拥有更多的领域知识，而且这些知识得到了整合与联系，能帮助个体解决更加复杂的问题；个体能够混合使用表层水平策略和深层加工策略来研究和解决教学问题；同时，教师发展中情境性影响减弱，个人兴趣逐渐增强。

3. 专家阶段（expertise）

在此阶段，前述三个要素协同作用，共同促进教师发展。专家教师表现出拥有渊博的领域知识、深厚的教学主题知识而且还能为该领域创造新知识；专家往往能够利用深层的高水平加工策略发现和解决问题；尤其是专家教师往往表现出来很高的动机水平，因而能长期保持高水平的投入。

MDL 模型非常重视兴趣的作用，亚历山大认为绝大多数教师只能达到胜任阶段，只有少数教师才能成为专家，正是因为兴趣在教学专长获得中的重要作用所致。

对于兴趣和职业情感在教师成长中的发展，我国研究者对浙江省 111 名特级教师和 160 名普通教师的调查研究结果也显示：不管是特级教师，还是普通教师，他们对教师职业喜好的关键时段是从教后的 1—5 年，其次是 6—10 年。从教 15 年之后，教师对自己职业的喜好态度已经很难改变。①

拓展阅读：
舒尔曼与 PCK

舒尔曼在其两篇重要文章中阐述学科教学知识（PCK）的概念：一篇是在 1985 年美国教育年会上的主席发言中，他提出了学科教学知识概念；另一

---

① 鲁林岳、张寿松：《教师专业发展过程中的几个关键时段的调查研究》，载《教师教育研究》2010 年第 1 期。

篇是在发表于1987年《哈佛教育评论》的《知识与教学：改革的基础》一文中，他明确提出了教学所需的七种类型知识。

1. 学科内容知识（subject matter knowledge or content knowledge），指教师对专门科目知识体系及各学科知识、概念的理解。

2. 一般教学知识（general pedagogical knowledge），指通用于各学科的教学策略与原则，如班级管理方法与表达技巧等。

3. 课程知识（curricular content knowledge），指课程与教材设计的知识，这是属于教师的职业工具（tools of trade）。

4. 学科教学知识（pedagogical content knowledge，PCK），此类知识融合了学科内容知识与一般教学知识，指教师应该如何通过适当的教学方式来呈现其教学内容。

5. 学生及其特征的知识（knowledge of learners and their characteristics），指关于学习者在学习过程中各种身心状况的知识，如学生的学习能力、身心发展、学习动机、学习风格与认知过程等。

6. 对教育环境的知识（knowledge of educational context），从小团体或班级的活动、学区的行政与经费到小区和文化等，教师都应该有一定的认知。

7. 对教育宗旨、目的、价值及其哲学、历史渊源的知识（knowledge of educational ends, purposes, and values, and their philosophical and historical grounds）。

〔资料来源〕杨翠蓉著：《教师专业发展：专长的视野》，教育科学出版社2009年版，第21—22页。

【思考题】

1. 如何理解PCK是小学教师教学专长的核心要素？
2. 专家教师教学专长的构成要素有哪些？
3. 你如何理解教学经验与教学专长获得的关系？

【文献链接】

1.［加］范梅南著，李树英译：《教学机智——教育智慧的意蕴》，教育科学出版社 2001 年版。

2. 杨翠蓉著：《教师专业发展：专长的视野》，教育科学出版社 2009 年版。

3. 李琼著：《教师专业发展的知识基础——教学专长研究》，北京师范大学出版社 2009 年版。

4. 申继亮、李琼：《小学数学教师的教学专长：对教师职业知识特点的分析》，载《教育研究》2001 年第 7 期。

5.［美］帕梅拉·格罗斯曼著，李广平等译：《专业化的教师是怎样炼成的》，人民教育出版社 2012 年版。

第十一章

走向职业成功

> 吾生也有涯，而知也无涯。
> ——庄子

【内容概要】

职业生涯是一个人一生中从事职业工作的经历。对于教师而言，追求职业成功的过程是其作为教师角色从事教师职业活动的整个发展过程，也就是教师在主动学习和实践的过程中，成功扮演教师角色，实现自身专业发展的过程。从内外职业生涯发展视角看，小学教师从业者的外职业生涯成功路径分为职称晋升、职务调动、评优及赋予其他工作角色等类型，而其内职业生涯发展实质上是教师建构专业自我的过程。内职业生涯的成功更多体现在增进专业认同感、增强自我效能感及收获职业幸福感等方面。

【关键词】

职业成功　专业自我　职业认同　自我效能感　职业幸福感

第一节 教师职业成功

 钓胜于鱼（节选）

每天早晨我在湖边整理小艇，常有银发的老教授蹒跚地走来。

"早安"，他老远地打招呼。

"今天还出去划船吗？"我问。

"当然，天气真好啊，我太喜欢钓鱼，可惜这湖中的鱼不大。"

"反正你是为钓，并非为鱼。"

"对极了，对极了，我是为钓，不是为鱼。"他一边说着，一边登上小船，带着他的钓具与几本书，马达照例不开，双桨轻轻划破水面，悠然远去。

············

这位老教授在哥伦比亚教书，他是宾夕法尼亚大学毕业的。因为我也在宾大上学，所以他每天总好奇地与我谈几句，好像在与我谈话中，还可以寻觅到他的青春。他在哥大已教书 30 年了，这几年的暑假常到这湖边来。每天扁舟垂钓，竟日方归，最多能钓两条二三英寸长的小鱼，而他的享受却是在钓。

能够欣赏钓，而不计较鱼，是使一个人快乐，使一个团体健康，使一个社会成功的条件。正因为有钓胜于鱼的观念作基础，所以不会产生向上爬的习惯，也不会产生学而优则仕的风气。每一个学者一旦发现了自己的兴趣所在，一直将此兴趣带到坟墓里。发明小儿麻痹症预防药的沙克，最近对人说："我所确知的是：科学家不是政治家。我不是明星，让我回到实验室去。"

然而，不是为鱼的钓者却常常钓上大的鱼来，因为他终身在水滨，常有机会到来，非如缘木求鱼的"智者"，徒劳心力而已。

〔资料来源〕陈之藩著：《寂寞的画廊》，江苏文艺出版社 2007 年版。

正如本书前面论述（第三章第三节），目前学界对于职业生涯应包含两个方面能基本达成共识：一是主观职业生涯，反映的是个人对其职业生涯的认识和感受；二是客观的职业生涯，反映的是容易被他人观察到的地位、薪水和晋升等用来衡量职业生涯状况的外在标志。与之相应，现实中人们对教师职业成功的评价也可以从外职业生涯发展和内职业生涯发展两方面来衡量。

一、职业生涯成功

管理学上将职业生涯分为外职业生涯和内职业生涯。外职业生涯是指从事职业的工作单位、工作地点、工作内容、工作职务与职称、工作环境和工资待遇等因素的组合及其变化过程。而内职业生涯指从事一项职业时所需具备的知识、观念、心理素质、经验、能力、身体健康、内心感受等因素的组合及其变化过程。

从构成因素来源看，外职业生涯各要素通常是由外界或别人认可、给予的，也容易被别人否认和收回；而内职业生涯各项构成因素的取得，可能通过别人的帮助而实现，但主要的还是靠自己努力追求而得，一旦取得，别人便不能收回或剥夺。应该说，外职业生涯发展以内职业生涯发展为前提条件，内职业生涯是真正的人力资本所在，提高内职业生涯而取得的工作成绩，会转化为外职业生涯。

在个人漫长的职业生涯中，尽管个人具体的情况、职业选择与职业转换等情况各不相同，但是，追求职业生涯发展，获得职业成功却是每个人的共同追求。从心理学意义上讲，职业生涯成功是个体在工作经历中逐渐积累和获得的积极的心理感受，以及与工作相关的成就。[1] 实现职业生涯成功，对个体而言，意味着个人潜力的开发，成长性需要的满足，以及自我价值的实现。

与前述职业生涯有内外之分相应，对职业生涯成功的衡量标准也表现出二维性：内职业生涯成功指从事特定职业者所具备的从事该职业的知识、观念、

---

[1] Seibert, S. E., Crant, J. M., Kraimer, M. L., Proactive Personality and Career Success, *Journal of Applied Psychology*, 1999, 84 (3): 416-427.

心理等的发展,而外职业生涯成功主要指工作单位、内容、职务、工资待遇等外在客观条件的发展。在职业生涯发展中,内职业生涯成功是外职业生涯成功的前提,内职业生涯成功带动外职业生涯的发展。它在人的职业生涯成功乃至人生成功中具有关键性的作用。

二、小学教师职业成功评价中的现实困境

作为一种专业的小学教师职业,对其从业者的职业生涯成败评判,应该从其专业发展性质和结果来衡量。比如教师在课堂工作中表现出的知识技能和判断力的提高程度,对所属工作团队所做的贡献大小,教育教学工作在个人生命中的意义之体现等。判断个体教师职业生涯成功的水平和层次,尤其应主要依据教师专业发展的自主意识、职业认同感、教学效能感、职业幸福感等内在成长而非职称、职务、报酬以及地位等外在变化。但是,以此反观我国小学教师发展评价的现实,情况似乎恰好反之。

由于我国"官本位"文化传统的深刻影响,几千年来"学而优则仕"观念直接导致教师职业发展中约定俗成的"教而优则仕":教学或班级管理业绩好的老师的"成功",往往会被等同于在学校或更上一层次教学管理或教研机构的某种职务发展;或者也表现为校际间调动,这种调动目标往往也在于在新的学校可能会获得潜在的职务变动。可以说,能够向管理层或者上层流动就是教师发展的成功,反之获得不了提升就是教师职业生涯的失败或受挫,这已经成为一种非常普遍存在的小学教师评价现实困境。究其原因,一方面和现有教师管理和评价体制下,我国教师职称评聘制度对于小学教师发展缺少应有的评价和激励功能有关;另一方面,可能也和小学教师从业者对自身专业角色的定位模糊,专业认同感较低有关。

因此,小学教师从业者应合理定位自身职业生涯发展目标。首先,教师自身应有意识转变观念,对教师职业成功的评价从外职业生涯为主转向更多关注教师内职业生涯成功,即自身内在能力、价值感实现、幸福感体验获得等。同时,这种理想的实现尤其需要教育管理层采取恰当方式改善和丰富小学教师发展的评价机制,能够有合理措施促使小学教师发展得到激励和鼓舞,进而通过

"工作丰富"推动小学教师实现"原地成长"。

三、教师外职业生涯成功

传统的职业生涯理论中认为职业生涯"首先表现为一系列的工作职位"[①],这也是外职业生涯发展的主要体现。有研究者将其发展分为两种类型:职务变动发展和非职务变动发展。职务变动指的是:从业者的职业生涯发展表现在职务上的一系列发展、变动。具体又可分为晋升与平行调动两种形式。晋升是成功的标志,当员工在工作中取得了很好的业绩时予以晋升,将激励他们在今后的工作中创造出更好的业绩。平行调动虽在职务级别上没有提高,但在职业生涯目标上可以得到发展,从而为未来的晋升做好准备。非职务变动发展指的是,职业生涯的成功可通过横向调整的形式实现,员工可通过工作丰富化在"原地成长"。非职务变动发展包括工作范围的扩大、改变观念以及方法创新等内容。[②]

借鉴上述分析思路,在学校这种较弱职业生涯阶梯、扁平结构管理模式的专业组织中,我们将教师追求外职业生涯成功的路径分为如下类型。

1. 教师职称晋升

教师职务晋升主要是指随着教龄增长,教师职称上的一系列发展和变动。这是所有教师从业者在满足条件下都可获得的外职业生涯成功路径。

根据1986年建立的中小学教师职称评定制度,我国中学教师职称系列分为:中学高级、中学中级(一级)、中学初级(二级、三级),而小学系列分为小学高级、小学一级、小学二级、小学三级。而从其对应的职务系列来看,中学教师职称最高等级为副高级,小学教师职称最高等级仅为中级,这种职称制度已经不符合时代发展和教师专业队伍发展变革的现状。

因此,我国从2009年启动中小学教师职称制度改革试点,并于2011年进

---

① 张再生编著:《职业生涯管理》,经济管理出版社2002年版,第16页。
② 马力:《职业发展研究——构筑个人和组织双赢模式》,厦门大学2004年博士学位论文。

一步扩大改革试点。这次改革中将原来独立的中学教师职务系列与小学教师职务系列统一并入新设置的中小学教师职称（职务）系列，其中职称设置分为五个等级，依次为正高级教师、高级教师、一级教师、二级教师、三级教师，与职称的正高、副高、中级、助理、员级相对应。

2. 教师职务调动

职务调动是指在职称等级不变的情况，管理部门或者学校对教师个人的岗位职能进行调整。应该说，教师职务调动作为教师外职业生涯成功路径有着深厚的文化渊源和现实根基。众所周知，中国文化传统下自古以来，"学而优则仕"就是文人士子的终生追求，而这种观念在教师职业发展领域里就具体化为"教而优则仕"。在这种文化环境下，教师职业发展的成功路径在现实中几乎被等同于"教师—优秀教师—管理干部"的发展模式，也就是擅长教学的优秀教师一旦在教学方面做出突出贡献、获得荣誉后，便被安排到行政干部岗位，担任主任或校长等行政职务。

3. 教师评优

教师评优实质上是一种教师外职业生涯上非职务变动的发展体现，由于教师自身能力提高了，但学校自身扁平结构的管理模式下不能相应改变组织结构，无法保证足够的高一级管理岗位空缺，因此，就通过拓宽教师工作职责、丰富其工作内容以及赋予其相应权利，并相应提高其工作待遇的一种方式，使教师的职业生涯得到发展。比如，在目前学校管理和教师评价机制下已经制度化的学科带头人评选、各种级别的骨干教师评选。

此外，在学校实际工作中，常常会有为促进青年教师发展建立"师徒制"，以及组织优质教师团队作为实习生指导老师等情况，那么这里能作为"师傅"或"指导教师"，既是一种对教师工作能力的肯定和认可，也通过赋予其这种新角色，使这些教师获得一种非职务变动的职业发展体现。在被赋予的新工作职责下，这些教师往往也能一定程度上受到激励和鼓舞，进一步促使其增强发展动机，提高个人能力，进而促进其外职业生涯发展。

四、教师内职业生涯成功

从 1934 年桑代克（E. L. Thorndike）把职业生涯成功操作化定义为工作满意度（即个人对他所从事工作的一般态度，它不仅指对工作任务，而且包括对工作环境的态度和情感反应）开始，学界开始将职业生涯成功和心理感受联系在一起，这种思路发展到亨特（Hunt，1986），更是直接将主观职业生涯成功（subjective career success）等同于个人对目前工作和职业的主观心理感受，它是以个人对职业的期望值为基础的。

我们这里论及的教师内职业生涯发展指的就是：教师在从事职业活动过程中，自身所具有的知识、观念、经验、能力、心理素质、内心感受等因素的组合及其变化成长过程。实质上，教师内职业生涯成功就是一个教师从业者不断建构专业自我，追求自我专业成长的过程。明确意识到教师应成为自身专业发展的主人，这是每一位教师走向职业成功的前提，也是所有教师走向精神自由和真正幸福的必由之路。

从现实上看，追求内职业生涯成功是教师个体的一种真实需要，因为每一个教师从业者都会从内心渴望拥有一个成功的职业生涯，而现实中更多侧重外在评价体系下的外职业生涯成功不可能满足所有教师的"成功需要"。

从教师职业的本质来看，"教师职业的本质是创造人的精神生命，对于这一性质的确认并转化为教师的自我认同之后，教师的工作是要面向学生生命发展的未来，与学生一起在教育活动中创造学生的精神生命。这种创造的结果是以学生的精神世界发展的方式存在。"[①] 教师职业活动的最终成果取决于学生发展这一本质，决定了单一凭借外职业生涯成功标准实在难以衡量教师职业活动的成败。也正因如此，在现实中我们不难看到：很多带有诸多称号或光环的所谓优秀教师不一定能感受到教师职业独有的、深刻的幸福感，而太多也许没有任何荣誉的普通教师可能在平凡的教室里因得到学生认可和拥戴成就自己的职业人生。

---

① 叶澜：《教师职业的本质》，载《教师之友》2002 年第 2 期。

毋庸讳言，在教师专业自我的成长过程中内外因共同发挥作用。但是同样毫无疑问的是，决定教师专业发展方向、速度和最终水平的关键因素是教师自身的个体因素。而其中专业自主意识、专业认同感、自我效能感以及职业幸福感是影响个体专业发展的最主要因素，因此一个教师的内职业生涯是否成功，也可以从这几个方面的发展来体现。具体来说，具备专业自主意识是教师取得职业成功的前提，专业认同是教师内职业生涯成功的根基和保证，自我效能感尤其是教学效能感的提升是教师职业生涯成功的外在表现，而职业幸福感的获得则是教师内职业生涯成功的最高境界。本章第三节将结合小学专家教师的成长故事来进一步分析，何以具备自主发展意识、增进专业认同、提升教学效能和获得职业幸福可以作为教师内职业生涯成功的重要体现。

拓展阅读：
Career 的词源

西方学者之所以将职业成功标准区分为客观成功和主观成功两个维度，追根溯源就在于职业生涯这个概念本身所具有的二元性特征，这也反映在其语源学的根基中。

"职业"（career）一词在拉丁语中有一条小路或路径的意思，将这一概念引用于职业研究领域，它常被翻译成职业生涯，指"贯穿于个人整个生命周期的、与工作相关的经历的组合"。职业生涯就是一个人的职业发展旅途，从事各种职业的个体就是职业风景画中的旅行者。把这个比喻扩展一下，职业生涯的二元性相对应的一个是心路历程，旅行者的经验世界，即主观职业发展；另一个就是风景画外显的特征以及旅行者在其中的位置，即客观职业发展。所以，职业生涯的定义既包含客观部分，例如工作职位、工作职责、工作活动以及与工作相关的决策，也包括对工作相关事件的主观知觉，例如个人的态度、需要、价值观和期望等。

第二节 国内外小学教师评价

 "优秀教师"——人的一种价值选择

"优秀教师"究竟是什么?

在年度的教师考评中,不少学校把教师分为优秀、良好、合格、不合格四个等级,并有一定的比例,主要是对优秀教师的名额加以限定,一般不超过15%。由于优秀的比例少,教师惯用历史的眼光看问题,要评职称或任教毕业班的先评优秀,明年再轮到另外一些人。去年已评过优秀的,今年要让给别人,总不能老占着优秀的名额。其他的人一般是良好,合格与不合格几乎没有。也有可能出现这种情况,不努力的反而优秀,到了第二年自己感觉努力多了反而是良好。

那么,对于"优秀教师"究竟该如何评价?从我国政府主管部门在管理实践中对"优秀教师"的描述中可以看出,"优秀教师"不单单是一种称号,也是一种技能和水平的反映。

其实,优秀教师的本源与实质,是人的一种价值选择。

〔资料来源〕赖学军:《优秀教师概念的科学内涵与外延》,载《教育评价》2001年第1期。

理论上讲,小学教师的职业生涯成功可以从客观成功与主观成功两方面加以考察,而且外职业生涯成功以内职业生涯成功为基础。但如前所述,当前我国对小学教师职业成功评价中存在一种不正确的观念导向,即优秀教师的职业发展似乎被无形之中等同于能够向教学管理层或者上层学校流动这种外职业生涯发展模式,反之,职务得不到提升就是教师职业生涯的失败或受挫。因此,教师评价制度改革理想的情况应该是,作为一种专业的小学教师职业,应该从专业性提高角度设置多通道的教师职业生涯发展阶梯,以保证更多教师能够结合自身特点,在自身专业发展的不同阶段设置合理的发展目标,实现最多发展。

我国现行教师评价体制尽管在实施过程中可能存在一些问题,但是也有职称晋升和优秀教师评定等基本专业发展路径,同时,国外对优秀教师的发展和评定也有很多值得借鉴之处,下面我们将对这些情况加以简单介绍。

一、小学教师职称晋升

1986年5月颁布的《小学教师职务试行条例》对小学教师的职务(职称)及其任职条件做出了明确规定。小学教师职务设:小学高级教师、小学一级教师、小学二级教师、小学三级教师。各级教师职务应有定额。小学高级教师为高级职务,小学一级教师为中级职务,小学二级教师和小学三级教师为初级职务。[①] 另外,《中学教师职务试行条例》规定:根据加强和改革基础教育的需要,在小学任教、教育教学水平和能力高于小学高级教师任职条件、从事基础教育科学研究的小学教师,亦可由省级教育行政部门聘任或任命中学高级教师职务。我国现行的小学教师聘任制主要以此制度为标准,但随着教师队伍的结构优化,小学教师职称制度改革也在不断深入推进。

2009年1月,经国务院第32次常务会议研究决定,在山东潍坊、吉林松原、陕西宝鸡三个地级市开展中小学教师职称制度改革试点。此次改革重点是将原来独立的中小学教师职务系列统一并入新设置的中小学教师职称系列。在职称等级上,设置正高级教师、高级教师、一级教师、二级教师、三级教师五个等级,与职称的正高、副高、中级、助理、员级相对应,并完善与之相配套的评价标准和办法。

---

① 刘杰雄、高峰主编:《教师法与教师工作手册》,中国人事出版社1997年版,第269页。

2011年8月,国务院第170次常务会议审议通过了人社部、教育部关于深化中小学教师职称制度改革扩大试点的指导意见,决定在全国各省、自治区、直辖市各选择2—3个有代表性的地级市,用一年左右时间开展改革扩大试点。2013年12月26日,人社部部长尹蔚民在全国人力资源和社会保障工作会议上表示,2014年全面实施中小学教师职称制度改革。

截至2012年,我国5 585 476名普通小学专任教师中,职称情况如表11-1:

表11-1 普通小学专任教师专业技术职称情况(2013年教育统计数据)

职称(级别)	中学高级	小学高级	小学一级	小学二级	小学三级	未评定
人数(人次)	103 437	2 929 897	1 928 523	186 585	14 168	422 866

拓展阅读:

北京市中小学教师首设"教授"职称(2012年)

北京市中小学教师职称制度改革试点11月30日正式启动,选定西城区、朝阳区和通州区作为"先行者",共涉及35 149名中小学教师。此次改革打破了实施20多年的中小学职称评价体系,将原来相互独立的中学、小学教师职务系列统一设置为中小学教师职称系列,并首次在中小学设置正高级职称,三区县共产生18名"教授"。

试点阶段,三个区县共确定18个正高级教师岗位。通过评审的教师聘用到相应的职称岗位后,将可享受相应的工资待遇,预计基本工资会有数百元的增长。岗位聘任和起薪时间统一从2012年9月算起。

据介绍,在试点区县内,不仅限于普通中小学,像职业中学、幼儿园、特殊教育学校等机构从事中小学教育教学工作的教师都在此次职称评审范围。2012年1月1日之后退休且符合参评条件人员,也可参评本年度职称评审。

据悉,中小学教师职称制度作为中小学教师管理的一项基本制度,是衡量中小学教师专业技术水平和能力的标尺,是中小学教师职业发展的通道,承担着激励和引导中小学教师不断提高能力素质、充分调动中小学教师积极性创造性的重要任务。目前北京市现有中小学专任教师14万人,北京市在职中小学教师中有副高级职称 18 595 人，中级职称 63 394 人，初级职称 41 946 人。

〔资料来源〕http://www.gov.cn/gzdt/2012－12/01/content_2280105.htm，2014 年 7 月 12 日。

二、国内优秀教师评定

在小学教师走向专业发展的生涯过程中，除了常规的教师职务评定外，优秀教师评选也是教师外职业生涯成功的重要路径。

1992 年 10 月 26 日，国家教委发布《教师和教育工作者奖励暂行规定》，旨在鼓励我国广大教师和教育工作者长期从事教育事业，奖励在教育事业中做出显著成绩的教师和教育工作者。1998 年 1 月 8 日，教育部发布《教师和教育工作者奖励规定》，同时废止《教师和教育工作者奖励暂行规定》。规定明确，国务院教育行政部门对长期从事教育教学、科学研究和管理、服务工作并取得显著成绩的教师和教育工作者，分别授予"全国优秀教师"和"全国优秀教育工作者"荣誉称号，颁发相应的奖章和证书；对其中做出突出贡献者，由国务院教育行政部门会同国务院人事部门授予"全国模范教师"和"全国教育系统先进工作者"称号，颁发相应的奖章和证书。[①] 应该说，能获得这些称号和荣誉，是国家层次对小学教师专业发展水平的一种认定。

目前小学教育领域的优秀教师评定体系下，主要途径包括推选为骨干教师、学科带头人、特级教师等。

（一）小学骨干教师评定

1962 年 12 月，教育部《关于有重点地办好一批全日制中、小学校的通知》首次提出了骨干教师一词。所谓骨干教师，是指那些具备较高思想和业务素质，能在学校和教育教学中发挥核心作用和示范作用、能在教育改革中担当

[①] 管培俊、袁振国主编：《中国中小学教师发展报告·2010》，教育科学出版社 2011 年版，第 41 页。

某一方面领头人物的教师。①

1991年12月,国家教委《关于开展小学教师继续教育的意见》,提出要加强对骨干教师的培训,提升小学教师的骨干队伍建设。1993年,国家教委印发《关于加强小学骨干教师培训工作的意见》,提出小学骨干教师应具备以下基本要求:有良好的师德修养,具有较高的文化修养和较强的自学能力,教育思想正确,有较强的教育科研能力和教学改革意识。1999年1月,国务院批转下发的《面向21世纪教育振兴行动计划》,将骨干教师队伍建设列入"跨世纪园丁工程",并提出小学骨干教师要发挥其在当地教学改革中的带动和辐射作用。

小学骨干教师的评定从低到高可以分为不同的等级:校级、区县级、市级、省级、国家级。各级别评定标准不一,但大多从政治思想、师德修养、专业素养、教学及科研能力等方面进行评定。

(二)小学学科带头人

1999年1月,为贯彻落实国务院批转下发的《面向21世纪教育振兴行动计划》,各省份陆续开展"跨世纪园丁工程",加强对骨干教师的继续教育,从而培养出一批学科带头人。作为高层次的骨干教师,学科带头人应具备敬业爱生的专业情意、广博开放的知识结构、创新反思的教学研究能力以及宽容奉献的人格精神。②

小学学科带头人,除了应具备小学骨干教师应具备的条件外,还应在学科理论、教学教改、学科教研等方面有自己突出的能力,并能带领、指导教师开展本学科的发展性研究,具有一定的示范和引导作用。

小学学科带头人的评定,各省市、学校根据自己的实际情况设有不同的标准。

---

① 冯大鸣、徐菊芳:《我国骨干教师队伍建设的若干偏向及改进对策》,载《教学与管理》2005年第28期。
② 郑洁:《论小学学科带头人的成长规律及其培养对策》,载《江苏教育学院学报(社会科学版)》2007年第6期。

（三）小学特级教师评价制度

1978年12月，教育部、国家计委联合颁发《关于评选特级教师的暂行规定》（以下简称《暂行规定》），目的在于提高人民教师的社会地位，发挥教师在教育工作中的积极作用。《暂行规定》对特级教师的评选目的、评选对象、评选条件、奖励办法等做出了具体的规定，并提出特级教师每隔3—5年评选一次。

1993年1月，为进一步做好特级教师的工作，国家教委、人事部、财政部颁布《特级教师评选规定》（〔1993〕38号）。《特级教师评选规定》明确提出："特级教师"是国家为了表彰特别优秀的中小学教师而特设的一种既具先进性又有专业性的称号。特级教师是师德的表率、育人的模范、教学的专家，应具备以下几个条件。

（1）坚持党的基本路线，热爱社会主义祖国，忠诚人民的教育事业；认真贯彻执行教育方针；一贯模范履行教师职责，教书育人，为人师表。

（2）具有中小学高级教师职务。对所教学科具有系统的、坚实的理论知识和丰富的教学经验；精通业务，严谨治学，教育教学效果特别显著。或者在学生思想政治教育和班主任工作方面有突出的专长和丰富的经验，并取得显著成绩；在教育教学改革中用于创新或在教学法研究、教材建设中成绩卓著。在当地教育界有声望。

（3）在培训提高教师的思想政治、文化业务水平和教育教学能力方面做出显著贡献。

关于特级教师评选和管理的具体方法，则由各省、自治区、直辖市教育行政部门依据《特级教师评选规定》，结合本地区的实际情况来制定。

拓展阅读：
北京市特级教师评选暂行办法（2005年）

第一条　为鼓励广大中小学教师长期从事教育事业，表彰在中小学教育教学中有特殊贡献的教师，根据国家教委、人事部、财政部《特级教师评选规定》和《北京市特级教师管理暂行办法》，进一步规范我市中小学特级教师评选工作，制定本办法。

第二条 特级教师是国家为了表彰特别优秀的中小学教师而特设的一种既具先进性又有专业性的称号。特级教师应是师德的表率、育人的模范、教学的专家。

第三条 本办法适用于普通中、小学、幼儿园、特殊教育学校、教师进修学校、职业中学、工读学校、教学研究机构、校外教育机构中的教师。

第四条 评选特级教师遵循公平、公正、公开、择优的原则。

第五条 特级教师评选工作一般每隔3年进行一次。特级教师的总数量控制在中小学教师总数的1.5‰以内。评选的指标由市教委下达。

第六条 评选条件

（一）申报特级教师须具备下列条件

1. 热爱社会主义祖国，坚持党的基本路线和教育方针，忠诚教育事业，一贯模范履行教师职责，教书育人，为人师表，具有崇高的职业道德和奉献精神。

2. 对所教学科具有系统的、坚实的理论知识和丰富的教学经验，在教学领域形成特色，教学示范作用明显，在本市教育界有一定声望。

3. 具有先进的教育教学理念，及时吸收利用本学科相关的现代科学知识，落实素质教育要求，以学生为本，育人效果显著。

4. 在教育教学研究和教学改革中取得显著成绩，相关成果对提高本地区教育水平具有较高的指导意义和推广价值。

5. 在培养、指导教师的思想政治、文化业务水平和教育教学能力方面做出显著贡献。

6. 具有《教师法》规定的合格学历，且有中学高级教师或高级讲师专业技术职务5年以上（含），特别优秀的农村学校教师专业技术职务任职年限可适当放宽。

（二）在同等条件下，符合以下情形之一者，给予优先

1. 国家级、市级劳动模范、优秀教师、优秀班主任及相当荣誉称号获得者。

2. 坚持在农村学校从事教育教学工作10年以上的教师。

3. 城镇教师支援农村教育一年以上并表现突出者。

4. 现担任市级学科教学带头人的教师。

第七条 组织领导

(1) 市教委、市人事局共同组成由教育、人事部门领导、特级教师及有关专家等参加的特级教师评选委员会,统一领导特级教师评选工作,制定有关政策及审定特级教师人选。评委会下设办公室负责日常工作,办公室设在市教委人事处,负责评选的具体工作。

(2) 各区县教委成立相应的区县特级教师评选推荐领导小组,负责区县特级教师的评选推荐工作。

第八条 评选程序

(一) 个人申报,单位推荐

特级教师推荐人选,采取个人申报、组织推荐的办法产生,并在本单位进行民主测评,广泛征求意见,参加测评的人数不少于所在单位在职专任教师的2/3。

(二) 区县遴选推荐

区县特级教师评选推荐领导小组,要组织专家进行评价,并写出评价意见。区县教委根据民主测评与专家评价意见,拟定推荐人选,根据得票多少进行排序,并在本系统内进行公示,公示期10天。确无不良反映,报经区县人民政府同意后上报市教委。

(三) 评审、批准

"特级教师评选委员会"对各区县推荐人选进行评审,提出特级教师初步名单;市教委对初步名单通过有关媒体进行全市公示,公示期为15天;经市教委和市人事局审定后报市政府批准。

第九条 授予特级教师称号

由市教委和市人事局向新评选出的特级教师颁发北京市特级教师荣誉证书。

第十条 本办法由北京市教育委员会负责解释。

第十一条 本办法自发布之日起施行。

〔资料来源〕http://www.bjedu.gov.cn/publish/portal27/tab1654/info31933.htm,2014年6月30日。

三、国外优秀教师评定

（一）美国优秀教师评定

1987年，美国国家教师专业教学标准委员会（NBPTS）成立，它是美国历史上第一个对优秀教师进行认证的机构。① 1989年，该机构发表了《教师应该知道和能做什么》的政策声明，声明中提到优秀教师应具备的"五个核心要素"，直到今天依然是NBPTS制度认证的基础。② "五个核心要素"为：

（1）教师对学生及其学习负责；

（2）教师通晓其所教学科，并知道如何将知识传授给学生；

（3）教师负责管理和控制学生的学习；

（4）教师对其教学实践进行系统思考并从中学习；

（5）教师是学习共同体的成员。

NBPTS在"五个核心要素"基础上，根据不同的学习阶段和学科领域制定了优秀教师的具体评定标准，以检测教师所具备的四类知识：核心专业知识、个别技能发展的知识、学科内容和教学领域的广度和深度知识、教学知识。NBPTS对优秀教师的认定过程分为三个阶段。（1）档案袋评价：教不同学科或年龄段的优秀教师的评价标准对档案袋材料的具体要求各不相同，但主要包括教学活动录像、学生的学习记录、教师与同事或学生家长合作的材料等。（2）现场评价：现场评价以教学知识和学科内容知识为主的笔试和练习活动。（3）评分：对档案袋内材料和教师现场表现进行评分，采用4分的评价标准，4分为最好。③

2001年，美国另一个新的教师认证组织——"美国优质教师证书委员会"

---

① 王黎明：《美国国家教师专业教学标准委员会（NBPTS）述评》，载《外国教育研究》2004年第2期。

② http://www.nbpts.org/sites/default/files/documents/FINAL%20PRINT%20VERSION_PRINCIPAL%20STANDARDS.pdf，2014年7月10日。

③ 袁锐锷、易轶：《试析NBPTS优秀教师认定的标准与程序》，载《比较教育研究》2004年第12期。

(American Board for Certification of Teacher Excellence，ABCTE）成立。该组织所评定的杰出教师（Distinguished Teacher）首先应达到四大核心标准的要求：扎实的学科知识、出色的专业概念和领导水平、优秀的教学实践、巨大的教学影响力。ABCTE 所评定的杰出教师资格证的有效期为 10 年，有效期满必须更新。①

（二）其他国家优秀教师评定

英国教育部于 2011 年 12 月出台了《杰出教师标准》（Master Teacher Standard），该标准从知识（knowledge）、课堂表现（classroom performance）、成果（outcomes）、环境和特质（environment and ethos）、专业背景（professional context）等方面对杰出教师的特点进行了描述性规定。"杰出教师标准"面向所有的优秀教师，教师在职业生涯早期可以运用此标准作为一种参照，以发展和提高自身实践能力，进行相应的专业发展。②

澳大利亚在 2011 年 2 月颁布《国家教师专业标准》，用于指导全国教师的专业发展工作。该标准科学地将教师专业发展阶段分为毕业、熟练、娴熟、主导四个阶段。主导教师在校内外均被认为是专业、道德高尚且受人尊敬的，他们需具备这样的素质：为学生创建包容性的学习环境以满足来自不同语言、文化、社会经济背景学生的需要；为职前教师和在职教师提供专业指导，与同事分享教学经验并鼓励他们提升教学技能；对学生的学习效果进行评估并结合家长的反馈及时调整教学以提高学生的表现等。主导教师在教学能力、领导才能、沟通组织能力、促进他人专业发展及家校合作方面已达到卓越的水平。

拓展阅读：
美国优秀科学教师专业标准

美国国家教师专业教学标准委员会（NBPTS）在优秀教师应具备的"五

---

① 张治国：《美国四大全国性教师专业标准的比较及其对我国的借鉴意义》，载《外国教育研究》2009 年第 10 期。

② 曾鸣：《英国〈杰出教师标准〉述评》，载《外国教育研究》2013 年第 2 期。

个核心要素"基础上,规定了优秀科学教师的标准内容。该标准从四个维度,十二个方面对优秀科学教师的要求进行了具体说明。

四个维度分别为:知识维度,教学能力维度,科学素养维度,专业发展维度。

十二个方面分别为:1. 了解"学生";2. 理解"科学";3. 理解"科学教学";4. 将学生带入科学学习;5. 维持一种学习环境;6. 促进多元文化、平等和公平;7. 培养科学探究;8. 建立科学间关联;9. 有效评价学习结果;10. 对教学和学习进行反思;11. 发展同侪互助和领导力;12. 与家庭和社区建立联系。

从标准的内容可以看出,科学教师专业标准强调一切以促进学生的有效学习为目的,重视教师的科学理解和指导学生进行科学探究的能力,特别是通过创设合适的学习环境来促进学生的科学学习的能力。

美国优秀科学教师专业标准具有追求卓越、兼顾公平,建立以学生为中心的核心价值观,全面评价教师教学工作的特点,促进科学教师不断提升和发展自己,走向专业成熟。

〔资料来源〕何美:《美国实施"优秀科学教师专业标准"经验述评》,载《教育发展研究》2012年第6期。

第三节　小学专家教师自我成长分析

真正的教育总是靠着那些不断自我教育以不断超越的教育家才得以实现。他们在与人的交往中不停地付出、倾听,严格遵守理想和唤醒他人的信念,以学习的方法和传授内容的方式找到一条不为别人所钳制的路径。

——雅斯贝尔斯

案例 我选择了小学

1956年,在同学们纷纷走进大学的时候,我走进了小学……我被校长分到六(4)班担任班主任,教语文和音乐。开学前,我就把教案背得滚瓜烂熟,连走路也美美地念着,想象着自己和孩子们第一次见面时的表情和喜悦。第二天,我满怀着美好的情感走进教室。当时18岁的我,也就比班上的孩子大几岁。他们用新奇的目光看着我,接着是一阵小声的议论,目光里充满了疑惑。在孩子们的眼里,他们感觉不到我这个当老师的威严,而我,装也装不起来。红扑扑的圆脸上明明白白地写着:我喜欢你们。班上闹了好一阵,我十分狼狈。夜深人静,想到自己的同学正在大学里快活地学习,无忧无虑,那才是少女的青春年华,我该是多么向往,辛酸的泪水簌簌而下。面对工作的困境,我思量着,既然自己已做了这样的选择,又何必后悔呢?生活的道路铺在脚下,总不能裹足不前,我懂得眼泪是不能改变一个人命运的。女性的自尊让我抬起头来。我干脆把行李搬进学校,早起晚睡,把课准备得很充分。课间我勇敢地走到孩子们中间,和他们一起游戏,一起唱歌跳舞,帮他们排节目,和他们一起转"巨人步",甚至和男孩子们踢足球。冬天的课间,我接过他们手中的毽子,踢给他们看,我能踢出许多花式,一连几十个,孩子们兴奋地在一旁为我数数。上课时,我更是能想出许多办法吸引他们,把课上得生动有趣。孩子们心中是有一杆秤的,渐渐地他们觉得这小老师还不错,开始喜欢我了,喜欢上我的课了。转眼间他们快升中学了。那年作文试题是《我的班主任》。他们中很多人写了我,而且考的成绩还不错。有的还悄悄地送给我照片,作为留念。这算是孩子们对我一年辛劳的最高奖赏,我真的体会到"亲其师而信其道"的教育效应。一年的奋斗,终于向前迈了一步,深感在学校读书时候的"高分"并不能简单换取工作的"高分",老师的工作是没有现成的公式可套的。我没有用教师的"威严"压服学生,而是用爱、用真挚的爱去沟通,去融合他们。

〔资料来源〕教育部师范教育司编:《教育家成长丛书·李吉林与情境教育》,北京师范大学出版社2006年版,第4—5页。

教师专业发展是教师不断挑战自我、超越自我与实现自我的过程。对于教师而言，事业上最大的奋斗目标就是成为一名优秀教师、一名专家教师。在教师自身成长的过程中，自身内在的努力和外部环境的影响都非常重要、缺一不可。

对专家教师而言，对超越的尝试一直贯穿着专家教师们的职业生涯。从专家教师成长的轨迹中，我们可以看出，每位专家教师的发展都应该是一个自造的过程，是教师利用其主观能动性自觉、能动、自我地发展过程。专家教师们在职业生涯的起始阶段，也曾遇到过迷茫和挫折，但是凭借自身的努力，在工作中付出努力，得到学生、家长、同侪和社会各界的认可，从而体验到幸福感。

对于任何一名教师的职业生涯发展而言，自身具备专业自主意识都是教师职业成功的前提，较高的职业认同感是职业生涯成功的保证，这有助于教师在日常的教育教学工作中表现出较高的教学效能感，最终收获到职业幸福感。下面将结合专家教师的成长历程分析这四方面的成长何以能作为衡量教师内职业生涯成功的重要指标。

一、教师专业自主意识

教师的自主发展，是指教师能够充分地发挥自身的主观能动性，积极开发自身的潜能，确定自身在职业发展中的目标、方向，选择适合自身发展的专业发展内容、途径和方法，在不断自我反思、自我评价的过程中，能够自觉主动地调节自己在教育教学中的观点、认知和行为，从而不断地实现自我发展。

教师的自主发展，主要由自主意识、自主性、自主策略、自主行为和元认知几个方面构成。其中，教师的自主意识是教师自主发展的重要组成部分，因为，自主发展要求教师拥有自主意识，它是教师想不想自主和自主现状的意识，它反映于教师的自我概念、职业信念、自主动机和自主知觉之中。①

教师的专业自主意识，主要表现为教师的自主发展意识。它是在个体的实

---

① 连榕主编：《教师专业发展》，高等教育出版社 2007 年版，第 44 页。

践之中不断形成,且具有稳定性特征的一种教师专业品质。教师自主发展的状况比较复杂,因而教师的自主发展意识也有不同表现形式。有的教师没有自主发展意识;而有的教师虽然有自主发展意识,却因为各种原因没有表现出一定的发展行为;有的教师却既有自主发展意识,又能表现出一定的自主发展行为。

从很多专家教师的成长经历都可以看出,专家教师都是自主发展意识比较强的教师。他们在教师专业发展的过程中,表现出很强的自主发展意识,这种意识又决定了他们的专业发展速度和水平。可以说,专家教师自身的自主发展意识是其取得教师职业生涯成功的前提条件。正是由于他们发展过程中坚持自主发展、期待取得进一步发展的愿望,使得他们能在日常工作、学习、生活之中,将发展愿望转化成为高效的行动,最终促进自己向专家教师的转化。

拓展阅读:
吴正宪的成长经验

每位名师都有自己的实际、自己的风格特色、自己走向成功之路的时间经验。学习名师的经验,不可生搬硬套,不可踩着前人的脚印,不越雷池一步。误以为这就是对名师的尊崇,其实,这样的思想和态度是学不好的。每个人的情况不同,要根据自己的实际,对别人的方法和经验,有所取舍,有所发挥,有所创新。就像蜜蜂采百花酿蜜一样,要善于汲取百家之长。

名师要拜,同时要以同样谦和的态度向身边的教师学习,特别是年轻教师。他们在实践中创造了许多新鲜活泼的教学方法,积累了好的教学经验,不能视而不见。所谓汲取百家之长,自然也包括广大教师的经验,甚至还包括向自己的教育对象学习。这样,才能不拒细流,海纳百川。

〔资料来源〕教育部师范教育司编:《教育家成长丛书·吴正宪与小学数学》,北京师范大学出版社 2006 年版,第 3—4 页。

拓展阅读：

走进北师大

在和研究生、本科生一同听课的日子中，我的视野在逐步地扩大，中外教育史、教育心理学、教育哲学等课程，在我的为师之路上，打开了一扇大门。图书馆浓浓的书香，让我感受着教育的美妙，我的业余时间几乎全"泡"在了图书馆，我喜欢那里的宁静，喜欢那里的大桌子，我总是一下子取出十几本书，平摊在我面前，任我浏览、摘抄，《学记》、《爱弥儿》、《大教学论》、《给教师的一百条建议》等古今中外教育名著都是在这里读到的。在我感受北师大浓郁文化熏陶的同时，发现居然有大学教授也在研究着我们小学教育中的问题，还有这样一大批人做着和我们不一样的日复一日、年复一年的有价值的工作，看来小学教育也挺有学问的，是我当时一个最突出的感觉。一年的时间不长，但对我影响深远，对教育、对教学、对教师职业都有了一种新的认识。

〔资料来源〕教育部师范教育司编：《教育家成长丛书·刘可钦与主体教育》，北京师范大学出版社2006年版，第8页。

二、教师专业认同

专业认同（professional identity），也被译为职业认同。教师职业认同首先在国外兴起，使用最多的概念是 teachers' professional identity。由于"professional"本身具有职业的和专业的两层含义，而且国外教师专业化程度较强，所以"教师职业"与"教师专业"基本含义等同。①

教师专业认同，指的是教师对于自己从事的"教师"这个职业的专业性认同程度的高低。这种认同程度，既包括教师对于自身所从事的职业的内部价值认同（主要指教师自身如何看待这个职业）、外部价值认同（主要指教师对于自身从事职业的社会地位、经济地位、福利待遇等的评价，以及外界对于教师职业价值的评价），也包括教师对自身能力与职业的匹配程度的认可程度。

---

① 魏淑华：《教师职业认同研究》，西南大学2008年博士学位论文。

教师专业认同是教师个体心理与教育环境持续磨合的结果，是教师专业成长的关键和内源性动力，相对于制度与规范的外在影响与约束，教师的专业认同更加凸显教师的"自我"意识和自我内在认知。

有研究者以《人民教育》杂志2003—2005年"名师人生"栏目中36位特级教师撰写的人生经历为样本，研究发现"优秀教师对教师职业作为专业的标准高度认同"①。我们从前面案例中李吉林老师自身对教师职业的情感转化过程也可以看出，专家教师对教师职业、对于祖国的教育事业，有着极高的热忱。尽管在从教之初，他们也有着迷茫、彷徨，甚至退缩，但是，随着时光的流逝，专家教师往往能够全身心地投入到工作之中，通过不断地调整自我认知，付出更多的努力和汗水，逐渐地适应并接受，喜欢并热爱"教师"这个职业，把这个职业当作实现自身人生价值的重要途径。在不断构建专业认同的过程中，也进一步推进其对教师工作的情感和投入，同时也相应进一步增强其教学效能，提高工作成效，而这些则反过来进一步增强对教师职业的专业认同感。

拓展阅读："职业认同"的多种理解

职业认同，也称专业认同，是教师的专业精神的组成部分。但是，对于"职业认同"这一概念的具体表述，仍没有统一的、权威的界定。在目前国内外的研究中，对于"职业认同"这个概念公认的或常见的理解可以分为信念承诺说、角色说、过程状态说三种观点，具体界定如下：

---

① 胡定荣：《优秀教师的自我形象——对特级教师人生经历的内容分析》，载《上海教育科研》2008年第3期。

表 11-2 教师职业认同概念[1]

界定分类	界定者	表述
信念/承诺说	van Huizen, P., van Oers, B., Wubbels, T.（2005）	教师通过被指导地参与而发展的职业认同，包含在对具有公共意义和个人意义，同时又潜在于并指向专业知识和技能的获得和进一步发展的教学形象的承诺上。对被认为是有效的和可实践的意义的承诺构成了职业认同的核心。
	Bullough & Baughman（1997）	教师对教与学以及作为教师的自我的信念。
	Mayer, D.（1999）	教师认同是建立在个体有关教学和作为一名教师的核心信念之上的：这些信念是通过经验持续被塑造和再塑造的。
	Steeley, S. L.（2005）	在教学职业中，职业认同涉及了与职业的意义和个体在此职业中的角色相关的个体信念和实践。
角色说	Preuss & Hofsass（1991）	职业认同类似于用教师需要获得的知识和技能来解释的角色。
	Ten Dam & Bolm（2006）	涉及了个体对教育和对在教育实践中作为一名教师的自己的解释的框架。
过程/状态说	魏淑华（2005）	教师职业认同，既指一种过程，也指一种状态，"过程"是说，教师职业认同是个体自我从自己的经历中逐渐发展、确认自己的教师角色的过程；"状态"是说，教师职业认同是当前教师个体对自己所从事的教师职业的认同程度。

三、教学效能感

有研究者认为，教师的专业认同表现为一种对教育事业的热爱，对学生的热爱，表现为对国家社会和人民未来的高度责任感、使命感，表现为体验到较

---

[1] 魏淑华：《教师职业认同研究》，西南大学 2008 年博士学位论文。

高的教学效能感和自我实现的满足以及由此产生的自豪感。① 可以看出，教学效能感增进与专业认同紧密相连，是教师专业自我成长的外在表现。

教学效能感（teaching efficacy）指"教师在教学活动中对其能有效地完成教学工作、实现教学目标的一种能力的知觉与信念"②。实质上，教学效能感是教师对于自己教育教学工作的一种主观判断。教学效能感由一般教学效能感与个人效能感两个维度组成，一般教学效能感指教师对教与学的关系、对教育在学生发展中的作用等问题的一般看法和信念；个人教学效能感指教师对自己是否有能力较好地完成教学任务、影响学生成绩的总体评估。

教学效能感是教师专业能力中非常重要的一个方面，通常来讲，如果教师具有较高的教学效能感，他在日常的教育教学工作中就会坚信：自己能够帮助学生排除学习上的学习障碍，通过一些教育教学方法手段，来激发学生内在的、稳定的学习动机，使学生有效地学习。也就是教师能够有能力去改变和影响学生。同时，教学效能感也是教师身上的一种专业信念，它表现为：这种信念能够使教师相信，自己的力量能够使学生拥有正向改变的可能性，即向好的方面发展，这种信念还能使得教师不顾各种阻力去提高学生的信念。

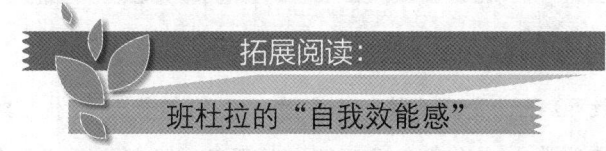

拓展阅读：
班杜拉的"自我效能感"

"教学效能感"概念在理论上源自班杜拉的自我效能（self-efficacy）概念。

班杜拉（1977）认为，人们对其能力的判断在其自我调节系统中起主要作用，由此提出自我效能感的概念。自我效能感（perceived self-efficacy or sense of self-efficacy）指人们对自己实现特定领域行为目标所需能力的信心或信念。

自我效能感的概念一经提出，便引起广泛注意，有许多心理学家对此进行了研究。在总结个人和他人研究成果的基础上，班杜拉（1986）进一步在其著

---

① 连榕主编：《教师专业发展》，高等教育出版社 2007 年版，第 24 页。
② 俞国良、罗晓路：《教师教学效能感及其相关因素研究》，载《北京师范大学学报（人文社会科学版）》2000 年第 1 期。

作《思想和行为的社会基础》中系统阐述自我效能感的概念,并初步构建了自我效能感理论框架。

班杜拉认为,自我效能感包括两种成分:结果预期(outcome expectation)和效能预期(efficacy expectation)。其中,结果预期是指个体对自己的某种行为可能导致什么样结果的推测;效能预期是指个体对自己实施某行为的能力的主观判断。如果将班杜拉的自我效能理论应用到教师效能感上,则结果预期反映了教师相信环境能被控制的程度,即学生不管在何种家庭背景、智力水平、学校环境中,都是可以培养教育的;效能预期反映了教师对自己能为学生带来正面改变的能力的评价。

〔资料来源〕俞国良、罗晓路:《教师教学效能感及其相关因素研究》,载《北京师范大学学报(人文社会科学版)》2000年第1期。

张鼎昆、方俐洛、凌文辁:《自我效能感的理论及研究现状》,载《心理学动态》1999年第1期。

拓展阅读:

霍懋征语录——没有教不好的学生

——我从教60年,没有丢掉一个学生,他们都长大成才。我得出一个结论:没有教不好的学生。许多人问我秘诀在哪里,我就说两点:"没有爱就没有教育","没有兴趣也没有教育"。

——不是为教而育,而是为育而教。要为育人而教,就要让100%的学生都变成好学生。

——孩子都是可塑的,所谓"淘气娃娃有出息"那是在教育之"塑"以后。在正确的教育引导下,"淘气娃娃"便有了更多的成才概率。

——教师对于他的学生是永远不能下"不可救药"的断语的。教师的任务是教,教的基础是爱。再淘气的学生也有可爱的地方,只要你在他身上找到了可爱的亮点,就会找到他转变的契机了。

〔资料来源〕赵萱、曾曙春主编:《把爱献给教育的人——霍懋征》,人民教育出版社2011年版,第91页。

四、职业幸福感

幸福感是什么？西方研究幸福感的学者认为幸福感是一种主观感受，是个体依据自己设定的标准对其生活质量所做的整体评价，它包括认知和情感两个基本成分，认知主要体现为经由对事物的评价而获得的满意度，情感则包括了在某种生活状态中的积极或消极的情绪情感体验。①

从积极心理学视角看，幸福的核心内容是对自己生活的总体满意感，即一个人对于自己的所作所为和整个生活质量是满意的，感受到生活是充实的。②教师的职业幸福感是指教师在教书育人的职业活动中所产生的认知满意度和所获得的情绪情感体验。③ 如果一个人对于自己所从事的工作有着稳定的、快乐体验，在职业生活中感到轻松和快乐，那么他的职业幸福感就很高。在此情况下，即使他面对困境的时候，也不会产生消极的情绪，能够以良好的心态积极地面对工作。

小学教师是一种专业性很高的职业，对于一名小学教师来说，他应以从教为乐，以促进儿童成长为幸福，发自内心地热爱小学教育事业。毫无疑问，获得这种职业幸福体验是小学教师职业生涯成功的最高境界。

有研究者认为，教师的职业幸福感，主要表现在工作目的、主体性和能动性、工作环境三方面。④

首先，教师职业幸福感主要表现在工作目的上。教师工作过程以及目的，应该是他自己内心所要追求的，即教师自身认同这种工作，愿意认真去做，这是教师幸福感的最重要来源。例如，如果教师认同自身的行为可能会给学生起到榜样示范作用，那么他会在日常与学生相处的过程中规范自己的行为，在看到学生因为受自己的影响而养成良好的行为习惯时，教师会感到由衷地开心，教师工作所带来的幸福感和满足感将会油然而生。

---

① Diener, E., Subjective Well-being, *Psychology Bulletin*, 1984, 95 (3).
② 刘翔平主编：《当代积极心理学》，中国轻工业出版社 2013 年版，第 24 页。
③ 肖川主编：《教师的幸福人生与专业成长》，新华出版社 2008 年版，第 15—16 页。
④ 肖庆华：《郑新蓉访谈录——关注教师职业幸福感》，载《中国教师》2006 年第 7 期。

其次，教师职业幸福感表现在教师对待工作的主体性和能动性方面。在所有的职业当中，从业者都能够体会到它所带来的满足感与幸福感。但是毫无疑问教师这个职业，能够让每位教师在发挥主观能动性的基础上产生更高的幸福感与满足感。如果教师在工作中能够完全展现自己的能力与才华，那么一旦自己的工作得到外界的认可，或者学生的能力得到提高，就会为教师带来更多的幸福感。

魏书生曾经说过："教育是一项可以给人以双倍精神幸福的劳动。教育对象是人，是学生，是有思想、有语言、有感情的学生。教师劳动的收获，既有自己感觉到的成功的欢乐，更有学生感觉到的成功的欢乐，于是教师收获的是双倍的乃至更多倍数的幸福。尊重与发展学生的人性和个性，会使师生生活在一种相互理解、尊重、关怀、帮助、谅解、信任的和谐气氛之中，从而真正体验到做人的幸福感与自豪感，减少内耗，提高工作和学习效率。"

再次，教师工作的环境会影响教师职业幸福感的高低。在整个的工作环境中，不管是和校长、教师，还是学生、家长，如果教师感觉与他们的相处是愉快的，愿意跟他们在一起，那么他的幸福感也会很高。

拓展阅读：与计算机亲密对话

初到深圳工作期间，我从数学教师到教导主任再到担任副校长。当以计算机技术为代表的现代教育技术在深圳掀起波澜时，我敏锐地感觉到，现代教育技术不再是浪漫的田园牧歌，它正以明快的节奏走进每一个现代人的生活，不能再以过去的手段来让现在的孩子去做未来的事情。于是我带领学校骨干教师在学校开展"应用多媒体计算机辅助小学数学教学研究"这一国家级课题的实验。扎根实验就如一头扎入无边的大海。多少资料、报告，要分析、比较、书写，多少个日日夜夜啊。我们最早编制、开发的《鹏博士》多媒体教学软件，在特区一炮打响，并迅速在全国推广。后来，这套《鹏博士》教学软件在全国引发了一场现代教育技术新的革命。这是怎样的进取、创新、开拓呢？完全凭着执着、韧性、不达目的不罢休的意志。

后来，我又清晰地看到，网络化学习将是教育的一个重要发展趋势。为了真正实现形式丰富的交流,提供数学多媒体教学与虚拟现实之间的衔接,在全球范围内的资源共享与写作学习,2001年,我带头开通了一个专为小学数学教学和学习者量身定做的网站——"华博士小学数学热线"(网址:www.mm6.com.cn)。

我的讲台已超越时空,得以延伸。这是我最为自豪的事,这不更是一个勇者的幸福吗?

〔资料来源〕教育部师范教育司编:《教育家成长丛书·黄爱华与智慧课堂》,北京师范大学出版社2006年版,第15页。

拓展阅读:
一位用生命书写爱的小学校长

实验二小的老师们钦佩李烈,绝不仅仅因为她有精湛的教艺,更因为她有一颗博大的爱心。这种爱,绝不是只爱二小的老师、二小的学生的狭隘的"小"爱,而是爱所有的学生,爱她所从事的教育事业的"大"爱。

2004年第19个教师节时,国务院总理温家宝到学校看望教师们,欣然提笔写下了学校教育理念的核心——"以爱育爱"。我想,这不仅是对实验二小办学理念的肯定,而且这也是对李烈的真实写照,李烈正是以自己的爱在培育着师生的爱。

在中国教育报现代校长网页上,我还见到北京第二实验小学教师的帖子,很多是谈李烈的,我特意摘了几条:

陆宇平:您(李校长)是一位极具魅力的领导者,在您的领导下工作,我们很幸福,也由衷地祝福您永远快乐、健康!

张浩:实验二小是我家,校长爱我我爱她!

郭霄:十分感激李校长为我们所付出的爱,同样,以爱育爱,我们也深爱着您!

马佳:感谢李校长为我们付出的一切,让我们在"爱"中快乐成长!

何听礴:在您常蓝的天空下,我们的内心是那样温暖,谢谢您的"爱"!

袁志静:千言万语化作一句话——李校长,我爱您!

李烈真的实现了自己的愿望：教师能以挚爱育学生，学生能以热爱创未来，而自己将毕生真爱注入教师与学生心中，以自己的爱滋养、培育所有教师与学生的爱。

李烈的理想实现了，她的爱已经化作彩霞、绿荫，使她的学校成为幸福生命乐园，成为师生情萦心系的家园。

〔资料来源〕孙恭恒：《一位用生命书写爱的小学校长》，载《中小学校长》2007年第7期。

【思考题】

1. 请从内外职业生涯视角尝试分析现实中对小学教师职业成败评价中的问题，并提出几点建议。
2. 请思考教师建构专业自我与自身专业成长的关系。
3. 何谓专业认同？何以专业认同是教师专业发展的内源性动力？

【文献链接】

1. 张再生编著：《职业生涯管理》，经济管理出版社2002年版。
2. 连榕主编：《教师专业发展》，高等教育出版社2007年版。
3. 管培俊、袁振国主编：《中国中小学教师发展报告·2010》，教育科学出版社2011年版。
4. 赵萱、曾曙春主编：《把爱献给教育的人——霍懋征》，人民教育出版社2011年版。
5. 袁锐锷、易铁：《试析NBPTS优秀教师认定的标准与程序》，载《比较教育研究》2004年第12期。
6. 张治国：《美国四大全国性教师专业标准的比较及其对我国的借鉴意义》，载《外国教育研究》2009年第10期。
7. 何美：《美国实施"优秀科学教师专业标准"经验述评》，载《教育发展研究》2012年第6期。

8. 胡定荣:《优秀教师的自我形象——对特级教师人生经历的内容分析》,载《上海教育科研》2008年第3期。

9. 魏淑华:《教师职业认同研究》,西南大学2008年博士学位论文。

附录1：霍兰德职业倾向测验量表

本测验量表将帮助您发现和确定自己的职业兴趣和能力特长，从而更好地做出求职择业的决策。如果您已经考虑好或选择好了自己的职业，本测验将使您的这种考虑或选择具有理论基础，或向您展示其他合适的职业；如果您至今尚未确定职业方向，本测验将帮助您根据自己的情况选择一个恰当的职业目标。本测验共有七个部分，每部分测验都没有时间限制但请您尽快按要求完成。

第一部分　您心目中的理想职业（专业）

对于未来的职业（或升学进修的专业），您得早有考虑，它可能很抽象、很朦胧，也可能很具体、很清晰。不论是哪种情况，现在都请您把自己最想干的三种工作或最想读的三种专业，按顺序写下来。

1. ___
2. ___
3. ___

好，第一部分已经完成，现在请继续做第二部分。

第二部分　您所感兴趣的活动

下面列举了若干种活动，请就这些活动判断你的好恶。喜欢的，请在"是"栏里打√；反之，在"否"栏里打×。请按顺序回答全部问题。

一、R型：现实型活动	是	否
1. 装配修理电器或玩具		
2. 修理自行车		
3. 用木头做东西		
4. 开汽车或摩托车		
5. 用机器做东西		

续表

	是	否
6. 参加木工技术学习班		
7. 参加制图描图学习班		
8. 驾驶卡车或拖拉机		
9. 参加机械和电气学习班		
10. 装配修理机器		
"是"一栏得分小计		
二、A型：艺术型活动	是	否
1. 素描/制图或绘画		
2. 参加话剧/戏剧		
3. 设计家具/布置室内		
4. 练习乐器/参加乐队		
5. 欣赏音乐或戏剧		
6. 看小说/读剧本		
7. 从事摄影创作		
8. 写诗或吟诗		
9. 进艺术（美术/音乐）培训		
10. 练习书法		
"是"一栏得分小计		
三、I型：研究型活动	是	否
1. 读科技图书和杂志		
2. 在实验室工作		
3. 改良水果品种，培育新的水果		
4. 调查了解土和金属等物质的成分		
5. 研究自己选择的特殊问题		
6. 解算术或玩数学游戏		
7. 物理课		
8. 化学课		
9. 几何课		
10. 生物课		
"是"一栏得分小计		
四、S型：社会型活动	是	否
1. 学校或单位组织的正式活动		
2. 参加某个社会团体或俱乐部活动		
3. 帮助别人解决困难		

续表

	是	否
4. 照顾儿童		
5. 出席晚会、联欢会、茶话会		
6. 和大家一起出去郊游		
7. 想获得关于心理方面的知识		
8. 参加讲座会或辩论会		
9. 观看或参加体育比赛和运动会		
10. 结交新朋友		
"是"一栏得分小计		
五、E型：企业型活动	是	否
1. 说服鼓动他人		
2. 卖东西		
3. 谈论政治		
4. 制订计划，参加会议		
5. 以自己的意志影响别人的行为		
6. 在社会团体中担任职务		
7. 检查与评价别人的工作		
8. 结交名流		
9. 指导有某种目标的团体		
10. 参与政治活动		
"是"一栏得分小计		
六、C型：常规型活动	是	否
1. 整理好桌面和房间		
2. 抄写文件和信件		
3. 为领导写报告或公务信函		
4. 检查个人收支情况		
5. 打字培训班		
6. 参加算盘、文秘等实务培训		
7. 参加商业会计培训班		
8. 参加情报处理培训班		
9. 整理信件、报告、记录等		
10. 写商业贸易信		
"是"一栏得分小计		

第三部分　您所擅长获胜的活动

下面列举了若干种活动，其中你能做或大概能做的事，请在"是"栏里打√；反之，在"否"栏里打×。请回答全部问题。

一、R型：现实型能力	是	否
1. 能使用电锯、电钻和锉刀等木工工具		
2. 知道万用表的使用方法		
3. 能够修理自行车或其他机械		
4. 能够使用电钻床、磨床或缝纫机		
5. 能给家具和木制品刷漆		
6. 能看建筑设计图		
7. 能够修理简单的电气用品		
8. 能修理家具		
9. 能修理收录机		
10. 能简单地修理水管		
"是"一栏得分小计		

二、A型：艺术型能力	是	否
1. 能演奏乐器		
2. 能参加二部或四部合唱		
3. 独唱或独奏		
4. 扮演剧中角色		
5. 能创作简单的乐曲		
6. 会跳舞		
7. 能绘画、素描或书法		
8. 能雕刻、剪纸或泥塑		
9. 能设计板报、服装或家具		
10. 写得一手好文章		
"是"一栏得分小计		

三、I型：研究型能力	是	否
1. 懂得真空管或晶体管的作用		
2. 能够列举三种蛋白质多的食品		
3. 理解铀的裂变		
4. 能用计算尺、计算器、对数表		
5. 会使用显微镜		
6. 能找到三个星座		

续表

	是	否
7. 能独立进行调查研究		
8. 能解释简单的化学		
9. 理解人造卫星为什么不落地		
10. 经常参加学术会议		
"是"一栏得分小计		
四、S型：社会型能力	是	否
1. 有向各种人说明解释的能力		
2. 常参加社会福利活动		
3. 能和大家一起友好相处地工作		
4. 善于与年长者相处		
5. 会邀请人、招待人		
6. 能简单易懂地教育儿童		
7. 能安排会议等活动顺序		
8. 善于体察人心和帮助他人		
9. 帮助护理病人和伤员		
10. 安排社团组织的各种事务		
"是"一栏得分小计		
五、E型：企业型能力	是	否
1. 担任过学生干部并且干得不错		
2. 工作上能指导和监督他人		
3. 做事充满活力和热情		
4. 有效利用自身的做法调动他人		
5. 销售能力强		
6. 曾作为俱乐部或社团的负责人		
7. 向领导提出建议或反映意见		
8. 有开创事业的能力		
9. 知道怎样做能成为一个优秀的领导者		
10. 健谈善辩		
"是"一栏得分小计		
六、C型：常规型能力	是	否
1. 会熟练打印中文		
2. 会用外文打字机或复印机		
3. 能快速记笔记和抄写文章		
4. 善于整理保管文件和资料		
5. 善于从事事务性的工作		

	续表
6. 会用算盘 7. 能在短时间内分类和处理大量文件 8. 能使用计算机 9. 能搜集数据 10. 善于为自己或集体做财务预算表	
"是"一栏得分小计	

第四部分　你所喜欢的职业

下面列举了多种职业，请逐一认真地看，如果是你有兴趣的工作，请在"是"栏里打√；如果你不太喜欢、不关心的工作，请在"否"栏里打×。请回答全部问题。

	是	否
一、R型：现实型职业		
1. 飞机机械师 2. 野生动物专家 3. 汽车维修工 4. 木匠 5. 测量工程师 6. 无线电报务员 7. 园艺师 8. 长途公共汽车司机 9. 火车司机 10. 电工		
"是"一栏得分小计		
二、A型：艺术型职业		
1. 乐队指挥 2. 演奏家 3. 作家 4. 摄影家 5. 记者 6. 画家、书法家 7. 歌唱家 8. 作曲家 9. 电影电视演员		

续表

	是	否
10. 节目主持人		
"是"一栏得分小计		
三、I型：研究型职业	是	否
1. 气象学或天文学者		
2. 生物学者		
3. 医学实验室的技术人员		
4. 人类学者		
5. 动物学者		
6. 化学者		
7. 数学学者		
8. 科学杂志的编辑或作家		
9. 地质学者		
10. 物理学者		
"是"一栏得分小计		
四、S型：社会型职业	是	否
1. 街道、工会或妇联干部		
2. 小学、中学教师		
3. 精神病医生		
4. 婚姻介绍所工作人员		
5. 体育教练		
6. 福利机构负责人		
7. 心理咨询员		
8. 共青团干部		
9. 导游		
10. 国家机关工作人员		
"是"一栏得分小计		
五、E型：企业型职业	是	否
1. 厂长		
2. 电视片编制人		
3. 公司经理		
4. 销售员		
5. 不动产推销员		
6. 广告部长		
7. 体育活动主办者		
8. 销售部长		

续表

	是	否
9. 个体工商业者		
10. 企业管理咨询人员		
"是"一栏得分小计		
六、C型：常规型职业	是	否
1. 会计师		
2. 银行出纳员		
3. 税收管理员		
4. 计算机操作员		
5. 簿记人员		
6. 成本核算员		
7. 文书档案管理员		
8. 打字员		
9. 法庭书记员		
10. 人口普查登记员		
"是"一栏得分小计		

第五部分　您的能力类型简评

下面两张表是您在六个职业能力方面的自我评定表。您可以先与同龄者比较出自己在每一方面的能力，然后经斟酌后对自己的能力作评估。请在表中适当的数字上画圈。数字越大，表示你的能力越强。注意，请勿全部画同样的数字，因为人的每项能力不可能完全一样。

表 A

	R型 机械操作 能力	I型 科学研究 能力	A型 艺术创造 能力	S型 解释表达 能力	E型 商业洽谈 能力	C型 事务执行 能力
高	7	7	7	7	7	7
	6	6	6	6	6	6
	5	5	5	5	5	5
中	4	4	4	4	4	4
	3	3	3	3	3	3
	2	2	2	2	2	2
低	1	1	1	1	1	1

表 B

	R 型	I 型	A 型	S 型	E 型	C 型
	体育技能	数学技能	音乐技能	交际技能	领导技能	办公技能
高	7	7	7	7	7	7
	6	6	6	6	6	6
	5	5	5	5	5	5
中	4	4	4	4	4	4
	3	3	3	3	3	3
	2	2	2	2	2	2
低	1	1	1	1	1	1

好，第五部分已经完成。请继续做第六部分。

第六部分　统计和确定您的职业倾向

请将第二部分至第五部分的全部测验分数按前面已统计好的六种职业倾向（R 型、I 型、A 型、S 型、E 型和 C 型）得分填入下表，并作纵向累加。

测试	R 型	I 型	A 型	S 型	E 型	C 型
第二部分						
第三部分						
第四部分						
第五部分 A						
第五部分 B						
总分						

请将上表中的六种职业倾向总分按大小顺序依次从左到右排列：
____型、____型　____型、____型、____型、____型

您的职业倾向性得分最高分_____最低分_____

第七部分　您所看重的东西——职业价值观

这一部分测验列出了人们在选择工作时通常会考虑的九种因素（见所附工作价值标准）。现在请您在其中选出最重要的两项因素，并将序号填入下边相

应空格上。

最重要： 次重要：

最不重要： 次不重要：

附工作价值标准：

1. 工资高、福利好；

2. 工作环境（物质方面）舒适；

3. 人际关系良好；

4. 工作稳定有保障；

5. 能提供较好的受教育机会；

6. 有较高的社会地位；

7. 工作不太紧张，外部压力小；

8. 能充分发挥自己的能力特长；

9. 社会需要与社会贡献大。

以上全部测验完毕。

附录2：霍兰德职业代码表

R（实际型）：木匠、农民、操作X光的技师、工程师、飞机机械师、鱼类和野生动物专家、自动化技师、机械工（车工、钳工等）、电工、无线电报务员、火车司机、长途公共汽车司机、机械制图员、修理机器、电器师。

I（调查型）：气象学者、生物学者、天文学家、药剂师、动物学者、化学家、科学报刊编辑、地质学者、植物学者、物理学者、数学家、实验员、科研人员、科技工作者。

A（艺术型）：室内装饰专家、图书管理专家、摄影师、音乐教师、作家、演员、记者、诗人、作曲家、编剧、雕刻家、漫画家。

S（社会型）：社会学者、导游、福利机构工作者、咨询人员、社会工作者、社会科学教师、学校领导、精神病工作者、公共保健护士。

E（事业型）：推销员、进货员、商品批发员、旅馆经理、饭店经理、广告宣传员、调度员、律师、政治家、零售商。

C（常规型）：记账员、会计、银行出纳、法庭速记员、成本估算员、税务员、核算员、打字员、办公室职员、统计员、计算机操作员、秘书。

下面介绍与你三个代码的职业兴趣类型一致的职业表，对照的方法如下：首先根据你的职业兴趣代码，在下表中找出相应的职业，例如你的职业兴趣代码是RIA，那么牙科技术人员、陶工等是适合你兴趣的职业。然后寻找与你职业兴趣代码相近的职业，如你的职业兴趣代码是RIA，那么，其他由这三个字母组合成的编号（如IRA、IAR、ARI等）对应的职业，也较适合你的兴趣。

RIA：牙科技术员、陶工、建筑设计员、模型工、细木工、制作链条人员。

RIS：厨师、林务员、跳水员、潜水员、染色员、电器修理、眼镜制作、电工、纺织机器装配工、服务员、装玻璃工人、发电厂工人、焊接工。

RIE：建筑和桥梁工程、环境工程、航空工程、公路工程、电力工程、信号工程、电话工程、一般机械工程、自动工程、矿业工程、海洋工程、交通工程技术人员、制图员、家政经济人员、计量员、农民、农场工人、农业机械操作、清洁工、无线电修理、汽车修理、手表修理、管工、线路装配工、工具仓库管理员。

RIC：船上工作人员、接待员、杂志保管员、牙医助手、制帽工、磨坊工、石匠、机器制造、机车（火车头）制造、农业机器装配、汽车装配工、缝纫机装配工、钟表装配和检验、电动器具装配、鞋匠、锁匠、货物检验员、电梯机修工、托儿所所长、钢琴调音员、装配工、印刷工、建筑钢铁工作、卡车司机。

RAI：手工雕刻、玻璃雕刻、制作模型人员、家具木工、制作皮革品、手工绣花、手工钩针纺织、排字工作、印刷工作、图画雕刻、装订工。

RSE：消防员、交通巡警、警察、门卫、理发师、房间清洁工、屠夫、锻工、开凿工人、管道安装工、出租汽车驾驶员、货物搬运工、送报员、勘探员、娱乐场所的服务员、起卸机操作工、灭害虫者、电梯操作工、厨房助手。

RSI：纺织工、编织工、农业学校教师、某些职业课程教师（诸如艺术、商业、技术、工艺课程）、雨衣上胶工。

REC：抄水表员、保姆、实验室动物饲养员、动物管理员。

REI：轮船船长、航海领航员、大副、试管实验员。

RES：旅馆服务员、家畜饲养员、渔民、渔网修补工、水手长、收割机操作工、搬运行李工人、公园服务员、救生员、登山导游、火车工程技术员、建筑工作、铺轨工人。

RCI：测量员、勘测员、仪表操作者、农业工程技术、化学工程技师、民用工程技师、石油工程技师、资料室管理员、探矿工、煅烧工、烧窑工、矿工、保养工、磨床工、取样工、样品检验员、纺纱工、炮手、漂洗工、电焊工、锯木工、刨床工、制帽工、手工缝纫工、油漆工、染色工、按摩工、木匠、农民建筑工作、电影放映员、勘测员助手。

RCS：公共汽车驾驶员、一等水手、游泳池服务员、裁缝、建筑工作、石匠、烟囱修建工、混凝土工、电话修理工、爆炸手、邮递员、矿工、裱糊工人、纺纱工。

RCE：打井工、吊车驾驶员、农场工人、邮件分类员、铲车司机、拖拉机司机。

IAS：普通经济学家、农场经济学家、财政经济学家、国际贸易经济学家、实验心理学家、工程心理学家、心理学家、哲学家、内科医生、数学家。

IAR：人类学家、天文学家、化学家、物理学家、医学病理、动物标本剥制者、化石修复者、艺术品管理者。

ISE：营养学家、饮食顾问、火灾检查员、邮政服务检查员。

ISC：侦察员、电视播音室修理员、电视修理服务员、验尸室人员、编目录者、医学实验定技师、调查研究者。

ISR：水生生物学者、昆虫学者、微生物学家、配镜师、矫正视力者、细菌学家、牙科医生、骨科医生。

ISA：实验心理学家、普通心理学家、发展心理学家、教育心理学家、社会心理学家、临床心理学家、目标学家、皮肤病学家、精神病学家、妇产科医师、眼科医生、五官科医生、医学实验室技术专家、民航医务人员、护士。

IES：细菌学家、生理学家、化学专家、地质专家、地理物理学专家、纺织技术专家、医院药剂师、工业药剂师、药房营业员。

IEC：档案保管员、保险统计员。

ICR：质量检验技术员、地质学技师、工程师、法官、图书馆技术辅导员、计算机操作员、医院听诊员、家禽检查员。

IRA：地理学家、地质学家、声学物理学家、矿物学家、古生物学家、石油学家、地震学家、声学物理学家、原子和分子物理学家、电学和磁学物理学家、气象学家、设计审核员、人口统计学家、数学统计学家、外科医生、城市规划家、气象员。

IRS：流体物理学家、物理海洋学家、等离子体物理学家、农业科学家、动物学家、食品科学家、园艺学家、植物学家、细菌学家、解剖学家、动物病理学家、作物病理学家、药物学家、生物化学家、生物物理学家、细胞生物学家、临床化学家、遗传学家、分子生物学家、质量控制工程师、地理学家、兽医、放射性治疗技师。

IRE：化验员、化学工程师、纺织工程师、食品技师、渔业技术专家、材料和测试工程师、电气工程师、土木工程师、航空工程师、行政官员、冶金专家、原子核工程师、陶瓷工程师、地质工程师、电力工程量、口腔科医生、牙科医生。

IRC：飞机领航员、飞行员、物理实验室技师、文献检查员、农业技术专家、动植物技术专家、生物技师、油管检查员、工商业规划者、矿藏安全检查员、纺织品检验员、照相机修理者、工程技术员、编计算程序者、工具设计者、仪器维修工。

CRI：簿记员、会计、记时员、铸造机操作工、打字员、按键操作工、复印机操作工。

CRS：仓库保管员、档案管理员、缝纫工、讲述员、收款人。

CRE：标价员、实验室工作者、广告管理员、自动打字机操作员、电动机装配工、缝纫机操作工。

CIS：记账员、顾客服务员、报刊发行员、土地测量员、保险公司职员、会计师、估价员、邮政检查员、外贸检查员。

CIE：打字员、统计员、支票记录员、订货员、校对员、办公室工作人员。

CIR：校对员、工程职员、海底电报员、检修计划员、发扳员。

CSE：接待员、通讯员、电话接线员、卖票员、旅馆服务员、私人职员、商学教师、旅游办事员。

CSR：运货代理商、铁路职员、交通检查员、办公室通信员、簿记员、出纳员、银行财务职员。

CSA：秘书、图书管理员、办公室办事员。

CER：邮递员、数据处理员、办公室办事员。

CEI：推销员、经济分析家。

CES：银行会计、记账员、法人秘书、速记员、法院报告人。

ECI：银行行长、审计员、信用管理员、地产管理员、商业管理员。

ECS：信用办事员、保险人员、各类进货员、海关服务经理、售货员，购买员、会计。

ERI：建筑物管理员、工业工程师、农场管理员、护士长、农业经营管理人员。

　　ERS：仓库管理员、房屋管理员、货栈监督管理员。

　　ERC：邮政局长、渔船船长、机械操作领班、木工领班、瓦工领班、驾驶员领班。

　　EIR：科学、技术和有关周期出版物的管理员。

　　EIC：专利代理人、鉴定人、运输服务检查员、安全检查员、废品收购人员。

　　EIS：警官、侦察员、交通检验员、安全咨询员、合同管理者、商人。

　　EAS：法官、律师、公证人。

　　EAR：展览室管理员、舞台管理员、播音员、驯兽员。

　　ESC：理发师、裁判员、政府行政管理员、财政管理员、工程管理员、职业病防治、售货员、商业经理、办公室主任、人事负责人、调度员。

　　ESR：家具售货员、书店售货员、公共汽车驾驶员、日用品售货员、护士长、自然科学和工程的行政领导。

　　ESI：博物馆管理员、图书馆管理员、古迹管理员、饮食业经理、地区安全服务管理员、技术服务咨询者、超级市场管理员、零售商品店店员、批发商、出租汽车服务站调度。

　　ESA：博物馆馆长、报刊管理员、音乐器材售货员、广告商售货员、导游、（轮船或班机上的）事务长、飞机上的服务员、船员、法官、律师。

　　ASE：戏剧导演、舞蹈教师、广告撰稿人、报刊、专栏作者、记者、演员、英语翻译。

　　ASI：音乐教师、乐器教师、美术教师、管弦乐队指挥、合唱队指挥、歌星、演奏家、哲学家、作家、广告经理、时装模特。

　　AER：新闻摄影师、电视摄影师、艺术指导、录音指导、丑角演员、魔术师、木偶戏演员、骑士、跳水员。

　　AEI：音乐指挥、舞台指导、电影导演。

　　AES：流行歌手、舞蹈演员、电影导演、广播节目主持人、舞蹈教师、口技表演者、喜剧演员、模特。

　　AIS：画家、剧作家、编辑、评论家、时装艺术大师、新闻摄影师、男演员、文学作者。

AIE：花匠、皮衣设计师、工业产品设计师、剪影艺术家、复制雕刻品大师。

AIR：建筑师、画家、摄影师、绘图员、环境美化工、雕刻家、包装设计师、陶器设计师、绣花工、漫画工。

SEC：社会活动家、退伍军人服务官员、工商会事务代表、教育咨询者、宿舍管理员、旅馆经理、饮食服务管理员。

SER：体育教练、游泳指导。

SEI：大学校长、学院院长、医院行政管理员、历史学家、家政经济学家、职业学校教师、资料员。

SEA：娱乐活动管理员、国外服务办事员、社会服务助理、一般咨询者、宗教教育工作者。

SCE：部长助理、福利机构职员、生产协调人、环境卫生管理人员、戏院经理、餐馆经理、售票员。

SRI：外科医师助手、医院服务员。

SRE：体育教师、职业病治疗者、体育教练、专业运动员、房管员、儿童家庭教师、警察、引座员、传达员、保姆。

SRC：护理员、护理助理、医院勤杂工、理发师、学校儿童服务人员。

SIA：社会学家、心理咨询者、学校心理学家、政治科学家、大学或学院的系主任、大学或学院的教育学教师、大学农业教师、大学工程和建筑课程的教师、大学法律教师、大学数学、医学、物理、社会科学和生命科学的教师、研究生助教、成人教育教师。

SIE：营养学家、饮食学家、海关检查员、安全检查员、税务稽查员、校长。

SIC：描图员、兽医助手、诊所助理、体检检查员、监督缓刑犯的工作者、娱乐指导者、咨询人员、社会科学教师。

SIR：理疗员、救护队工作人员、手足病医生、职业病治疗助手。

附录3：MBTI 测试

测试指导语

1. 选项没有"对"与"错"之分；

2. 选择更接近你平时的感受或行为的那项；

3. 请选择你是怎么样做的，而不要选择你想要怎样，以为会怎样，或者认为哪样更好；

4. 性格无好坏，本量表检测你的性格倾向，而不是你的知识、技能、经验。

本次测试共 93 题

1. 读非专业书籍的时候，更喜欢

   A. 有想象力的或者新颖作品　　B. 叙述性讲述的作品

2. 当碰到难题的时候，我通常喜欢

   A. 找人一起讨论研究解决方案　　B. 自己独自探索怎么解决

3. 我喜欢工作的时候

   A. 根据具体情况安排各项事宜　　B. 有具体的时间表可遵照

4. 和很多人在一起的时候我会觉得

   A. 很兴奋　　B. 有压力

5. 我更喜欢从事

   A. 已知该怎么去开展的工作　　B. 需要发挥创意的工作

6. 对于弱者我会

   A. 与普通人一视同仁　　B. 更富有同情心

7. 我是一个

   A. 坚持原则的人　　B. 容易起同情心的人

8. 给别人讲知识点的时候，我更喜欢

   A. 从具体事例出发，逐渐展开

B. 基于一些基本原理和理论，逐渐展开

9. 我更喜欢别人认为我

A. 能力强　　　　　　　　　　B. 是个好人

10. 平时处理事情的时候我会

A. 想起什么做什么　　　　　　B. 提前安排好先后顺序和时间

11. 我更喜欢成为

A. 能干的人　　　　　　　　　B. 有亲和力的人

12. 通常我喜欢

A. 自己一个人忙自己的事　　　B. 一群人在一起热闹

13. 做决定时，我会更

A. 比较照顾相关人员的情况和感受　　B. 以完成事情为主

14. 我是一个

A. 意志坚定的人　　　　　　　B. 可靠的人

15. 我平时比较

A. 沉默不语　　　　　　　　　B. 健谈

16. 我更喜欢和这类朋友相处

A. 常有出人意料想法的人　　　B. 讲话有根有据、遵循常理的人

17. 我处理事情的时候比较

A. 讲究客观原则　　　　　　　B. 有亲和力

18. 我更喜欢读这类书籍

A. 阐明原理和理论　　　　　　B. 写明具体操作步骤

19. 我更喜欢

A. 陈述事实情况　　　　　　　B. 阐述原理和概念

20. 当要完成一个复杂的事情时，我会

A. 边做边想　　　　　　　　　B. 提前想好每个步骤和注意事项

21. 我的决定更多基于

A. 事情是怎么样的　　　　　　B. 相关人的感受

22. 我更像一个

A. 敏感细腻的人　　　　　　　B. 讲究公正合理的人

23. 我喜欢讨论的时候

A. 根据理论进行推测　　　　　　B. 根据事实做判断

24. 我想成为一个

A. 很有能力的人　　　　　　　　B. 让人喜欢的人

25. 总的来说，我待人更倾向于

A. 比较宽容平和　　　　　　　　B. 坚持讲究原则

26. 很多人在一起的时候，我通常更喜欢

A. 主动去寻找自己感兴趣的人交流

B. 不知道如何开口，经常是别人先跟我打招呼

27. 我看起来比较

A. 安静　　　　　　　　　　　　B. 活跃

28. 我觉得自己是一个

A. 随遇而安的人　　　　　　　　B. 重视时间和计划的人

29. 在讨论的时候，我习惯于

A. 参与到热烈的讨论中去

B. 等大家都停下来的时候才发表自己的观点

30. 我更喜欢探讨事物的

A. 实用性　　　　　　　　　　　B. 创新点

31. 当我想出去玩的时候，通常会

A. 去之前想好玩哪些，几点回　　B. 到了后再寻找都有哪些好玩的

32. 我看起来是一个

A. 热情的人　　　　　　　　　　B. 讲究客观原则的人

33. 我更习惯于

A. 思考　　　　　　　　　　　　B. 感受

34. 我喜欢让自己看起来是一个

A. 富有同情心的人　　　　　　　B. 逻辑清晰的人

35. 在日常工作中，我会

A. 享受解决突发问题的成就感　　B. 按照计划逐步展开工作

36. 在聚会时我常常

A. 话很多　　　　　　　　　　　B. 更习惯于听别人讲

37. 当我和一群人在一起时，我更多的时候是

A. 和认识的人一对一地说话　　　B. 参加大家的谈话

38. 做事情的时候，我更习惯于

A. 按过去成功的经验做　　　　　B. 尽量争取尝试更好的办法

39. 我更习惯于

A. 以理服人　　　　　　　　　　B. 以情动人

40. 在多数情况下，我更喜欢

A. 想到哪做到哪　　　　　　　　B. 按日程表执行

41. 我觉得按日程表做事

A. 会有好处，但不喜欢　　　　　B. 很适合自己

42. 我做决定的时候

A. 在某些事情突然发生的时候，偶尔会比较冲动

B. 比较理性，不会轻易被外界干扰

43. 我希望别人认为我是一个

A. 实事求是的人　　　　　　　　B. 聪明机灵的人

44. 我更愿意让自己变得

A. 善解人意　　　　　　　　　　B. 有远见

45. 对于新认识的朋友，我觉得我

A. 很快就对他有了一些了解

B. 需要长时间交往后才能真正知道他的喜好

46. 在做事的时候，我会

A. 先想好步骤，以及分配好时间　B. 边做边调整节奏

47. 如果要在某天组织或参加一个聚会，我会

A. 尽量提前很久就把具体时间、地点确定好

B. 留足够长的时间搜集各种信息，稍微提前点确定各项事宜就好

48. 我更喜欢谈论

A. 抽象的理论系统　　　　　　　B. 真实发生的事实

49. 和人交往的时候我会

　　A. 坦率直白　　　　　　　　　B. 注重隐私

50. 我更喜欢

　　A. 有计划地做事　　　　　　　B. 即兴发挥

51. 我认为我是一个

　　A. 容易被了解的人　　　　　　B. 很难让人读懂的人

52. 我更喜欢

　　A. 探索事物的可能性　　　　　B. 从事物的已知实事进行分析

53. 按日程表做事

　　A. 让我感觉很轻松　　　　　　B. 总有被逼着的紧迫感

54. 我更愿意和这种人交朋友

　　A. 总能有创新想法的人　　　　B. 坚持真凭实据的人

55. 一周内要完成一个重要项目，我会

　　A. 在正式开始之前做好任务分解和时间计划

　　B. 先尝试做做看，再视具体情况展开

56. 我更喜欢学习

　　A. 常识性的知识　　　　　　　B. 理论性的知识

57. 我更喜欢同事

　　A. 温和有人情味，只是有个时候反复无常

　　B. 有些教条，但比较讲理

58. 我觉得自己更像是一个

　　A. 重情重义的人　　　　　　　B. 很强调理智和原则的人

59. 在现实生活中，我

　　A. 朋友不太多　　　　　　　　B. 有很多的朋友

60. 我更多时候在思考

　　A. 我的梦想　　　　　　　　　B. 现实情况

61. 我更喜欢

　　A. 热闹的环境　　　　　　　　B. 静静地待着

62. 参加聚会的时候，我会

A. 感觉比较累　　　　　　　　　B. 觉得很有趣

63. 我更喜欢

A. 想到什么就做什么，无压力感　　B. 有计划性地完成各项事情

64. 在平时我

A. 经常和大家混在一起　　　　　　B. 比较独来独往

65. 我更喜欢

A. 根据指导制作成品　　　　　　　B. 自己设计作品

66. 我更喜欢谈论

A. 想象出来的可能性　　　　　　　B. 眼前的现实情况

67. 我是一个

A. 不喜欢受约束的人　　　　　　　B. 有计划的人

68. 总的来说我是一个

A. 喜欢安静的人　　　　　　　　　B. 好交际的人

69. 约好和人一起出去玩的时候

A. 提前想好做些什么　　　　　　　B. 到时候视情况而定

70. 我更喜欢

A. 探索新奇的事物　　　　　　　　B. 掌握已知的事实

71. 在跟人聊天的时候

A. 如果兴趣不一致会聊不下去　　　B. 只要愿意，天马行空无所不谈

72. 我更注重

A. 事实情况　　　　　　　　　　　B. 对可能性的猜想

73. 我更喜欢

A. 事先规划好　　　　　　　　　　B. 随机应变

74. 我更喜欢

A. 分析事情来龙去脉　　　　　　　B. 感受事物是好是坏

75. 平时我更多在思考

A. 完成某个产品、某项工作　　　　B. 创造一个新的产品、方法

76. 我更喜欢

   A. 和谐温暖的环境　　　　　　　B. 客观公平的环境

77. 我更注重

   A. 利益得失　　　　　　　　　　B. 情感互动

78. 我是一个

   A. 有计划的人　　　　　　　　　B. 不太喜欢做计划的人

79. 将周末要做的事情编排入时间计划中会

   A. 有助于过一个愉快的周末

   B. 计划赶不上变化，大概想一下周末要做的事情就好

80. 做一件别人已经完成过的类似事情，我会

   A. 按照已印证可行的方法做　　　B. 尝试自己的风格

81. 我平时的生活作息

   A. 很规律　　　　　　　　　　　B. 随意安排

82. 我更喜欢和这类人相处

   A. 想象力丰富的人　　　　　　　B. 脚踏实地的人

83. 很多人认为我

   A. 不太喜欢谈论自己的私事　　　B. 藏不住话

84. 我更喜欢掌握

   A. 理论知识　　　　　　　　　　B. 实用知识

85. 我更多时候会

   A. 分析当前情况　　　　　　　　B. 对他人感同身受

86. 我是一个

   A. 重感情，讲道义的人　　　　　B. 始终保持理性的人

87. 我更重视

   A. 有丰富的想象力　　　　　　　B. 脚踏实地地做事

88. 从不认识到变成熟人，我通常

   A. 需要比较长的时间和过程　　　B. 迅速就热络起来

89. 我更加注重

   A. 实用价值　　　　　　　　　　B. 理论的完备性

90. 出去玩的时候，我会

A. 更喜欢边玩边探索　　　　　　B. 提前预想好第二天的各项事宜

91. 我更喜欢进行

A. 具体事情的交流　　　　　　　B. 抽象的理论探讨

92. 我更喜欢

A. 温和的人　　　　　　　　　　B. 有魄力的人

93. 与人聊天的时候我会

A. 和谁都可以谈天说地　　　　　B. 只跟特定的人才聊得来

附录4：小学教师专业标准（试行）

为促进小学教师专业发展，建设高素质小学教师队伍，根据《中华人民共和国教师法》和《中华人民共和国义务教育法》，特制定《小学教师专业标准（试行）》（以下简称《专业标准》）。

小学教师是履行小学教育工作职责的专业人员，需要经过严格的培养与培训，具有良好的职业道德，掌握系统的专业知识和专业技能。《专业标准》是国家对合格小学教师专业素质的基本要求，是小学教师开展教育教学活动的基本规范，是引领小学教师专业发展的基本准则，是小学教师培养、准入、培训、考核等工作的重要依据。

一、基本理念

（一）师德为先

热爱小学教育事业，具有职业理想，践行社会主义核心价值体系，履行教师职业道德规范依法执教。关爱小学生，尊重小学生人格，富有爱心、责任心、耐心和细心；为人师表，教书育人，自尊自律，做小学生健康成长的指导者和引路人。

（二）学生为本

尊重小学生权益，以小学生为主体，充分调动和发挥小学生的主动性；遵循小学生身心发展特点和教育教学规律，提供适合的教育，促进小学生生动活泼学习、健康快乐成长。

（三）能力为重

把学科知识、教育理论与教育实践相结合，突出教书育人实践能力；研究小学生，遵循小学生成长规律，提升教育教学专业化水平；坚持实践、反思、再实践、再反思，不断提高专业能力。

（四）终身学习

学习先进小学教育理论，了解国内外小学教育改革与发展的经验和做法；优化知识结构，提高文化素养；具有终身学习与持续发展的意识和能力，做终身学习的典范。

二、基本内容

维度	领域	基本要求
专业理念与师德	（一）职业理解与认识	1. 贯彻党和国家教育方针政策，遵守教育法律法规。 2. 理解小学教育工作的意义，热爱小学教育事业，具有职业理想和敬业精神。 3. 认同小学教师的专业性和独特性，注重自身专业发展。 4. 具有良好职业道德修养，为人师表。 5. 具有团队合作精神，积极开展协作与交流。
	（二）对小学生的态度与行为	6. 关爱小学生，重视小学生身心健康，将保护小学生生命安全放在首位。 7. 尊重小学生独立人格，维护小学生合法权益，平等对待每一个小学生。不讽刺、挖苦、歧视小学生，不体罚或变相体罚小学生。 8. 信任小学生，尊重个体差异，主动了解和满足有益于小学生身心发展的不同需求。 9. 积极创造条件，让小学生拥有快乐的学校生活。
	（三）教育教学的态度与行为	10. 树立育人为本、德育为先的理念，将小学生的知识学习、能力发展与品德养成相结合，重视小学生全面发展。 11. 尊重教育规律和小学生身心发展规律，为每一个小学生提供适合的教育。 12. 引导小学生体验学习乐趣，保护小学生的求知欲和好奇心，培养小学生的广泛兴趣、动手能力和探究精神。 13. 引导小学生学会学习，养成良好学习习惯。 14. 尊重和发挥好少先队组织的教育引导作用。

续表

维度	领域	基本要求
专业知识	（四）个人修养与行为	15. 富有爱心、责任心、耐心和细心。 16. 乐观向上、热情开朗、有亲和力。 17. 善于自我调节情绪，保持平和心态。 18. 勤于学习，不断进取。 19. 衣着整洁得体，语言规范健康，举止文明礼貌。
	（五）小学生发展知识	20. 了解关于小学生生存、发展和保护的有关法律法规及政策规定。 21. 了解不同年龄及有特殊需要的小学生身心发展特点和规律，掌握保护和促进小学生身心健康发展的策略与方法。 22. 了解不同年龄小学生学习的特点，掌握小学生良好行为习惯养成的知识。 23. 了解幼小和小初衔接阶段小学生的心理特点，掌握帮助小学生顺利过渡的方法。 24. 了解对小学生进行青春期和性健康教育的知识和方法。 25. 了解小学生安全防护的知识，掌握针对小学生可能出现的各种侵犯与伤害行为的预防与应对方法。
	（六）学科知识	26. 适应小学综合性教学的要求，了解多学科知识。 27. 掌握所教学科知识体系、基本思想与方法。 28. 了解所教学科与社会实践、少先队活动的联系，了解与其他学科的联系。
	（七）教育教学知识	29. 掌握小学教育教学基本理论。 30. 掌握小学生品行养成的特点和规律。 31. 掌握不同年龄小学生的认知规律和教育心理学的基本原理和方法。 32. 掌握所教学科的课程标准和教学知识。
	（八）通识性知识	33. 具有相应的自然科学和人文社会科学知识。 34. 了解中国教育基本情况。 35. 具有相应的艺术欣赏与表现知识。 36. 具有适应教育内容、教学手段和方法现代化的信息技术知识。
专业能力	（九）教育教学设计	37. 合理制订小学生个体与集体的教育教学计划。 38. 合理利用教学资源，科学编写教学方案。 39. 合理设计主题鲜明、丰富多彩的班级和少先队活动。

续表

维度	领域	基本要求
专业能力	（十）组织与实施	40. 建立良好的师生关系，帮助小学生建立良好的同伴关系。 41. 创设适宜的教学情境，根据小学生的反应及时调整教学活动。 42. 调动小学生学习积极性，结合小学生已有的知识和经验，激发学习兴趣。 43. 发挥小学生主体性，灵活运用启发式、探究式、讨论式、参与式等教学方式。 44. 发挥好少先队组织生活、集体活动、信息传播等教育功能。 45. 将现代教育技术手段整合应用到教学中。 46. 较好使用口头语言、肢体语言与书面语言，使用普通话教学，规范书写钢笔字、粉笔字、毛笔字。 47. 妥善应对突发事件。 48. 鉴别小学生行为和思想动向，用科学的方法防止和有效矫正不良行为。
	（十一）激励与评价	49. 对小学生日常表现进行观察与判断，发现和赏识每一个小学生的点滴进步。 50. 灵活使用多元评价方式，给予小学生恰当的评价和指导。 51. 引导小学生进行积极的自我评价。 52. 利用评价结果不断改进教育教学工作。
	（十二）沟通与合作	53. 使用符合小学生特点的语言进行教育教学工作。 54. 善于倾听，和蔼可亲，与小学生进行有效沟通。 55. 与同事合作交流，分享经验和资源，共同发展。 56. 与家长进行有效沟通合作，共同促进小学生发展。 57. 协助小学与社区建立合作互助的良好关系。
	（十三）反思与发展	58. 主动收集分析相关信息，不断进行反思，改进教育教学工作。 59. 针对教育教学工作中的现实需要与问题，进行探索和研究。 60. 制定专业发展规划，积极参加专业培训，不断提高自身专业素质。

三、实施建议

（一）各级教育行政部门要将《专业标准》作为小学教师队伍建设的基本依据。根据小学教育改革发展的需要，充分发挥《专业标准》引领和导向作用,深化教师教育改革,建立教师教育质量保障体系,不断提高小学教师培养培训质量。制定小学教师准入标准,严把小学教师入口关;制定小学教师聘任(聘用)、考核、退出等管理制度,保障教师合法权益,形成科学有效的小学教师队伍管理和督导机制。

(二)开展小学教师教育的院校要将《专业标准》作为小学教师培养培训的主要依据。重视小学教师职业特点,加强小学教育学科和专业建设。完善小学教师培养培训方案,科学设置教师教育课程,改革教育教学方式;重视小学教师职业道德教育,重视社会实践和教育实习;加强从事小学教师教育的师资队伍建设,建立科学的质量评价制度。

(三)小学要将《专业标准》作为教师管理的重要依据。制定小学教师专业发展规划,注重教师职业理想与职业道德教育,增强教师育人的责任感与使命感;开展校本研修,促进教师专业发展;完善教师岗位职责和考核评价制度,健全小学绩效管理机制。

(四)小学教师要将《专业标准》作为自身专业发展的基本依据。制定自我专业发展规划,爱岗敬业,增强专业发展自觉性;大胆开展教育教学实践,不断创新;积极进行自我评价,主动参加教师培训和自主研修,逐步提升专业发展水平。

主要参考文献

一、中文文献

（一）图书

1. 教育部教师工作司组编：《小学教师专业标准（试行）解读》，北京师范大学出版社 2013 年版。

2. ［美］Reardon 等著，教育部高校学生司译：《职业生涯发展与规划》，高等教育出版社 2005 年版。

3. 毕淑敏著：《心灵七游戏》，北京十月文艺出版社 2004 年版。

4. 叶澜、白益民等著：《教师角色和教师发展新探》，教育科学出版社 2001 年版。

5. ［美］贝蒂·E. 斯黛菲等主编，杨秀玉等译：《教师的职业生涯周期》，人民教育出版社 2012 年版。

6. 刘捷著：《专业化：挑战 21 世纪的教师》，教育科学出版社 2002 年版。

7. 赵中建主译：《全球教育发展的历史轨迹国际教育大会 60 年建议书》，教育科学出版社 2005 年版。

8. 单中惠主编：《教师专业发展的国际比较》，教育科学出版社 2010 年版。

9. 林崇德主编：《发展心理学》，人民教育出版社 2009 年版。

10. 庞丽娟主编：《教师与儿童发展》，北京师范大学出版社 2003 年版。

11. 彭聃龄主编：《普通心理学》，北京师范大学出版社 2004 年版。

12. 王道俊、郭文安主编：《教育学》，人民教育出版社 2009 年版。

13. 鲁子问、靖国平主编：《新教师成长中的困惑与解读》，东北师范大学出版社 2011 年版。

14. 程红艳、董英著：《新教师的专业发展》，华中师范大学出版社 2011 年版。

15. 胡邓著：《人际交往从心开始》，机械工业出版社 2008 年版。

16. 池春燕主编：《切磋：教师如何做教研》，中国人民大学出版社 2008

17. 饶从满、杨秀玉、邓涛著：《教师专业发展》，东北师范大学出版社 2005 年版。

18. 周赞梅著：《专家教师研究》，知识产权出版社 2006 年版。

19. ［英］罗伯逊著，张奇等译：《问题解决心理学》，中国轻工业出版社 2004 年版。

20. 张再生编著：《职业生涯管理》，经济管理出版社 2002 年版。

21. 管培俊、袁振国主编：《中国中小学教师发展报告·2010》，教育科学出版社 2011 年版。

22. 刘杰雄、高峰主编：《教师法与教师工作手册》，中国人事出版社 1997 年版。

23. ［加］尼科·斯特尔著，殷晓蓉译：《知识社会》，上海译文出版社 1998 年版。

24. ［美］David R. Shaffer，Katherine Kips 著，邹泓译：《发展心理学（第八版）》，中国轻工业出版社 2011 年版。

25. ［波兰］弗·兹纳涅茨基著，郏斌祥译：《知识人的社会角色》，译林出版社 2012 年版。

26. ［波兰］佐藤学著，钟启泉译：《课程与教师》，教育科学出版社 2003 年版。

27. 陶西平主编：《教育评价词典》，北京师范大学出版社 1998 年版。

28. ［美］史蒂文·密勒著，丁亚平、龚隽译：《认识你自己》，江西人民出版社 2001 年版。

29. ［美］里尔登等著，侯志瑾等译：《职业生涯发展与规划》，中国人民大学出版社 2010 年版。

30. ［美］理查德·尼尔森·鲍利斯著，柏静静译：《你的降落伞是什么颜色》，中信出版社 2010 年版。

31. ［美］堂娜·邓宁著，杨良得译：《你的职业性格是什么——MBTI16 型人格与职业规划》，电子工业出版社 2012 年版。

32. 卢乃桂、操太圣主编：《中国教师的专业发展与变迁》，教育科学出版社 2009 年版。

33．肖川主编：《教师的幸福人生与专业成长》，新华出版社 2008 年版。

34．[美] Lynda Fielstein 等著，王建平等译：《教师新概念》，中国轻工业出版社 2002 年版。

35．申继亮主编：《新世纪教师角色重塑——教师发展之本》，北京师范大学出版社 2010 年版。

36．[美] 克里斯顿·纳尔森、吉姆·贝利著，刘坤等译：《教师职业的 9 个角色》，中国青年出版社 2008 年版。

37．教育部教师工作司组编：《教师教育课程标准（试行）解读》，北京师范大学出版社 2013 年版。

38．联合国教科文组织总部中文科译：《学习——内在的财富》，教育科学出版社 1998 年版。

39．[美] 克里斯托弗·彼得森著，侯玉波、王非译：《打开积极心理学之门》，机械工业出版社 2010 年版。

40．[美] 马丁·塞利格曼著，洪兰译：《真实的幸福》，万卷出版公司 2010 年版。

41．[美] 泰勒·本-沙哈尔著，汪冰、刘骏杰译：《幸福的方法：哈佛大学最受欢迎的幸福课》，中信出版社 2013 年版。

42．阳志平等编：《积极心理学团体活动课操作指南》，机械工业出版社 2010 年版。

43．李兴国、田亚丽主编：《教师礼仪》，华东师范大学出版社 2006 年版。

44．金正昆主编：《教师礼仪概论》，北京大学出版社 2007 年版。

45．金正昆主编：《教师礼仪规范》，中国人民大学出版社 2010 年版。

46．吕艳芝编著：《教师礼仪的 99 个细节》，华东师范大学出版社 2010 年版。

47．韩红月主编：《每天学点礼仪学》，新世界出版社 2009 年版。

48．[苏] 苏霍姆林斯基著，杜殿坤译：《给教师的建议》，教育科学出版社 1984 年版。

49．任学印著：《教师入职教育理论与实践比较研究》，东北师范大学出版社 2005 年版。

50. ［加］范梅南著，李树英译：《教学机智——教育智慧的意蕴》，教育科学出版社 2001 年版。

51. 杨翠蓉著：《教师专业发展：专长的视野》，教育科学出版社 2009 年版。

52. 李琼著：《教师专业发展的知识基础——教学专长研究》，北京师范大学出版社 2009 年版。

53. ［丹麦］贝尔等著，郭华等译：《教育现场的专业学习》，人民教育出版社 2010 年版。

54. ［美］帕梅拉·格罗斯曼著，李广平等译：《专业化的教师是怎样炼成的》，人民教育出版社 2012 年版。

55. ［英］贾斯廷·狄龙等主编，郄海霞等译：《如何成为一名出色的教师》，人民教育出版社 2010 年版。

（二）论文

1. 戴锐：《新教师职业适应不良及其防范》，载《教育探索》2002 年第 4 期。

2. 凌兴珍：《试探清末师范教育发展历史分期》，载《历史教学（高校版）》2009 年第 6 期。

3. 申继亮、李琼：《小学数学教师的教学专长：对教师职业知识特点的分析》，载《教育研究》2001 年第 7 期。

4. 张小莉：《晚清新政——近代中国新式教育开端，重视师范教育》，载《河北师范大学学报（社会科学版）》2003 年第 2 期。

5. 赵康：《专业、专业属性及判断成熟专业的标准》，载《社会学研究》2000 年第 5 期。

6. 王学军、李福刚：《论职业生涯的二重性》，载《福建论坛（人文社会科学版）》2004 年第 9 期。

7. 孙钰华：《教师职业认同对教师幸福感的影响》，载《宁波大学学报（教育科学版）》2008 年第 5 期。

8. 吴康宁：《教师：一种悖论性的社会角色》，载《教育研究与实验》2003年第4期。

9. 吴康宁：《教师是"社会代表者"吗？——作为教师的"我"的困惑》，载《教育研究与实验》2002年第2期。

10. 李素立：《从知识人的视角看教师角色变迁》，载《河南师范大学学报（哲学社会科学版）》2007年第3期。

11. 刘慧：《认识当代小学教师专业特性的视角》，载《湖南第一师范学院学报》2001年第1期。

12. 朱小蔓：《认识小学儿童，认识小学教育》，载《中国教育学刊》2003年第8期。

13. 窦桂梅：《激情与思想：我永远的追求——特级教师专业成长研究》，载《课程·教材·教法》2004年第5期。

14. 王智秋：《小学教育专业人才培养模式的研究与探索》，载《教育研究》2007年第5期。

15. 阮成武：《小学教师教育专业化的国际动向》，载《师范教育》2002年第10期。

16. 关文信：《小学教师专业特点及本科小学教师培养思路研究》，载《海南师范学院学报（社会科学版）》2005年第5期。

17. 陈威：《教师专业化与本科学历小学教师的培养》，载《哈尔滨学院学报》2005年第11期。

18. 刘慧：《初等教育学学科：高师小学教育专业的学科基础》，载《课程·教材·教法》2011年第5期。

19. 俞国良、曾盼盼：《论教师心理健康及其促进》，载《北京师范大学学报（人文社会科学版）》2001年第1期。

20. 鲁林岳、张寿松：《教师专业发展过程中的几个关键时段的调查研究》，载《教师教育研究》2010年第1期。

21. 房建锋：《对教育理论与实践关系的再思考——兼论教育研究的取向与方法》，载《华东师范大学学报（教育科学版）》2003年第21期。

22. 孟四清、刘金明：《中小学教师心理健康问题的表现、成因及对策研究》，载《天津教育》2005年第1期。

23. 周雪梅、俞国良：《教师心理健康问题：类型、成因和对策》，载《教育科学研究》2003年第3期。

24. 王云娟：《教师心理问题到底有多严重》，载2002年6月18日《中国教育报》。

25. 李广水：《谁来扶正失衡的天平——教师心理健康问题形成的原因和对策》，载《湖南教育》2004年第3期。

26. 李玉华、魏健：《入职适应阶段教师心理解读——两位小学教师成长的质性研究报告》，载《当代教育科学》2006年第6期。

27. 聂振伟：《做心理健康的教师》，载2002年6月《中国教育报》。

28. 王萍：《中小学教师心理健康问题探源及对策》，载《安徽教育学院学报》2004年第3期。

29. 成尚荣：《生活在规律中的主人——谈名师成长的方式》，载《人民教育》2009年第9期。

30. 田明亮：《从学科的角度论教师心理成长》，载《中国教育学刊》2009年第7期。

31. 林海亮、吴忠才：《新教师角色适应的问题及对策》，载《教育理论与实践》2009年第12期。

32. 邓艳红：《小学新教师入职适应影响因素研究》，载《中国教育学刊》2011年第3期。

33. 王小棉：《新教师入职初期所遇困难的研究——兼析传统师范教育的缺陷》，载《上海教育科研》1999年第4期。

34. 赵昌木、徐继存：《教师成长的环境因素考察——基于部分中小学实地调查和访谈的思考》，载《湖南师范大学教育科学学报》2005年第3期。

35. 金传宝：《环太平洋地区的教师适应问题研究》，载《山东师范大学学报（人文社会科学版）》2002年第1期。

36. 周红：《大学生职业生涯设计初探》，载《宁波职业技术学院学报》2006年第1期。

37. 郝宁、吴庆麟：《试析教学专长的发展》，载《上海教育科研》2008年第 6 期。

38. 张学民、申继亮：《国外教师教学专长及发展理论述评》，载《比较教育研究》2001 年第 3 期。

39. 连榕：《教师教学专长发展的心理历程》，载《教育研究》2008 年第 2 期。

40. 叶澜：《教师职业的本质》，载《教师之友》2002 年第 2 期。

41. 郑洁：《论小学学科带头人的成长规律及其培养对策》，载《江苏教育学院学报（社会科学版）》2007 年第 6 期。

42. 袁锐锷、易轶：《试析 NBPTS 优秀教师认定的标准与程序》，载《比较教育研究》2004 年第 12 期。

43. 张治国：《美国四大全国性教师专业标准的比较及其对我国的借鉴意义》，载《外国教育研究》2009 年第 10 期。

44. 王黎明：《美国国家专业教学标准委员会（NBPTS）述评》，载《外国教育研究》2004 年第 2 期。

45. 曾鸣：《英国〈杰出教师标准〉述评》，载《外国教育研究》2013 年第 2 期。

46. 俞国良、罗晓路：《教师教学效能感及其相关因素研究》，载《北京师范大学学报（人文社会科学版）》2000 年第 1 期。

47. 冯建军：《感受职业幸福　做阳光教师》，载《河南教育（基教版）》2007 年第 9 期。

48. 肖庆华：《郑新蓉访谈录——关注教师职业幸福感》，载《中国教师》2006 年第 38 期。

49. 赵惠君：《英国合格教师多元培养模式与最新专业标准》，载《教师教育研究》2007 年第 7 期。

50. 雷小波：《德国中小学教师职前教育及资格认证制度》，载《教师教育研究》2007 年第 7 期。

51. 周坤亮、傅彦：《基于教师专业教学标准的教师教育课程设置——以纽约大学儿童教育专业课程设置为例》，载《教育探索》2010 年第 9 期。

52. 赵凌、张伟平：《教师的专业标准：澳大利亚的实践与探索》，载《比

319

较教育研究》2010 年第 4 期。

53. 陈向明：《教师的作用是什么——对教师隐喻的分析》，载《教育研究与实践》2001 年第 1 期。

54. 钟启泉：《教师专业化：理念、制度、课题》，载《教育研究》2001 年第 12 期。

55. 李斌辉：《中小学教师 PCK 发展策略》，载《教育发展研究》2011 年第 6 期。

56. 周文叶、崔允漷：《何为教师之专业：教师专业标准比较的视角》，载《全球教育展望》2012 年第 4 期。

57. 顾明远：《教师的职业特点与教师专业化》，载《教师教育研究》2004 年第 6 期。

58. 郭宝仙：《新西兰教师资格与专业标准及其启示》，载《外国教育研究》2008 年第 9 期。

59. 汪凌：《法国中小学教师专业能力标准》，载《全球教育展望》2006 年第 2 期。

（三）学位论文

1. 许苏：《西方早期教师职业发展历史》，华东师范大学 2003 年硕士学位论文。

2. 马力：《职业发展研究——构筑个人和组织双赢模式》，厦门大学 2004 年博士学位论文。

3. 金美福：《教师自主发展论》，东北师范大学 2003 年博士学位论文。

4. 姚红玉：《我的新教师生活》，广西师范大学 2003 年硕士学位论文。

5. 张千红：《新课程改革对师范生素质的新要求及师范教育的应对》，山东师范大学 2005 年硕士学位论文。

6. 方方：《中学化学教师专业发展的个案研究》，南京师范大学 2006 年硕士学位论文。

7. 魏淑华：《教师职业认同研究》，西南大学 2008 年博士学位论文。

8. 孙朋：《教师专业发展需求研究——对不同专业发展阶段教师的调查与

思考》，华东师范大学 2007 年硕士学位论文。

9. 马顺林：《初任教师教学能力发展状况及其影响因素研究》，华东师范大学 2008 年硕士学位论文。

10. 李良：《中小学新手教师适应问题研究》，山东师范大学 2006 年硕士学位论文。

二、外文文献

1. Alexander, P. A., The Development of Expertise: The Journey from Acclimation to Proficiency, *Educational Researcher*, 2003, 32 (8).

2. Berliner, D. C., The Development of Expertise in Pedagogy, Washington, D. C., *American Association of Colleges for Teacher Education*, 1988.

3. Castle, E. B., *The Teacher*, Oxford University Press, 1970.

4. Fred A. J. Korthagen, In Search of the Essence of a Good Teacher: Towards a More Holistic Approach in Teacher Education, *Teaching and Teacher Education*, 2004 (20).

5. Holmes, T. H. & Rahe, R. H., The Social Readjustment Rating Scale, *Psychosomatic Medicine*, 1967.

6. Judith, C. Christensen & Ralph, Fessler, *The Teacher Career Cycle Understanding and Building the Professional Development of Teachers*, Boston: Allyn & Bacon, 1992.

7. Leithwood, K. A., The Principal's in Teacher Development, In M. Fullan & A. Harreaves (Eds.), *Teacher Development and Educational Change*, New York: The Falmer Press, 1992.

8. Monroe, P. (Ed.), *A Cyclopedia of Education* (Vol. 4), NY: Macmillan, 1913.

9. Seibert, S. E., Crant J. M. & Kraimer M. L., Proactive Personality and Career Success, *Journal of Applied Psychology*, 1999, 84 (3).

10. Watson, D., Positive Emotion, In C. R. Snyder & Shane J. Lopez (Eds.), *Handbook of Positive Psychology*, Oxford University Press, 2002.